和：審美理想之維

再版
前言

　　這套「中國美學範疇叢書」初版於二〇〇一年，時隔十五年再版，作為編委與作者，依然感到書不盡言，言不盡意。

　　中國美學範疇，顧名思義，是對中國數千年源遠流長的美學與文藝史理論的概括。範疇這個術語本是從西方哲學引進的。西方所謂範疇是指人類主體對事物普遍本質的認識與把握。它與概念不同，概念一般反映某個具體事物的類屬性，而範疇則是對事物總體本質的認識與把握。中國美學的範疇與西方美學相比，富有體驗性與感知性，善於在審美感興中直擊對象，這種範疇把握，融情感與認識、哲理與意興於一體，正如嚴羽《滄浪詩話》所說「唐人尚意興而理在其中」。中國美學範疇，實際上是中國古代美學與哲學智慧的彰顯，也是藝術精神的呈現。諸如感興、意象、神思、格調、情志、知音等美學範疇，既是對中國美學與文藝活動的總結與概括，也是人們從事藝術批評時的器具。對中國美學範疇的認識與研究，不僅是一種學術研究與認識，而且還是一種體驗與濡染的精神活動。中國美學範疇的生成與闡述，與個體生命的活動息息相關，這種美學範疇在社會形態日漸工具化的今天，其精神價值與藝術價值越發顯得重要。中國當代美學範疇與精神的構建，毫無疑問應當從中國傳統美學範疇中汲取滋養。

　　這套叢書緣起於一九八七年，當時正是國內人文思潮湧動的時

候，那時我還是在中國人民大學哲學系美學教研室任教的一名年輕副教授。吾師蔡鍾翔教授與中國人民大學中文系的同事成復旺、黃保真教授一起編寫出版了《中國文學理論史》，接著又發起與組織編寫了「中國美學範疇叢書」，歷時十三年，於二〇〇一年由百花洲文藝出版社出版了第一輯，有《美在自然》《文質彬彬》《和：審美理想之維》《興：藝術生命的激活》《原創在氣》《因動成勢》《風骨的意味》《意境探微》《意象範疇的流變》《雄渾與沉鬱》等十本。我承擔了其中的《和：審美理想之維》《興：藝術生命的激活》兩本。

在編寫這套叢書時，蔡老師作為主編，撰寫了總序，確定了基本的編寫思想，對於什麼是中國美學範疇及其特點，作出了闡釋，將其歸納為：一、多義性與模糊性；二、傳承性與變易性；三、通貫性與互滲性；四、直覺性與整體性；五、靈活性與隨意性。這五點是中國美學範疇的特點。強調中國美學範疇的認識與體驗、情感與理性、個體與總體的有機融合。另外，蔡師也強調「中國美學範疇叢書」的編寫與出版，是隨著中國美學的研究深入而催生的。在上個世紀八十年代初的美學熱中，對於中國美學史的興趣成為當時亮麗的風景線，我在當時也開始寫作《六朝美學》一書。而隨著中國美學史研究的深入，人們越來越對中國美學範疇產生了濃厚的興趣，在當時，意象、意境、境界、神思、比興、妙悟等範疇成為人們的談資，時見於論文與著作中，也是文藝學與美學中的熱門話題。正是有鑑於此，彙集這方面的專家與學者，編寫一套專門研究中國美學範疇的高水平叢書的策劃，便應運而生。正如蔡師在全書總序中所說：「『叢書』選題主要是

元範疇和核心範疇，也包括少量重要的衍生範疇，在這些範疇之內涵蓋若干相關的次要範疇。這是對中國傳統美學範疇的一次全面深入的調查，工程是浩大的、艱難的，但確是意義深遠的，它將為中國美學和中國文論的史的研究和體系研究打下堅實的基礎。」

這套書從策劃到編寫，再到出版，歷經十多年，作為撰寫者與助手的我，見證了蔡師的嘔心瀝血，不辭辛勞。比如揚州大學古風教授撰寫的《意境探微》一書，傾注了蔡老師審稿時的大量心血。儘管古教授當時已經在《中國社會科學》《文藝研究》《文學評論》等刊物發表了相關論文，在這方面成果不少，但是蔡老師本著精益求精的方針，反覆與他通信商談書稿的修改，經過多次打磨與修改之後，最後形成了目前出版的書稿。記得那時我和蔡老師都住在人民大學校內，每次我去他家拜訪時，總是見到他在昏黃的檯燈下伏案看稿與改稿，聊天時也是談書稿的事。有時他對作者書稿的質量與修改很是著急與焦慮，我也只好安慰他幾句。

本叢書體現這樣的學術立場與宗旨。這就是：一、追求「究天人之際，通古今之變，成一家之言」的學術旨趣。每本書都以範疇的歷史演變與範疇的結構解析為基本框架，同時，立足於探討中國美學範疇的當代價值與當代轉化。作者在遵循基本體例的同時，又有著鮮明的個性與觀點，彰顯「和而不同」的學術自由精神。二、本著「萬物並育而不相害，道並行而不相悖」的兼容並包之襟懷，融會中西，將中國美學範疇與西方美學與文化相比較，盡量在比較中進行闡釋，避免全盤西化或者唯古是好的偏執態度。

　　值得一提的是，叢書的第一輯出版後，在二〇〇二年五月二十五日，叢書編委會與江西百花洲文藝出版社在中國人民大學中文系舉行了第一輯的出版座談會，當時在京的一些著名學者侯敏澤、葉朗、童慶炳、張少康、陳傳才，以及詹福瑞、韓經太、左東嶺、朱良志、張晶、張方等學者參加了座談會並作了發言，我也有幸與會。學者們充分肯定了這套叢書的出版對於推動中國美學的研究，有著積極的意義，認為這套書具有很高的學術水準。與會者讚揚這套書體現了古今融會、歷史的演變與範疇的解析相貫通的學術特色，同時也提出了中肯的意見。正是在這些鼓勵之下，叢書的編委會與作者經過五年的繼續努力，於二〇〇六年底出版了叢書第二輯的十本，即《美的考索》《志情理：藝術的基元》《正變‧通變‧新變》《心物感應與情景交融》《神思：藝術的精靈》《大音希聲——妙悟的審美考察》《虛實掩映之間》《清淡美論辨析》《雅論與雅俗之辨》《藝味說》等。第二輯與第一輯相比，內容更加豐富，涉及中國美學與藝術的一些深層範疇，寫法愈加靈動，與藝術創作的結合也更加明顯。顯然，中國美學範疇研究的水平隨著叢書的推進也得到相應的提升。

　　從二〇〇六年叢書第二輯出版至今天，一晃又過去了十年。令人哀傷的是，蔡老師因病於二〇〇九年去世了。原先設想的出版三十本的計劃也終止了。在這十年中，中國美學範疇的研究有了很大的進展，比如將中國美學範疇與中國文化、中國哲學相聯繫的論著問世不少，將中西美學範疇進行比較研究的成果也頗為可觀。但是這套叢書的學術價值歷經時間的考驗，不但沒有過時，相反更顯示出它的內在

價值與水平。時值當下對中國傳統文化與國學的研究與討論的熱潮，這套叢書的實事求是的治學態度，認真負責的撰寫精神，以及浸潤其中的追求人文與學術統一、古今融會、中西交融的學術立場，不追逐浮躁，潛心問學的心志，在當前越發彰顯其意義與價值。在當前研究中國美學的書系中，這套叢書的地位與價值是不可替代的，在今天再版，實在是大有必要。在這十年中，發生了許多變故，叢書的顧問王元化、王運熙先生，副主編陳良運先生，編委黃保真先生，作者郁沅先生等，以及當初關心與幫助過這套叢書的著名學者侯敏澤、童慶炳先生，還有責任編輯朱光甫先生，已經離世，令人傷懷。對於他們的辛勞與幫助，我們將永遠銘記在心。今天，這套叢書的再版，也蘊含著紀念這些先生的意義在內。

　　本次再版，百花洲文藝出版社本著弘揚優秀傳統文化的宗旨，經過與作者協商，在重新校訂與修訂的基礎之上，將原來的叢書出版，個別書目因各種原因，未納入再版系列。相信此次再版，將在原來的基礎之上，提升叢書的水平與質量。至於書中的不足，也有待讀者的批評與指正。

袁濟喜

二〇一六年十二月三十一日

總序

範疇，是對事物、現象的本質聯繫的概括。範疇在認識過程中的作用，正如列寧所指出的，它「是區分過程中的梯級，即認識世界的過程中的梯級，是幫助我們認識和掌握自然現象之網的網上紐結」(《哲學筆記》)。人類的理論思維，如果不憑藉概念、範疇，是無法展開也無從表達的。美學範疇，同哲學範疇一樣，是理論思維的結晶和支點。一部美學史，在一定意義上也可以說是一部美學範疇發展史，新範疇的出現，舊範疇的衰歇，範疇含義的傳承、更新、嬗變，以及範疇體系的形成和演化，構成了美學史的基本內容。

中國傳統美學範疇，由於文化背景的特殊性，呈現出與西方美學範疇迥然不同的面貌，因而在世界美學史上具有獨特的價值。中國現代美學的建設，非常需要吸納融匯古代美學範疇中凝聚的審美認識的精粹。自二十世紀八〇六年代後期以來的十餘年中，美學範疇日益受到我國學界的重視，古代美學和古代文論的研究重心，在史的研究的基礎上，有逐漸向範疇研究和體系研究轉移的趨勢，這意味著學科研究的深化和推進，預計在二十一世紀這種趨勢還會進一步加強。到目前為止，研究美學、文藝學範疇的論文已大量湧現，專著也有多部問世，但嚴格地說，系統研究尚處在起步階段，發展的前景和開拓的空間是十分廣闊的。中國傳統美學範疇的特點是很突出的，根據現有的

研究成果，大致可以歸結為以下幾點：

一、多義性和模糊性。範疇中的大多數，古人從來沒有下過明確的定義或界說，因此，這些範疇就具有多種義項，其內涵和外延都是模糊的。如「境」這個範疇，就有好幾種含義。標榜「神韻」說的王士禎，卻缺乏對「神韻」一詞的任何明晰的解說。不僅對同一範疇不同的論者有不同的理解，同一個論者在不同的場合其用意也不盡相同。一個影響很大、出現頻率很高的範疇，使用者和接受者也只是仗著神而明之的體悟。

二、傳承性和變易性。範疇中的大多數，不限於一家一派，而是從創建以後便一代一代地傳承下去，成為歷代通行的範疇，但於其傳承的同時，範疇的內涵卻發生著歷史性的變化，後人不斷在舊的外殼中注入新義，大凡傳承愈久，變易就愈多，範疇的內涵也就變得十分複雜。如「興」這個範疇，始自孔子，本是屬於功能論的範疇，而後來又補充進「感興」「興會」「興寄」「興托」等含義，則主要成為創作論的範疇了。

三、通貫性和互滲性。古代美學中有相當數量的範疇是帶有通貫性的，即貫通於審美活動的各個環節。如「氣」這個範疇，既屬本體論，又屬創作論；既屬作品論，也屬作家論，又屬批評、鑑賞論。至於各個範疇之間的互滲，如「趣」和「味」的互滲，「清」和「淡」的互滲，包括對立的互轉，如「巧」和「拙」的互轉，「生」和「熟」的互轉，就更加普遍。因而範疇之間千絲萬縷、交叉糾纏的關係，形成一個複雜的網絡。

　　四、直覺性和整體性。許多範疇是直覺思維的產物，其美學內涵究竟是什麼，只可意會，不可言傳。典型的例子如「味」這個範疇，什麼樣的作品是有滋味的，如何賞鑑作品才是品「味」，怎樣才是「辨於味」，「味外味」又何所指等等，都是不可能用言語來指實，只能是一種心領神會的直覺解悟。既然是直覺的，即不經過知性分析的，就必然是整體的把握。如風格論中的許多範疇，何謂「雄渾」，何謂「沖淡」，何謂「沉著痛快」，何謂「優游不迫」，都不可條分縷析。直覺性與模糊性無疑是有不可分割的聯繫的。

　　五、靈活性和隨意性。漢語中存在大量的單音詞，其組合功能極強，一個單音詞和另一個單音詞組合便構成一個新的複音詞。中國古代美學利用組詞的靈活性，創建了許多新的範疇，如「韻」和「氣」組合構成「氣韻」，「韻」和「神」組成「神韻」，「韻」和「味」組成「韻味」，等等。而這種靈活性可以說達到了隨意的程度，一個主幹範疇能繁育滋生出一個龐大的範疇群或範疇系列，舉其極端的例子而言，如「氣」，不僅構成了「氣韻」「氣象」「氣勢」「氣格」「氣味」「氣脈」「氣骨」，還演化成「元氣」「神氣」「逸氣」「奇氣」「清氣」「靜氣」「老氣」「客氣」「屌氣」「傖氣」「山林氣」「官場氣」等等，當然這些衍生的名稱未必都算得上範疇，但確有一部分上升到了範疇的地位。

　　上述這些傳統美學範疇的特點，也就是研究中的難點，要給予傳統美學範疇以現代詮釋，而不是以古釋古，難度是很大的。根本的問題在於古今思維方式的差異。我們現代的思維方式，基本上是採納了西方的思維方式，因此在詮釋中很難找到對應的現代語彙，要將傳統

美學範疇裝進現代邏輯的理論框架，便會感到方枘圓鑿，扞格難通。中國的傳統思維，經歷了不同於西方的發展道路，即沒有同原始思維決裂，相反地卻保留了原始思維的若干因素。我們不能同意西方某些人類學家的論斷，認為中國的傳統思維還停留在原始思維的水平。中國古人的理論思維在先秦時代已達到很高的水平，所保留的原始思維的痕跡，有些是合理的，保持了宇宙萬物的整體性和完整性，不以形式邏輯來切割肢解，是符合辯證法的原理的，在傳統美學範疇中也表現出這種長處。因此，研究中國美學範疇，必須結合古人的思維方式，聯繫整個中國傳統文化的大背景來考察，庶幾能作出比較準確、接近原意的詮釋。範疇研究的深入自然會接觸到體系問題。中國古代美學家、文論家構築完整的理論體系者極少，但從範疇的整體來看是否構成了一個統一的體系呢？範疇的層次性是較為明顯的，如有些研究者區分為元範疇、核心範疇（或主幹範疇）、衍生範疇（或從屬範疇）等三個或更多的層次。但範疇之有無邏輯體系，研究者尚持有截然不同的觀點。我們傾向於首肯「潛體系」的說法，即範疇之間存在有機的聯繫，範疇總體雖然沒有顯在的體系，卻可以探索出潛在的體系。但要將這種「潛體系」轉化為「顯體系」並非易事，因為這是兩種思維方式的轉換，轉換實際上是重建。有些研究者梳理整合出了一套範疇體系，只能是一家之言，是一種先行的試驗。由於對個別範疇還未研究深透，重建整個中國美學理論體系的條件就沒有完全成熟。於是我們萌發了一個構想，就是編輯一套「中國美學範疇叢書」，每一種（或一對）範疇列一專題，寫成一本專著，對其美學內涵作詳盡的現代

詮釋，並盡量收全在其自身發展的不同歷史階段上的代表性用法和代表性闡述，力爭通過歷史的評析揭示各範疇內涵邏輯展開的過程。「叢書」選題主要是元範疇和核心範疇，也包括少量重要的衍生範疇，在這些範疇之內涵蓋若干相關的次要範疇。這是對中國傳統美學範疇的一次全面深入的調查，工程是浩大的、艱難的，但確是意義深遠的，它將為中國美學和中國文論的史的研究和體系研究打下堅實的基礎。

　　這一工程從一九八七年開始策劃，歷時十三年，得到許多中青年學者的熱烈響應。更有幸的是，在世紀交替之年，獲得江西省新聞出版局和百花洲文藝出版社領導的大力支持，在他們的努力下，「叢書」被列入「十五」國家重點圖書出版規劃，「叢書」共計三十本，預定在四年內分三輯出齊。為此組織了力量較強的編委會，投入了充足的人力、物力、財力，力爭使「叢書」成為精品圖書。我們萬分感佩江西出版部門充分估計「叢書」學術價值的識見和積極為文化建設做貢獻的熱忱。最終的成果也許難以盡愜人意，但我們相信「叢書」的出版，必將在中國美學範疇研究的長途跋涉中留下一串深深的足印。

　　　　　　　　　　　　　　　　　　　　　蔡鍾翔

　　　　　　　　　　　　　　　　　　　　　陳良運

　　　　　　　　　　　　　　　　　　　　　二○○一年三月

提　內
要　容

　　「和」是中國美學的重要範疇，是中華民族精神在美學上的薈萃。它融合了農業自然經濟形態之下人們所形成的「天人合一」「人人相和」的文化意識與民族心理。儒、道兩家互斥互補的人生哲學與文化精神，構成了中國古典審美理想之維的內核，唐宋之後，又加入了禪宗的哲學內容。「和」在中國美學範疇中具有總攝眾體、兼收並蓄的意義及功能。它的精神實質是追求人生與藝術的統一，追求美與善、情與理、個體與社會的和諧，其中道家之「和」具有超軼塵俗、逍遙遊放的審美解放的意義，它表現了中國古代藝術精神的最高境界。同時，「和」作為古典審美理想之維曾歷經發展演變，不斷豐厚，在近代又面臨挑戰，融入了新的審美觀念。

目次

導　言

　　中華民族的文化肇源於黃河、長江流域的農耕生產及氏族社會形態之中。風調雨順、嘉生繁祉對遠古生民的生存與繁衍至關緊要。他們把自己與宇宙天地視作混沌一體。以《周易》為模式的宇宙觀便是這種文化意識的體現。在與天相合中求得生存幸福，同時獲得美的感受，這是生民以「和」為美的思想動因。嗣後雖經夏、商、周奴隸社會和長達千年的封建社會，但這種審美文化觀念卻延續了下來，原因是中國古代社會一直是以農業自然經濟形態為基礎，與此相適應的是宗法血緣關係及觀念的長期存在。

　　「和」的審美範疇是中國古代農耕文化精神的薈萃。[1]它的基本特徵是追求天人合一、人人和同，在階級社會中又與統治階級的政治理想相融匯。但在具體的內涵上，卻以儒、道二家學說的互斥互補為構

1　「和」，《說文》作「和」（咊）：「相應也，從口禾聲。」「禾」不單是標示讀音，而
　　且啟示我們，「和」的本義來源於人們入口飲食所需的禾物，而禾物的生生不息，得
　　自於陰陽和諧，風調雨順。此亦可見「和」的觀念與農耕文明息息相通。《說文》中
　　「和」又作「龢」，但作為音聲之和的「龢」是後來引申的意思。

架。儒家重視人為規範之和，突出人的能動性，而道家卻宣導自然之和，強調以素樸無為的人性去契合天道，游乎人世。儒家過分強調人為法度的規範，發展到後來往往破壞人與自然的統一，尤其是個體的和諧發展。所以道家的自然之和有救弊的作用。但道家一味宣導「和」的自然天放，發展到後來勢必毀敗禮法，破壞秩序，也不可能真正做到天人相合。因而儒家的「和」對於道家的「和」同樣具有糾偏的功能。儒、道的對立統一，恰好構成中國古代審美範疇「和」互相耦合的系統機制。儒、道各家的「和」發展到魏晉南北朝後，一般呈現出互相融匯的狀態，劉勰、王夫之便是其中的集大成者。

中國古代的哲學美學範疇與西方相比，具有模糊性和渾樸性的特點，尤其是漢字的多義性，造成了範疇的漫漶難識。成中英先生認為中國古代哲學範疇具有多義性和連環性的特點[2]。例如審美心理範疇「虛靜」「神思」「物化」就互相聯繫，你中有我，我中有你，甚至互為因果。作為中國文化意識集中體現的「和」範疇，具有統攝其他審美範疇的總體意義，「情志」「文質」「格調」「虛靜」「比興」「意境」「含蓄」這些範疇無不與「中和」之美有關。因此，把握「和」範疇應該充分顧及這一特點，既要防止將它的內涵無限延展，變成無所不容的概念，同時也要避免將它簡單化的做法，這樣不利於突出它的綱領性特徵。

中國古代美學範疇的研究應該貫徹歷史的分析與邏輯的分析相結合的方法。中國古代美學的一切範疇都是在歷史發展中形成和逐步完善的，它在中國封建社會中又與特定的社會政治經濟形態的變遷相聯繫。「中和」範疇也是如此。它的演變歷程，反映了封建社會的興盛與

2　《中國哲學範疇問題初探》，《中國哲學範疇集》，人民出版社1985年版，第40頁。

衰亡。例如，早期封建社會言「中和」並不過分主張以禮禁欲，以求「中和」，荀子、《呂氏春秋》、《淮南子》的學説就是如此；到了封建社會走向沒落時期，便把「致中和」説成用「天理」來摧滅人欲，以獲得美和善的理想。早期封建社會的美學強調人在外向的實踐活動中求得人與自然的統一，《易傳》《呂氏春秋》《淮南子》等書的美學便貫穿了這一點。到了宋明理學影響下的文人論「中和」，強調「內遊」，摒棄外游，將自然與人的會合萎縮成極其狹隘的性情修養，喪失了早期「中和」論的恢宏氣概。因此，如果我們在研究中脫離了對範疇的歷史考察，將其抽象化，然後用一些大而無當的詞語來泛泛溢美，這既不符合歷史事實，也無助於我們對中國古代審美範疇的確切把握。這是我們研究中國古代審美範疇時應切忌的。

　　當然，僅有歷史的分析，而沒有邏輯的分析，也不可能認清中國古代審美範疇的真實含義。尤其是中國古代的美學範疇，帶有很大的直觀性和模糊性，內涵與外延都不甚清晰，不像西方康得、黑格爾論哲學與美學範疇時具有嚴格的規範性，這就更需要我們研究時加強宏觀把握，作細緻的解析。當然這種解析必須依據理論本身的狀態，不能作先天設定式的人為解釋。「和」是中國古代哲學與美學一個意義廣泛的範疇，它具有多重結構，涉及許多範疇、概念，在作歷史地縱向解析時如何既切中契機又不顧此失彼，這是筆者一直努力而又深感困難的。因此本書在分析論述中難免有種種不當之處，懇請方家指正。

上編

審美範疇「和」的發展歷程

第一章

奠基時期（先秦）

　　先秦時期是審美範疇「和」的發軔時期，後世「和」的基本理論框架，在這個時期都已經大體具備了。在遠古農耕文化的土壤中，滋生了「以和為美」的素樸觀念，春秋戰國時期的儒、道兩家，總結前人之說，從各自的角度作了發揮，互相融補，奠定了審美範疇「和」的理論基礎。從這一演變過程中，可以清晰地看到「以和為美」的審美觀念與中華民族農耕文明的生存觀念與文化意識是一脈相承的。

第一節　人文地理的沾溉

　　我國是古人類產生與發展的重要地區。大約從一百萬年以前，在廣袤的山河土地上，就繁衍生息著人類的祖先。距今幾十萬年前的雲南元謀、陝西藍田和北京房山周口店地區，都發現了極為豐富的遠古人類的生活和文化的遺址。經過漫長的進化歲月，在距今幾萬年前的

華北山西襄汾的丁村人、湖北長陽下鐘家灣的長陽人、廣東韶關的馬壩圩的馬壩人，已經開始擺脫遠古的原始人群形態，逐漸演化為氏族集體，他們已經直立行走。從森林到草澤，從平野到山崗，遠古人類利用自然條件，採集果實，捕魚狩獵，在進行「自然的人化」過程中，也從事著「人化的自然」的創造活動，從而使自身的素質獲得不斷提高與完善。終於，到了距今五千至六千年前的今天，在黃河流域，遠古生民開始進入母系氏族社會，今天保留的著名的處於河南澠池縣仰韶村的仰紹文化遺址，就是當時先民創造的燦爛成果，從中可以窺見先民文化形態的一些基本形態特徵。

仰紹文化屬於黃河文化系統。初民們主要選擇黃河各支流，如灃河、滻河和灞河等地域，建立自己的村落，聚族而居。他們的居民點一般是建在河流兩岸經過長期侵蝕而形成的階地上，或者在兩河匯流處選擇較高而平坦的地方。這裡土質肥美，氣候濕潤，有利於農業、畜牧、取水和交通舟楫。傳說中的神農氏大體上相當於這個時期，當時的農業由於具備了基本的天時、地利與物候條件，代替狩獵而成為人們最基本的生產方式。而農業的因天之時與制地之利，促使農耕者與自然的關係較之狩獵、採集更為密切，因而觀察、研究自然成為人們生存意識的前提。「古之人民皆食禽獸肉，至於神農，人民眾多，禽獸不足，於是神農因天之時，分地之利，制耒耜，教民勞作，神而化之，使民宜之，故謂之神農氏。」（《白虎通義》）這說明人們在生產形態上的進步，是與對天時、地利的掌握聯系在一起的。如果沒有對天時、地利的認同與利用，就無法生存，甚至帶來巨大災害。像上古傳說中的燧人氏發明鑽木取火而教民熟食，有巢氏教人構木為室而避獸害，伏羲氏結繩為網教民漁獵，這些與神農氏教民稼穡的傳說，都顯示出中華民族先民的生存技術的發展，是在認識與利用自然物性的基

礎上形成的。據《尚書》〈洪範〉記載，殷朝舊貴族箕子曾回答武王問天道的話。他說：從前鯀用土阻塞洪水，違反五行中水的特性，上帝震怒了，不給他洪範九疇，世界的和諧被破壞了，鯀也被殺；禹繼承父親的事業，因勢利導，不違水性，上帝賜給他洪範九疇，才恢復了世界的秩序。從這一段記載中可以看出，當時人已經意識到，順物之性才能成就事功；逆物之性，就會惹得上天震怒。天地之序對於初民的生存至關重要。因為當時人類的生產力水準極為低下，一切生機全部仰仗自然的惠澤。而自然的惠澤也就是在於和諧運轉，四季分明，陰陽調和，以利於稼穡的正常運行。《國語》〈周語〉中伶州鳩在應答周景王時提出：「氣無滯陰，亦無散陽，陰陽序次，風雨時至，嘉生繁祉，人民和利，物備而樂成。」伶州鳩道出了上古時代一個基本的生存道理，這就是陰陽調和，才能嘉生繁祉，五穀豐登，造福百姓。而一旦天地之氣失和就會引起動亂，「夫天地之氣，不失其序，若過其序，民之亂也」（《國語》〈周語〉）。對天地之和的渴求，催發了古人「天人合一」觀念的滋生。《禮記》〈月令〉和《呂氏春秋》都反覆闡述了這樣一個古老而直觀的思想：人事的安排，必須合於自然的和諧發展，如獻歲發春，萬物復甦，「天氣下降，地氣上騰，天地和同，草木萌動，王命布農事，命田舍東郊，皆修封疆，審端經術」（《禮記》〈月令〉）。春天是萬物生長、欣欣向榮的季節，國君須親自來到農田，行籍耕之禮，以順天之意。如果人主逆氣而動，春行夏令，夏行秋令，秋行冬令……就會引起禍亂，甚至於不可收拾。

　　天道的運行是人類社會活動的依據，這是由此衍生的又一觀念，所謂「治人事天莫若嗇（穡）」（《老子》〈五十九章〉）。也就是說，人類社會的管理與農耕一樣，遵循自然和諧的法則，故《老子》〈二十五章〉中又提出：「人法地，地法天，天法道，道法自然。」恩格斯在

《家庭、私有制和國家的起源》中指出：「一定歷史時代和一定地區內的人們生活於其下的社會制度，受著兩種生產的制約：一方面受勞動的發展階段的制約，另一方面受家庭的發展階段的制約。勞動愈不發展，勞動產品的數量、從而社會的財富愈受限制，社會制度就愈在較大程度上受血族關係的支配。」[1]由於遠古農耕生產是一種簡單的再生產，需要氏族全體成員的同心協力才能維持這種再生產，以取得基本的衣食住行資料，因而與天相合的農耕生產決定了人們受血親關係的制約。血族關係是構成遠古人類社會中人與人之間關係的基礎。英國歷史學家湯因比曾這樣描述黃河流域人們的艱苦生活情景：「我們發現人類在這裡所要應付的自然環境的挑戰要比兩河流域和尼羅河流域嚴重得多。人們把它變成古代中國文明搖籃地方的這一片原野，除了有沼澤、叢林和洪水的災難之外，還有更大得多的氣候上的災難，它不斷地在夏季的酷熱和冬季的嚴寒之間變換。」[2]在這樣的生存環境中，中華民族的生民只有依靠和諧一致的集體力量，才能對付惡劣的自然環境，獵取獸類，捕撈魚類，從事原始農業。為此他們依託黃河、長江各支流的農業生態區域，組成了氏族部落，聚族而居。他們有共同的氏族活動場所，從事公共會議、節日和宗教性的活動。依靠著這種血親關係，他們佔有一定的土地和其他自然產物，共同勞動，共同消費。氏族的首領是在氏族民主集會上產生的，氏族的一切重大活動，也是在這種會議上舉行的。原始民主習慣和古老的傳統結合在一起，是人們調節彼此關係的道德準則。傳說「神農之世，臥則居居，起則于于」，人人同心協力，和諧相處，「無有相害之心」（《莊子》〈盜

1　　《馬克思恩格斯選集》第4卷，人民出版社1972年版，第2頁。

2　　《歷史研究》上冊，上海人民出版社1966年版，第92頁。

蹠〉），這些見諸古書上的記載，便反映了這種狀況。進入夏、商、周奴隸制社會後，原始氏族社會的血緣關係被家長制的世襲制度所取代，奴隸社會根據帝王血緣關係的親疏來劃分貴賤等級，設爵分位元，進而形成了宗法制與禮樂系統。宗法制與禮樂系統有兩面性，它既是夏、商、周奴隸社會的等級制度與文化表現，具有森嚴的規程與儀式，同時，它又是在血緣基礎上改造而成的，因而在一定程度上保留了氏族社會的血緣親和觀念。孔子與後世儒家宣導的「禮之用，和為貴」，正是巧妙地糅和了二者之間的關係，從而使禮樂與遠古血緣觀念傳統相接續，具備了廣泛的民族認同心理基礎。

從天和到人和，再到天人相和，反映了先民素樸直觀的農耕文化意識。他們認為宇宙是一個和諧相生的大系統，人類是生存於其中的一部分，個人只有匯入群體與天道之中，才能生存並發展，才能自強不息。這種觀念與認識一方面培養了「天人合一」的整體意識，另一方面也將個人的價值置於天地自然與群體控制之下。個體意識的不發達，正是中華民族與天相合文化精神衍生的必然產物。中華民族審美意識的「以和為美」，誕生於這種特定的農耕文化土壤與人際關係之中，從而造成了審美範疇「和」的直觀與感性色彩濃烈的特徵，同時也說明「以和為美」更近於一種倫理價值觀上的認同與判斷，而不僅僅是一種形式與美觀上的判斷。這是中西之「和」不同的根本分歧。

第二節　五行雜錯之「和」

雲行雨施，品物流行，晝夜交替，寒暑往來，初民們在與天地萬物交流周始之中，對身邊的事物逐漸進行觀察感受，分類概括，這就是陰陽八卦觀念與五行觀念的濫觴。這兩種觀念是源於農耕文明基礎

上的先民們對宇宙自然與社會人事的直觀把握。《周易》中的八卦是用八種天地自然的象徵符號來説明事物的存在與運變，並力圖通過卦象之間的聯繫與演變揭示宇宙與社會之理。《周易》〈繫辭〉説：「古者包犧氏之王天下也，仰則觀象於天，俯則觀法於地，觀鳥獸之文與地之宜，近取諸身，遠取諸物，於是始作八卦，以通神明之德，以類萬物之情。」仰觀俯察是遠古人類意識觀念產生的原委。這一段話指明了古人畫八卦是來自對天地萬物的省察與感悟，是一種對外物的分類概括與思考，其特點是將萬物分類成既彼此獨立又和諧一體的事物。五行觀念，則是與陰陽八卦觀念同時形成的一種生民把握自然與社會的範疇網結。《國語》〈周語〉記載單襄公的話説：「天六地五，數之常也。」所謂「天六」，指的是「天有六氣」，即陰、陽、風、雨、晦、明六氣，這是天氣變化常見的形態，其中陰、陽是最基本的兩種氣質；「地五」，指的是「地有五行」，即金、木、水、火、土。五行觀念是人們直接從農事生產中引發的，是先民在從事農耕時對身邊自然事物現象的感受與歡美。傳説周武王伐紂，剛到商的郊邑的一天晚上，這些來自黃土高原的士兵，歡喜欣狂，載歌載舞，歡頌土地的偉大：「孜孜無怠，水火者，百姓之所飲食也；金木者，百姓之所興生也；土者，萬物之所資生，是為人用。」（《尚書大傳》）這種謳歌，既是對自然物素樸直觀的把握，同時也滲透著審美觀賞的因素。類似這樣對五行之物的認識，在先秦典籍中比比皆是，如《國語》〈魯語〉説：「地之五行，所以生殖也。」《左傳》説：「因地之性，生其六氣，用其五行。」《國語》〈鄭語〉説：「以土與金、木、水、火雜，以成百物。」這些記載都有力地説明五行之説是先民生命意識的觸發，和諧之美觀念則是基於這種生命意識上的審美觀念。這就決定了中華民族的「以和為美」具有濃烈的功利價值色彩。普列漢諾夫在他論藝術起源的文章中多次

強調：原始人類對事物的感受以及審美觀念的萌始，同他們的生活與勞動環境是密切聯繫著的。天之六氣，地之五行，除了實用的、功利的因素外，還有可供觀賞的聲、色、形等要素。在春秋時期人們的五行觀念中，已經開始重視五行之物的形式要素之美了，這就是五味、五色和五聲觀念的萌始。《左傳》〈昭西元年〉記載，一位元高明的醫者醫和曾談到：「天有六氣，降生五味，發為五色，徵為五聲，淫生六疾。」醫和指出天之六氣萌生五味、五聲和五色，這些要素如果在人體內調和不好就會使人生病。他的看法，也是秦漢時期醫學家論人體疾患產生的理論來源之一。《左傳》〈昭公二十五年〉還記載了鄭國子產的話，他指出：「天地之經，而民實則之。則天之明，因地之性。生其六氣，用其五行。氣為五味，發為五色，章為五聲。淫則昏亂，民失其性，是故為禮以奉之。為六畜、五牲、三犧，以奉五味；為九文、六采、五章，以奉五色；為九歌、八風、七音、六律，以奉五聲。」這裡指出天地給人提供五味、五色、五聲。其中五味屬於人們的生理感覺，而五色、五聲則顯然屬於審美領域的事物。子產的話強調自然界不僅提供給人們以各種生存物質，而且也給人們提供了各種耳目之娛的五聲、五色。五聲、五色發源於人們農業生產過程中所接觸的五行之物。《尚書》〈洪範〉就指出：「五行：一曰水，二曰火，三曰木，四曰金，五曰土。水曰潤下，火曰炎上，木曰曲直，金曰從革，土爰稼穡。潤下作鹹，炎上作苦，曲直作酸，從革作辛，稼穡作甘。」這段話說明瞭五行之物與味、聲、色的關係。如水是潤下灌溉莊稼的，其味「鹹」；土是種植莊稼的，其味「甘」。又如白與金、青與木，赤與火、黃與土，都是有對稱關系的，是質地的顏色反映。而五聲的產生，同樂器的演奏及製造相關，因為樂器是用金、木、土等材料造成的。樂器的質地不同，演奏出來的聲響也各有不同。關於音聲之和同樂器的

關係，古希臘的畢達哥拉斯曾多次論及[3]，中國先秦時期的五行之說，也已看到了這一點。

遠古時代的人類社會，既是生產力極不發達、分工極不細密的社會，同時又是人類天性最為開放，與自然的關係最為貼近的社會，它促使了人們形成從雜多中尋求事物和諧與美的觀念，並從自然的生存本位出發，有意識地把握好其中的度量，以求得和諧勻調。春秋前史伯、晏嬰、子產等人「以和為美」的觀念，便是在此基礎上發展起來的。同時，隨著理性精神的形成發展，一些思想家開始有意識地用禮義來規範審美物件與主體之間的和諧，萌發了以禮制情的審美觀念。《國語》〈鄭語〉記載，史伯在回答鄭桓公「周其弊乎」，即周朝將要滅亡的問題時指出：「殆於必弊者也。《泰誓》曰：『民之所欲，天必從之。』今王棄高明昭顯，而好讒慝暗昧；惡角犀豐盈，而近頑童窮固，去和而取同。夫和實生物，同則不繼。以他平他謂之和，故能豐長而物歸之。若以同裨同，盡乃棄矣。故先王以土與金木水火土雜，以成百物。」史伯在這裡將自然與人事聯繫起來考察，他批評周王只聽取相同的意見，排斥相異的意見，勢必要自我毀滅。史伯進而指出，自然界事物是互相補充，互相克制，「以他平他」，即把相異的東西有機地結合起來，「故能豐長而物歸之」，形成萬物欣榮的局面，如果把相同的東西相加，就不可能產生新的事物。所以，「和實生物，同則不繼」，既是自然的法則，也是人事的法則，它也暗含著美學上的一個道理，即美是在宇宙間多樣事物的和諧相生中產生的。後來的老子也指出：「有無相生，難易相成，長短相較，高下相傾，音聲相和，前後相隨。」（《老子》〈第二章〉）把相輔相成作為觀察包括美在內的宇

3　　見《西方美學家論美和美感》，商務印書館1992年版，第14頁。

宙間事物的一條法則。和諧多樣是美的產生與發展的前提條件，而多樣性又是有著鮮明的主體性，這就是以人的生理與心理的健康向上、愉快爽心為目的，故史伯進而提出：「是以和五味以調口，剛四肢以衛體，和六律以聰耳，正七體以役心。」春秋前的思想家將和諧多樣與主體的健康需要聯繫起來考察，這是極有價值的思想。它奠定了中國古典美學以人為本、追求和諧的價值觀念。儘管對人的理解各家言說不同，但這種方法論與價值觀卻是啟示後人將美的本質與人的本質相融合，從人文精神的角度去解析美的問題，這是應當肯定的。

對於具體事物美的規定性來說，春秋前後一些思想家也認為，它是由多樣性所組成的，由這種多樣性烘托出一個特定的和諧之美主題。如《左傳》〈桓公二年〉記載：臧哀伯向國君提出，國君應當用各種威儀和文物來宣昭其德。多樣而統一的文物，烘托出君王的美德和威嚴，組成和諧之美，「火、龍、黼黻，昭其文也；五色比象，昭其物也；鍚、鸞、和、鈴，昭其聲也；三辰旂旗，昭其明也」。臧哀伯認為文物以昭德，儀式以壯威，火、龍、黼黻組成絢麗多彩的文飾之美，這些都是為了突出國君至尊至威的主題。與臧哀伯同時的史伯則從先王的婚姻、財政收入、擇臣聽諫等方面說明，只有多元取向才能組成先王之政的和諧整體。他進而提出：「聲一無聽，物一無文，味一無果，物一無講。」（《國語》〈鄭語〉）即聲音只有一種音調，就不可能組成和美的音樂；物體只有一種顏色，就不會有絢麗的色彩；味道只有一種，就無法滿足口腹之欲……所以，先王要善於從多樣的統一中分析與尋找善和美的根源，從善如流，確立「和而不同」的政治方針。

從審美物件的形成來說，和諧並不等於將事物拼湊起來，而是將不同的事物按照一定的規律有機地融合在一起，這是一個主體能動創造的過程，也牽涉到「和」的方法問題。如果說史伯和臧哀伯大多從

直觀的感受出發，將政治、道德和經濟的現象互相類比，強調多元取
向，為我所用，那麼，略晚於史伯的齊國政治家晏嬰則從政治學的角
度論述了這一問題。但他同樣保留了從自然觀出發來談政治的特點。
《左傳》〈昭公二十年〉記載說：「齊侯至自田，晏子侍於遄台。子猶馳
而造焉。公曰：『惟據與我和夫。』晏子對曰：『據亦同也，焉得為
和？』公曰：『和與同異乎？』對曰：『異。和如羹焉。水火醯醢鹽梅
以烹魚肉，之以薪。宰夫和之，齊之以味，濟其不及，以泄其過。君
子食之，以平其心。君臣亦然。君所謂可而有否焉，臣獻其否以成其
可。其所謂否而有可焉，臣獻其可以去其否。是以政平而不幹，民無
爭心。故《詩》曰：「亦有和羹，既戒既平。鬷嘏無言，時靡有爭。」
先王之濟五味，和五聲也，以平其心，成其政也。聲亦如味，一氣、
二體、三類、四物、五聲、六律、七音、八風、九歌，以相成也。清
濁、小大、短長、疾徐、哀樂、剛柔、遲速、高下、出入、周疏，以
相濟也。君子聽之，以平其心。心平德和。故《詩》曰：「德音不瑕。」
今據不然。君所謂可，據亦曰可；君所謂否，據亦曰否。若以水濟
水，誰能食之？若琴瑟之專壹，誰能聽之？同之不可也如是。』」晏嬰
與史伯同樣從反對「以同裨同」的角度出發，論證君王要善於聽取不
同意見，並由此而發，說明聲、色、味是由雜多的要素所組成的。不
同的是，他指出了達到和諧的途徑與方法。這就是：一、事物是由對
立的兩極所組成的，美的和諧，就在於將對立的兩極協調一致，清
濁、小大、短長、疾徐、哀樂、剛柔、遲速、高下、出入、周疏以相
濟。二、這種對立的統一，也並不意味著將兩端雜湊在一起，而是根
據「和」的總體需要，「濟其不及，以泄其過」，猶如宰夫調味一樣，
是一種創造的藝術與境界。晏嬰強調的達到「和」的原則，也是後來
一些美學家與藝術家論「中和」之美所遵循的主要途徑與方法。它標

誌著「以和為美」觀念在春秋時代的重大演進。這就是從單純的關注美的多樣性，發展到從對立統一的視角去看待美的產生，並且將這種創造與主觀能動性相結合，從而突出了「以和為美」是一種審美創造的過程與活動，將「以和為美」與藝術創造融為一體。這是美學思想的重大進步。

　　從審美與藝術創造的角度來說，「和」作為審美物件的價值，它的實現，還須經過主體的消化與昇華。沒有主體的消化，客觀事物的和美就始終是一種潛在因素。例如，《九韶》之樂對於孔子來說，是最為和悅動聽的音樂，聽之三月不知肉味，而對於禽鳥來說，卻無法構成審美物件。《莊子》〈至樂〉中記載，魯侯養鳥，「禦而觴之於廟，奏《九韶》以為樂，具太牢以為膳」，結果「鳥乃眩視憂悲，不敢食一臠，不敢飲一杯，三日而死」。魯侯錯誤地將愉人的音樂用來養鳥，其結果無異於對牛彈琴，使鳥驚懼而亡。因為鳥作為主體來說，無法接受與聽懂只有人才感到愉悅的音樂。馬克思指出：「只有音樂才能激起人的音樂感，對於不辨音律的耳朵說來，最美的音樂也毫無意義，音樂對它說來不是物件。」[4]春秋時期「以和為美」的觀念強調，「和」的境界包括主體與客體的互相配合。從客體方面來說，除了寓雜多於統一之外，還必須與人的主體需要相一致。這就是史伯與晏嬰反復強調的「和五味以調口，剛四肢以衛體，和六律以聰耳，正七體以役心，平八索以成人……」而客觀審美物件能否達到和諧，首先取決於是否為人的主體所接受、所吸納。《左傳》〈昭公二十一年〉記載：伶州鳩反對周景王鑄大鐘，認為鐘的聲音太高，為審美主體的感官所不能承受。他指出：「小者不窕，大者不摦，則和於物，物和則嘉成。故和聲入於耳

4　《一八四四年經濟學——哲學手稿》，人民出版社一九七九年版，第79頁。

而藏於心，心億則樂。窕則不鹹（感），槬則不容，心是以感，感實生疾。」伶州鳩強調鐘聲和諧，才能入於耳而動於心，如果聲音太小或太大，則無法使人聽後產生美感。《國語》〈周語〉記載了另一個與此相同的事情：周景王將鑄造大鐘，聲高為「無射」，在上面還加上一個聲高為「大林」的鐘，完全無視人的視聽所限。單穆公於是提出異議，認為聲音非人能受，那還談什麼美，既「無益於樂」，又勞民傷財，斷不可為。這種不顧人的正常審美感受能力，追求刺激的審美心理，在季世荒主中普遍存在。《呂氏春秋》〈侈樂〉就指出：「（亂世之樂）為木革之聲則若雷，為金石之聲則若霆，為絲竹歌舞之聲則若譟。以此駭心氣，動耳目，搖盪生則可矣，以此為樂則不樂。故樂愈侈而民愈郁、國愈亂，則亦失樂之情也。」認為這種太巨太蕩的聲音只能「駭心氣，動耳目」，不能感蕩心靈，娛悅耳目。其結果是導致百姓的怨憤，國家的敗亡。

從主體的感受來說，外界的和諧導致了內心的和諧，由此產生美感，形成主客體相交融的和樂境界。單穆公指出：「夫耳目，心之樞機也，故必聽和而視正。聽和則聰，視正則明。聰則言聽，明則德昭。聽言昭德，則能思慮純固。」單穆公認為心靈的視窗為耳目，它順從外界音聲的刺激，音和則心和，音雜則心亂。這也是先秦儒家樂論的流行看法，即把主體的和諧看作外界刺激所致，而心靈之和又會直接影響到人們的社會情緒和為政好壞。《國語》〈周語〉記載伶州鳩曾經談到音聲調和人與人之間、人與神之間關係的重要作用：「夫有平和之聲，則有蕃殖之財。於是乎導之以中德，詠之以中音，德音不愆，以合神人，神是以寧，民是以聽。」對於音樂在社會中的巨大作用，作了充分的肯定與宣傳，後來這種觀點在中國美學史中一直受到重視（參見本書下編第三章第二節）。

　　從上面的敍述與分析中，我們看到，春秋時期「以和為美」的觀念，已經認識到事物的和諧必須與人的主體心靈相契合，而這種契合是有條件的，因此，人為的規範顯然是必需的。怎樣通過制導以實現和諧呢？從客體方面來說，必須將作為審美物件的事物予以一定的調協。如晏嬰等人強調審美物件的和諧在於對立事物的相濟：「濟其不及，泄其太過。」偏重從調和的角度去論述這個問題。稍後的醫和、子產等人則強調外在禮法的制約，認為所謂「和」就是以禮節情，調和情欲與禮儀之間的矛盾，使二者達到和諧。《左傳》〈昭西元年〉載：醫和對晉侯說：「先王之樂，所以節百事也。故有五節，遲速本末以相及，中聲以降，五降之後，不容彈矣。於是有煩手淫聲，慆堙心耳，乃忘平和，君子弗聽也。物亦如之，至於煩，乃舍也已。」醫和認為，所謂樂就在於節百事，所以有五音為之規範，是為「中和」之聲，五音之後，就不容再彈了，如果再彈就是「煩手淫聲」「乃忘平和」，這種音樂觀顯然是保守的。事實上，對音聲之和的規範是有階段性的，春秋以來，五聲與十二律相結合音律的變化趨於多樣，民間的俗樂較之廟堂雅樂更富於音聲的刺激，但是保守的思想家與大臣往往不能接受，加以排斥。到了南宋理學家朱熹，更是強調琴音除五聲之外，不能彈泛音，否則即為小人，就更為迂腐專橫了。除了從審美物件方面來談禮義的制導作用外，春秋前一些主張「以和為美」的思想家與政治家還強調心靈的持中，即以禮義克制的問題。如鄭國的子產談到禮義對人心的作用時說：「夫禮，天之經也，地之義也，民之行也。天地之經，而民實則之。則天之明，因地之性，生其六氣，用其五行。氣為五味，發為五色，章為五聲。淫則昏亂，民失其性，是故為禮以奉之。……民有好、惡、喜、怒、哀、樂，生於六氣，是故審則宜類，以制六志。」（《左傳》〈昭公二十五年〉）子產在這裡強調了三層意思：

一、從天人合一的觀點出發，將人事上的禮義道德說成是天地之性，這仍然是春秋前人以人事比附天道的直觀想法；二、五行與六氣這些自然範疇是天地之性的展示，是自然界多樣性的展示；三、這些多樣性的協調有待於禮義的作用。禮義是調和多樣性與同一性的道德與法制功能。這樣，禮義對於「以和為美」就是至關重要的了。子產論心靈之和與單穆公不同，單穆公只是強調「聽和而視正」，將主體看作被動接受外物的產物，子產則認為外在之樂（歌舞）只是內心情志的發動，因此，為了正樂，使視聽和諧，必須用禮義來審訂心靈，「哀樂不失，乃能協於天地之性」。與前期論「和」注重從五味、五聲與五色的自然協暢相比，子產這裡大大突出了社會規範對達到審美和諧的重要性，並將美的和諧與善的倫理溝通起來。這實際上已經開啟了儒家「中和」之美的先河。

第三節　儒家的「中和」之美

　　春秋間「以和為美」觀念的產生，是同人們對殷周以來奴隸制禮樂系統的重新認識分不開的。史伯、單穆公和晏嬰論證「五聲」「五色」和「五味」之美的產生，是為了通過宣傳「和實生物、同則不繼」的道理，來闡述禮樂的和諧之美，說服國君擯棄過度的耳目嗜欲，回復禮義之軌。到了春秋戰國之際的孔子論「和」，更加強調用道德來規範審美物件與審美主體，孔子的「中和」美學，從直觀的五行雜錯之美走向社會生活領域，並涉及藝術創作與評論領域。儒家學派的荀子和子思等人，以及後來的《周易》《樂記》作者，對孔子的「中和」之美作了推衍與發揮。正式奠定了儒家「中和」之美的理論基礎，極其深遠地影響到後世中國封建社會的正統美學。

一、孔子的「中和」觀與美學

孔子（前551-前479），是春秋時著名的思想家、教育家。孔子思想的要旨，是對殷周以來的禮樂系統作出新的解釋。他以仁釋禮，而仁的內涵就是以孝悌為核心的血緣宗法觀念。孔子強調以孝悌為本，去改造與維繫搖搖欲墜的禮樂文化。他的「中和」道德，即是建立在禮樂文化之上的道德學說，並延伸到藝術觀念之中。孔子所處的時代，是一個「禮崩樂壞」，舊的禮樂系統面臨深刻危機的時代。因此，孔子論「中和」，比伶州鳩、史伯、單穆公、子產更為緊密地圍繞著禮樂問題而展開，帶有濃厚的政治學、倫理學色彩。孔子的時代，隨著自然科學的發展以及理性精神的發揚，陰陽五行學說開始褪去神秘外衣。孔子清醒的理性意識，使他談「中和」很少帶有史伯、單穆公那樣的神秘色彩，而偏重從道德修養的角度著眼。

孔子論「中和」，首先將重點放在「中」字上，將「和」與「中」聯繫起來考察，這是有其深意的。「中」作為一種與「和」相關的概念，既有相同之處，也有不同的地方。「和」是把雜多與對立的事物有機地統一起來，而「中」則是指在「和」的基礎上所採取的居中不偏、相容兩端的態度。就主張將矛盾的各方面統一起來說，二者具有同一性，但「和」偏重事物的調和統一，而「中」則推崇事物所達到的最佳狀態，所以它一方面指客觀事物的存在形態，另一方面又指人的處事準則、立場、原則和方法，孔子論「中和」，更推崇作為道德準則、行為方式的中庸哲學，強調「中」作為道德規範對「和」的控引、節制。這是有它的歷史淵源的。「中」作為一種道德範疇來說，乃是殷周以來傳統道德觀念的演進。《尚書》〈酒誥〉記載周代元勳、貴族周公告誠康叔的話：「丕惟曰：『爾克永觀省，作稽中德，爾尚克羞饋祀，爾乃自介用逸。』」這段話意為，你如能經常反省，節制飲酒享樂，力

行中正之德，就將能保住權位，安逸享樂。中德在這裡是作為一種統治者的政治道德，它的特點是把對立的兩端折中起來，求其最佳狀態，以達到安逸吉祥的統治目的。《尚書》〈皋陶謨〉列舉「九德」即理想的道德為：「寬而栗，柔而立，願而恭，亂而敬，擾而毅，直而溫，簡而廉，剛而塞，強而義。彰厥有常，吉哉！」這裡是說寬弘須與嚴厲相濟相輔，始成中德，其他對立的個性與道德只有相輔相成才能使人處於吉祥無災的境地。清儒焦循論「九德」云：「變易其行，則寬而栗，強而義，不執於一矣。」（《尚書補疏》）「不執於一」，就是不偏執於一方，這同孔子所說「寬柔以教」「寬猛相濟」是一回事。《詩經》〈商頌〉〈長發〉歌頌道：「不競不絿，不剛不柔，敷政優優，百祿是遒。」這是讚美商湯之德的。孟子也曾讚美商湯為政居中不偏，廣納賢才。他指出：「湯執中，立賢無方。」（《孟子》〈離婁下〉）「無方」也就是不拘一格，不黨不偏。往上推溯的話，我們可以發現，「德」字在甲骨文中就已經出現了，在卜辭中作「循」，沒有加上底下的「心」，在今天看來，就是「直」，從德字的含義來說，就是做事做得適宜，直道中行，不偏不倚，無愧於心。《釋名》〈釋言語〉云：「德，得也，得事宜也。」從這裡可以看出，人們認為中庸無偏，超越偏執是一種美德。當然，這種所謂不偏不倚的中德，由於與春秋期間論五行之「和」的思想多從自然界事物著眼不同，指的是道德範疇，帶有很大的主觀性，因為在社會生活中，它往往是受一定階級的利益與價值觀影響的，尤其是在一些重大社會問題上，道德標準存在很大差異。如《尚書》〈盤庚中〉載盤庚決定遷殷時的訓詞曰：「汝分猷念以相從，各設中於乃心！乃有不吉不迪，顛越不恭，暫遇奸宄，我乃劓殄滅之，無遺育，無俾易種於茲新邑！」顧頡剛先生譯為：「你們應當各各把自己的心放得中正，跟了我一同打算，倘有不道德的人亂作胡為，不肯恭

奉上帝，以及作歹為非，劫奪行路的，我就要把他們殺戮了，絕滅了，不使得他們惡劣的種子遺留一個在這個新邑之內！」在這裡，[5]「中」被推崇為一種美德，它的特點就是聽從統治者的意願，不然的話就是悖逆不道。可見，在統治者那裡，「中」帶有明顯的傾向。「中」的概念，還大量地用於當時的刑法思想中。大約刑罰關係到對人的生死處置，更應提倡公正中允，以防昏蔽，這樣才利於統治的穩固。《尚書》〈立政〉記周公曰「茲式（法）有慎，以列用中罰」；〈呂刑〉中記載呂侯制定中刑，勸導周穆王不要濫刑虐民，穆王接受了呂侯的意見，於是發佈公告，在談到用刑時強調「惟良折獄，罔非在中」，「民之亂（治）也，罔不中聽獄之兩辭，無或私家於獄之兩辭」。這是說在聽獄時倘能公正地聽取對立雙方的申訴，持折中的態度，就能做到公正無私。從這些思想來看，「中」實際上是殷周統治者所追求的理想道德，它染上了鮮明的階級色彩。正如馬克思、恩格斯在《費爾巴哈》中指出的：「事情是這樣的，每一個企圖代替舊統治階級的地位的新階級，為了達到自己的目的就不得不把自己的利益說成是社會全體成員的共同利益，抽象地講，就是賦予自己的思想以普遍性的形式，把它們描繪成惟一合理的、有普遍意義的思想。」[6]孔子的中庸哲學，直接繼承了殷周統治者的尚中觀念，存在著明顯的傾向性。他首先提出：「中庸之為德也，其至矣乎！民鮮（能）久矣。」（《論語》〈雍也〉）也就是說，中庸之作為一種最高的德行，老百姓缺乏它已經很久了。這裡所說的「中」亦即居中不偏，「庸」就是「常」。《禮記》〈中庸〉解釋說：「庸德之行，庸言之謹。」孔子的論中庸，是指服從於殷周舊

5　《古史辨》第二冊，第49頁。

6　《馬克思恩格斯選集》第1卷，人民出版社1972年版，第53頁。

道德的一種「中和」之德，旨在糾正當時的過激思想與行為。孔子的時代，社會動盪不安，許多人行事乖戾，不遵中道：「好勇疾貧，亂也；人而不仁，疾之已甚，亂也。」（《論語》〈泰伯〉）「小人之中庸也，小人而無忌憚也。」（《禮記》〈中庸〉）因此，孔子提倡中庸，首先就意味著反對走極端。《論語》〈先進〉載，孔子曾評論他的學生：「師（子張）也過，商（子夏）也不及。曰：然則師愈與？子曰：過猶不及。」（《論語》〈先進〉）師與商的行為或失之遲鈍，或失之偏激，不能達到中庸。孔子還進一步補充道：過猶不及。也就是說，太過分與太遲鈍在效果上都是一樣的。對個人來說，孔子還反對固執己見、不肯執中。《論語》〈子罕〉記載說：「子（孔子）絕四：毋意，毋必，毋固，毋我。」所謂「必」「固」「我」都是固守己意不肯變通，這樣就難免走向極端，產生偏差。孔子據此提出，即令是中庸，如果一味居中，不知變通權衡，從正面來說，會變成「執一」；從反面來說，就會變成「鄉愿」，即逢迎時俗，八面玲瓏的油滑之人，這樣的人是「德之賊」。孟子後來發揮道：「同乎流俗，合乎汙世，居之似忠信，行之似廉潔，眾皆悅之，自以為是，而不可與入堯舜之道：故曰德之賊也。」（《孟子》〈盡心下〉）當然，那些過分拘執的人也是不足為道的。孔子批評伯夷、叔齊、柳下惠等人不知時變，死守節操，自謂「我則異於是，無可無不可」，也就是隨世而處，適當變通。孟子對此發揮說：「可以速而速，可以久而久，可以處而處，可以仕而仕，孔子也。」（《孟子》〈萬章下〉）也就是說，孔子本人是一個能進能退、隨機應變的人物。所以，孔子提倡的中庸是一種應用的道德哲學，以實現「仁」的境界為指歸。

　　孔子的「中和」哲學也體現在他的審美觀念中，他的「以和為美」首先來源於中庸之道。孔子評論《詩經》的〈關雎〉為：「樂而不淫，

哀而不傷。」（《論語》〈八佾〉）也就是說，〈關雎〉的價值就在於它使情感保持「中和」，不走向極端，它表現了男女之間相悅而不過分的情感。孔子還認為，「中和」的實現必須以禮義來控引，如果沒有禮義的節制與疏導，「中和」之境就無法實現。這表現了孔子以道德禮義培養人才，追求人格的倫理思想。《論語》中記載有子說：「禮之用，和為貴；先王之道斯為美。小大由之，有所不行，知和而和，不以禮節之，亦不可行也。」（有子之語似孔子，可以看作孔子的意思）孔門認為，和諧並不意味為和而和，而在於「以禮節之」，所以孔子論《詩經》還提到：「《詩》三百，一言以蔽之，曰：思無邪。」（《論語》〈為政〉）所謂「思無邪」就是思想情感符合「中和」的標準，「發而皆中節謂之和」的意思。後世郝敬談道：「聲歌之道，和動為本，過和則流，過動則蕩。」（《論語詳解》）對於不遵禮義的聲色之美，孔子堅決加以擯棄。他曾說：「惡紫之奪朱也，惡鄭聲之亂雅樂也。」（《論語》〈陽貨〉）孔子批評來自民間的鄭聲衝擊了「典雅中和」的雅樂，就像紫色淆亂了朱色這樣的正色一樣。對於這種有悖中正審美標準的事物，孔子站在守舊的立場上，是堅決反對的。就「以禮節之」這一點來說，孔子的「中和」與子產的「審則宜類，以制六志」的意思異曲同工，甚至有過之而無不及。

　　孔子用「中和」的方法論來探討文質關係，提出了文質相扶，盡善盡美的思想。孔子說：「質勝文則野，文勝質則史，文質彬彬，然後君子。」（《論語》〈雍也〉）「文」在這裡指君子所具備的文化素質與修養，宋代司馬光在《答孔文仲司戶書》一文說：「古之所謂文者，乃詩書禮樂之文，升降進退之容，弦歌雅頌之聲。」「質」則指人的道德品質，文質關係也就是禮儀修養與內在的道德品質關係。對於二者的關係，有的人喜好「執於一」，如《論語》中記載棘子城與子貢的對話

說：「棘子城曰：君子質而已矣，何以文為？子貢曰：惜乎！夫子之說
君子也，駟不及舌，文猶質也，質猶文也，虎豹之鞟猶犬羊之鞟也。」
棘子城認為，「君子」只要有質就行了，不必有文。顯然這是「執於
一」，子貢發揮孔子的思想，認為文質完全同一，就等於去掉了虎豹和
犬羊的皮毛之別，二者的肉都是一樣，見不出它們之間的差異了。孔
子和他的弟子認為，文勝質和質勝文，都會產生極端的效果，破壞和
諧，所以須使對立的二者達到中和統一，這就是孔子提倡的「文質彬
彬，然後君子」。文質相副雖然屬於簡單的道理，但重要的是孔子在這
一道理中體現了他的中庸原則及方法，強調內容與形式的和諧統一，
從而奠定了後世中國古代文論史上的文質觀。

　　孔子論「中和」，結合了殷周以來奴隸主貴族「作稽中德」的思想
與春秋以來「以和為美」的觀念，提倡居中不偏的道德及批評原則，
並將「中和」與「以禮節之」結合起來。因此，它既有道德的因素，
又有禮法的成分，它影響到中國美學史上，就是確立了情理合一，美
善相兼的基本原則與方法，後來的子思與荀子分別從道德境界與禮法
兩方面發展了孔子的「中和」觀念與美學思想。

二、〈中庸〉、荀子對孔子「中和」的推衍

　　〈中庸〉是儒家的一篇重要哲學論文，屬《禮記》中的一篇，傳說
是孔子的後代子思所作。它將孔子的中庸上升到天人相通的高度加以
闡發，推崇為至聖的道德境界，成為宋明理學的重要理論來源。

　　〈中庸〉首先將天地自然感情化和道德化，以溝通天人之間的關
係。它提出：「天命之謂性，率性之謂道，修道之謂教。」也就是說，
人的本性是天所賦予的，順從這種天賦之性去行事就稱為道，遵循這
個原則的行為就稱作教化。〈中庸〉強調人性源於天命之性，將中庸作
為超越天地人的永恆的理性，它既是天地之性，也是人倫之性。這

樣，孔子的中庸成了天經地義，成為宇宙的精神本體。類似這樣的觀念在《左傳》中也出現過。這是古老的天人合一、天心即人心文化觀念的推演。《左傳》〈成公十三年〉載劉康公語曰：「民受天地之中以生，所謂命也，是以有動作禮義，威儀之則，以應命也。」孔穎達疏曰：「天地之中，謂中和之氣也。民者，人也，言人受此天地中和之氣，以得生育，所謂命也。」顯然，這種理論是把統治階級的道德標準說成普遍法則，從更深的文化人類學原因去推溯，這是一種天人一體的直觀理論，對審美境界的體會都不乏其啟迪意義。

　　為了使人與天地之性相契，達到中庸境界，〈中庸〉提出了節情以中的觀點。它說：「喜怒哀樂之未發謂之中，發而皆中節謂之和。中也者，天下之大本也；和也者，天下之達道也。致中和，天地位焉，萬物育焉。」這裡把「中和」說成是情志的自我克制，進入這種境界，才能與天地相參，成為聖人。從根本上來說，它強調「中」是一種天地之性，而「和」則是人的自我克制與昇華，人們可以通過內心的自我修煉，達到「中和」之境，使自我與宇宙精神契合，成為聖人。要達到「中和」，必須從心性修養上做起。孟子說過：「誠者，天之道也；思誠者，人之道也。」（《孟子》〈離婁上〉）〈中庸〉也提出：「誠者天之道也，誠之者人之道也。」所謂「誠」，也就是宇宙間萬物的總規律，它是凝然不變、真誠無欺的，故曰「誠」。〈中庸〉以道德範疇的「誠」來概括宇宙的本性，表現了它將宇宙人倫化和道德化的唯心主義觀念。如何達到「誠」呢？〈中庸〉指出兩條途徑，這就是「誠則明」和「明則誠」。〈中庸〉說「誠者不勉而中，不思而得，從容中道」，認為達到了「誠」，也就進入自由無待的道德境域，包容一切客觀事物，掌握全部知識，這就是「誠則明」；另一方面，通過「明」，也就是「博學之，審問之，慎思之，明辨之，篤行之」，也能達到「誠」，這就是

「明則誠」。無論是「誠則明」還是「明則誠」，都是指內省的修養，是一種以主觀精神去冥會宇宙本體的心靈活動。〈中庸〉強調，一旦實現「至誠」，主客觀就統一於神秘的道德境界中，所謂「至誠如神」，「至誠之道，可以前知」。孔子論中庸，並不否棄人的感性欲求，到了〈中庸〉作者論「中和」，則完全將它改造成遠離塵世的道德追求，從內在心性上來求天人相通，這就必然地沾染了準宗教的色彩。後來宋代理學家邵雍、周敦頤在他們的著作中極力提倡這種中庸哲學，成為理學的重要組成部分，也浸染了宋代及宋以後的美學觀念。從美學史的發展來說，〈中庸〉論「中和」之美，從孔子外在的「思無邪」「樂而不淫，哀而不傷」，發展到主觀與客觀的融合無際，推崇道德體驗所達到的天人合一的境界，這種境界既是道德的超驗境界，又蘊含著審美的自我愉悅的心理體驗，從而使儒家的「中和」之美在體驗論與境界論上都邁出了一大步，它在儒家「中和」範疇的演變史上，具有重要的貢獻意義。

　　荀子（約前313-前238），名況，是先秦儒家的集大成者。如果說〈中庸〉的作者從內在心性方面改造了「中和」思想，荀子則強調「中和」是天地之綱常和人倫之禮防，對人情規範的結果，強調沒有外在禮義的約束與改造，人類不可能臻於「中和」之道。荀子的這種思想對漢代揚雄、班固的美學產生了深遠的影響。

　　荀子認為，天地萬物生生不息，井然有序，體現了「禮」的和諧。他熱情謳歌道：「列星隨旋，日月遞炤，四時代禦，陰陽大化，風雨博施，萬物各得其和以生，各得其養以成，不見其事而見其功，夫是之謂神。」（《荀子》〈天論〉）荀子提出，宇宙間萬物的生存與運動本身是和諧的，這種「和」的規律性體現了「神」的作用，但這種「神」並不是超自然的人格神，而是自然界的和諧有序，宛如神助。荀子在

《荀子》〈王制〉中指出：「天之所覆，地之所載，莫不盡其美，致其用，上以飾賢良，下以養百姓而安樂之，夫是之謂大神。」聯繫荀子的無神論思想來看，他在這裡所說的「大神」不是指鬼神之「神」，而是指自然界的秩序與規律性，它促成了「萬物各得其和以生」。這個「大神」在荀子看來，正是「禮」在自然界的體現，它具有規範萬物、致和防亂的作用。所以在《荀子》〈禮論〉中他又說：「天地以合，日月以明，四時以序，星辰以行，江河以流，萬物以昌，好惡以節，喜怒以當，以為下則順，以為上則明，萬變不亂，貳之則喪也。禮豈不至矣哉！」荀子認為人世間與天地間的秩序都是禮義所致，誇大了作為人事範疇的「禮」的作用，他的這些話與子產「夫禮，天之經也，地之義也，民之行也」的觀點是一致的。

荀子認為，「禮」所以具有如此大的作用，關鍵在於「分」，使物皆得其宜，持其中行，互不錯位，「故義以分則和，和則一」（《荀子》〈王制〉）。荀子強調人與禽獸不同，就在於以禮分之，「人之生不能無群，群而無分則爭，爭則亂。」（《荀子》〈富國〉）「故先王案為之制禮義以分之，使有貴賤之等，長幼之差，知愚、能不能之分，皆使人載其事而各得其宜，然後使穀祿多少厚薄之稱，是夫群居和一之道。」（《荀子》〈榮辱〉）因此，禮義之分是「和」的前提。如果說，孔子強調「禮之用，和為貴」，荀子則強調實現「和」的前提是「分」，只有「分」，才能使和諧建立在禮義有序、貴賤分明的社會秩序之上。他的和諧論，帶有鮮明的階級論的色彩。

從人性論來說，荀子與孟子的「性善」說不同，他認為人生來就存在著各種欲望，這種欲望是天然合理的，但必須以禮來導養，禮義是使人情合理滿足的倫理前提。荀子說：「故禮者，養也。芻豢稻粱，五味調香，所以養口也；椒蘭芬苾，所以養鼻也；雕琢刻鏤、黼黻文

章，所以養目也；鐘鼓管磬、琴瑟竽笙，所以養耳也……，孰知夫恭敬辭讓之所以養安也；孰知夫禮義文理之所以養情也！……故人一之於禮義，則兩得之矣；一之於情性，則兩喪之矣。」（《荀子》〈禮論〉）荀子強調各種美聲、美色、美味都是用來滿足人的生理欲望的，但前提是用禮義來調節，使欲望與理性兩不相傷，恰到好處。荀子認為人如果遵循禮，不但不會使人情欲喪失掉，而且會使情欲得到規範，具有美的價值，反之，喪失了禮義，則不但理性被拋棄，而且人的情欲也得不到滿足。荀子進而指出，禮義就是使人的行為合乎規範，不趨於極端，這就是「比中而行之」。與〈中庸〉作者將「中和」與「誠則明」等內在心性追求相結合比較，荀子則直截了當地用禮義來釋「中和」：「先王之道，仁之隆也，比中而行之。曷謂中？曰：禮義是也。道者，非天之道，非地之道，人之所以道也，君子之所道也。」（《荀子》〈儒效〉）「中」就是合乎禮義，合乎聖人之道，反之就是「奸」：「事行失中謂之奸事，知理失中謂之奸道。奸事、奸道，治世之所棄而亂世之所以服也。」（《荀子》〈儒效〉）在審美領域，荀子也貫穿了他的這種「中和」標準，他提出：「詩者，中聲之所止也。」（《荀子》〈勸學〉）楊倞注曰：「詩謂樂章，至乎中而止，不使流淫也。」（王先謙《荀子集解》引）也就是說，情感的「中和」須以禮節之，勿使流淫。而禮義是通過聖人之道來體現的，這就是「以道制欲」。荀子進而把聖人之道作為衡量作品價值的「中和」標準。他說：「聖人也者，道之管也。天下之道管是矣，百王之道一是矣……」（《荀子》〈儒效〉）荀子適應新興地主階級統一天下的政治需要，用原道、徵聖、宗經三位一體的思想來說明思想文化界的發展，顯示了新興的地主階級意欲確立統一的道德標準與文藝標準以加強自己專制統治基礎的願望。「中和」之美與大一統封建專制的思想意識的結合在荀子這裡初見端倪。循著

荀子的審美標準發展下去，就必然將文藝創作法度化、政教化。兩漢的揚雄、班固繼承和發展了荀子的「中和」美思想，成為大一統帝國以封建綱常維繫人心的官方美學思想，並影響到後世的官方美學思想。

三、《周易》的陰陽對立之「和」

先秦儒家的「中和」之美觀念，在《周易》（尤其是《易傳》）中得到了系統反映。《周易》包括《易經》和《易傳》兩部分。《易經》是六十四卦的卦辭和三百八十四爻的爻辭；《易傳》是解釋卦辭與爻辭的注釋與論述，這些說明過去稱為「十翼」（即〈彖辭〉上下、〈象辭〉上下、〈文言〉、〈說卦傳〉、〈序卦傳〉、〈雜卦〉、〈繫辭〉上下）。〈易經〉過去傳說大約起於殷周之際，《易傳》則是戰國或秦漢之際的作品。《易經》原是古代占卜的書，帶有濃厚的宗教氣息。經過《易傳》的解釋與發揮，成了一部哲學著作，它吸收了先秦道家和其他各家的思想材料，以獨特的形式，企圖對自然、社會和精神現象作出總體性的宏觀說明，建立一個「彌綸天地，無所不包」的宇宙論和人生論體系。它的出現，標誌著儒家世界觀的正式確立。先秦儒家的「中和」觀念，作為一種道德觀念和處理的法則，在《周易》中獲得了縝密的論證，其概念更為嚴密，範疇更為宏富，思辨色彩更為濃厚，對中國古典美學的「中和」範疇做出了重要的理論貢獻。

《易傳》的宇宙論繼承了先秦以來農耕文化的素樸意識，把宇宙看成一個生生不息、風雨序次的和諧體，賦予它以樂觀向上的道德色彩：「天地之大德曰生」，「雲行雨施，天下平也」。《周易》中的許多卦辭都是讚美宇宙秩序的和美，如〈頤卦〉彖辭：「天地養萬物，聖人養賢及萬民。」〈咸卦〉彖辭：「天地感而萬物化生，聖人感人心而天下和平」。人間的秩序與天地之德是相通的，「古者包犧氏之王天下也，仰則觀象於天，俯則觀法於地，觀鳥獸之文與地之宜，近取諸身，遠取

諸物，於是始作八卦，以通神明之德，以類萬物之情……」所謂「近取諸身」，即是指男女兩性的差別，「遠取諸物」指人類以外的晝夜、寒暑、牝牡、生死等自然現象與社會現象，《易經》中的八卦分別為天（乾☰）、地（坤☷）、雷（震☳）、火（離☲）、風（巽☴）、澤（兌☱）、水（坎☵）、山（艮☶）。這八種自然物中，天地為萬物總根源，為父母，產生雷、火、風、澤、水、山六個子女。這些自然物顯然是農耕生產所依賴、所接觸的自然事物。《易經》不但用代表自然現象的八卦說明人事的變化，而且還用離、益、噬嗑、乾坤、渙、隨、豫、小過、睽、大壯、大過、夬卦組成一個系列，用來說明人類歷史發展的過程，將天地、人事、歷史鑄造成一體。《易傳》〈繫辭上〉指出：「天尊地卑，乾坤定矣。卑高以陳，貴賤位矣。」「夫《易》，聖人所以崇德而廣業也，知崇禮卑。崇效天，卑法地，天地設位而《易》行乎其中矣。成性存存，道義之門。」《易傳》作者指出，人間的禮法秩序與天高地卑體現了一種自然而和諧的宇宙規律。從對宇宙與社會人生的和諧總體的構築、論證這一方面來說，《周易》較之春秋前關於五行和諧之美的思想，荀子以禮概括天人之和以及〈中庸〉關於天地之性與人性關係的論述，都更加嚴密、精巧，氣魄也更為恢宏。它在總體上對「中和」之美的論述是最有貢獻的，從宏觀上奠定了中國古典美學「中和」為美的理論框架。

1.「一陰一陽之謂道」

《周易》關於宇宙和諧之美的觀念，是通過陰、陽這一對立統一的範疇來架構的，它在陰陽、剛柔等對峙中來追求均衡，追求和諧，追求流變，這也是它超軼孔子、荀子和〈中庸〉作者的地方。

《周易》認為八卦的疊合是通過陰、陽二爻來進行的。陰陽的平衡與統一反映了宇宙萬物的和諧：「昔者聖人之作易也，幽贊於神明而生

著，參天兩地而倚數，觀變於陰陽而立卦，發揮於剛柔而生爻；和順於道德而理於義，窮理盡性以至於命。」（《周易》〈說卦傳〉）從八卦的組成來看，也體現了這一點。八卦中陽爻與陰爻的總數相等，均為十二個，八卦的結構兩兩相對，相反相成：如乾（☰）與坤（☷）、震（☳）與艮（☶）、離（☲）與坎（☵）、巽（☴）與兌（☱），正好構成對立的四組。八卦在空間上排列為東（震）、東南（巽）、南（離）、南西（坤）、西（兌）、北西（乾）、北（坎）、北東（艮）八個方位，組成一個不斷循環的圓圈，象徵著無所不包的宇宙大系統。

從單個事物來說，《周易》認為和諧就是相容對立的兩端。如乾卦的〈文言〉指出：「乾始能以美利利天下，不言所利，大矣哉！大哉乾元乎！剛健中正，純粹精也；六爻發揮，旁通情也，時乘六龍以禦天，雲行雨施，天下平也。」在《周易》中，「乾」是陽爻之名，指生養、構成萬物的始基，「乾元用九，乃見天則」，它同時以自己的創造給世界帶來「美」和「利」，即審美的和功用的效益，同時又不自我矜誇，如孔子所說：「天何言哉，四時行焉，百物生焉。」（《論語》〈陽貨〉）「乾」所以能達到這種境域，就在於它「剛健中正」，不夾偏私，「純粹情也」，聖人秉承了這一品德，就能應時而行，六爻發揮，致天下于太平，使世界處於和諧完美之中。很顯然，這種聖人之德與儒家一貫宣導的中庸是相合的。《周易》在談到坤卦時也指出了「中和」之德為美。相對於乾卦象徵天、君、夫之道，坤卦則代表地、臣、妻之道，是一種柔順的品德。《周易》的坤卦〈文言〉指出：「君子黃中通理，正位居體，美在其中而暢於四肢，發於事業，美之至也。」也就是說，君子之德如黃色一樣，居中不偏，含蓄內在，發散應物，是最美的德行。魏人王弼在注坤卦「六五、黃裳、元吉」時指出：「黃，中之色也；裳，下之飾也。坤為臣道，美盡於下。夫體無剛健，而能極物

之情，通理者也。以柔順之德，處於盛位，任夫文理者也。垂黃裳以獲元吉，非用武者也。極陰之盛，不至疑陽，以文在中，美之至也。」（《周易注》〈坤卦〉）王弼認為坤卦的六五之爻體現了陰柔含蓄之美，他對坤卦的美德作了詳盡的贊述。尚「中」的觀念，在《周易》的卦象排列中可以清晰地看到。《周易》的每卦由上下二卦組成，上卦與下卦均為三爻，處於「二」「五」之位即三爻當中的一般表示居中不偏，多為吉利。如乾卦的象辭解釋「九二，見龍在田，利見大人」時引孔子的話說：「龍德而正中者也。庸言之信，庸行之謹，閑邪存其誠，善世而不伐，德博而化。《易》曰：見龍在田，利見大人，君德也。」乾卦「九二」表示：君人者居中不偏，善世不伐，因而能德博物化。這一段話強調乾卦「九二」雖有龍德之質，但謹守中庸，以德化人，不好威勢，這才是君人之德。又如履卦的「九二」為「履道坦坦，幽人貞潔」，王弼釋曰：「履道尚謙，不喜處盈，務在致誠，惡夫外飾者也。而二以陽處陰，履於謙也，居內履中，隱顯同也，履道之美，於斯為盛，故履道坦坦，無險厄也。在幽而貞，宜其吉。」（《周易注》〈履卦〉）這是說履卦的「九二」充分展示了履道的美德，它以陽處陰，謙遜居中，不好外飾，所以是美和利的。相反，處於二、五之外的卦，往往有凶兆，深宜防之。如坤卦的「六四」為「括囊，無咎無譽」，意為處於此爻，應該緘默不言，謹慎防之。王弼解釋此中原委道：「處陰之卦，以陰居陰，履非中位，無直方之質，不造陽事，無含章之美。括結否閉，賢人乃隱，施慎則可，非泰之道。」（《周易注》〈坤卦〉）意謂「六四」以陰居陰，不得互補，所以「履非中位」，宜謹慎行事。尚「中」的觀念，是《周易》教人判斷吉凶、立身行事的一條重要原則，它也滲透在對事物的審美判斷之中。

2.「剛柔發散，變動相和」

　　《周易》論「和」與孔子、〈中庸〉的作者不同，它把「和」放到變通中去考察，從而使「和」充滿發展變化的精神。《周易》明確指出：「剛柔相推而生變化」，「日月相推而明生焉」，「寒暑相推而交成焉」。晉人韓康伯注《周易》時指出它的思想特點為「剛柔發散，變動相和」（樓宇烈《王弼集校釋》輯引）。對天地與人事的變化，《周易》作者持樂觀與肯定的態度，「日新之謂盛德，生生之謂易」，「易窮則變，變而通，通則久，是以自天祐之，吉無不利」。就事物的穩定和諧來說，《周易》認為它是暫時的，發展到一定階段就會出現變化，走向自己的反面。如以乾卦的演變為例：

　　初九（第一爻）：潛龍勿用；

　　九二（第二爻）：見龍在田，利見大人；

　　九三（第三爻）：君子終日乾乾，夕惕若厲，無咎；

　　九四（第四爻）：或躍在淵，無咎；

　　九五（第五爻）：飛龍在天，利見大人；

　　上九（第六爻）：亢龍有悔。

　　這裡以龍的出現與變化說明事物的發展規律，它由崛起、興盛到最後受挫，說明事物到了一定階段就會轉變到自己的對立面，它與孔子「過猶不及」的中庸思想有相通之處。《周易》泰卦「九三」爻辭就提出「無平不陂，無往不復」，強調「物極必反」的辯證法。先秦時期的人往往以此說明人事的升降進退。戰國時的蔡澤就引用這句話，通過對秦國政治形勢的分析，說服了正在秦國做宰相的范雎將相位讓給他：「《易》曰：亢龍有悔，以言上而不能下，信（伸）而不能詘（屈），往而不能自返者也。」（《史記》〈范雎蔡澤列傳〉）《周易》中

坤卦的演變也展示了這一點。它開始描寫坤卦「六三」：「含章可貞，以時發也，或從王事，知光大也」；「六五」：「黃裳，元吉，文在中也」。極言其輝煌光耀的一面，到了最後一卦（上六），突然出現「龍戰於野，其血玄黃」的說明。王弼注曰：「陰之為道，卑順不盈，乃全其美，盛而不已，固陽之地，陽所不堪，故戰於野。」意為坤卦以柔順不盈為美，到了極陰之處，就佔據陽位，與陽發生交戰，於是流血犧牲，走向了自己的反面。

陰陽相推使事物發展變化，產生新的和諧，是通過陰陽交感來實現的。所謂交感就是指事物的相互感通與聯繫作用，緣此，事物產生了變化。《周易》中凡是吉利的卦，一般都具有交感相推的作用。例如屯卦的卦辭曰：「屯，元亨，利貞。」王弼注曰：「剛柔始交，是以屯也。不交則否，故屯乃大也。大亨則無險，故利貞。」剛柔相交，促使事物各自向著自己相反的方向發展，產生了相推的作用，催促事物的演化，亦即「剛柔發散，變動相和」，在對立統一中造成事物的變化與運動。如泰卦（☷）的卦像是地在上而天在下，天氣屬陽，地氣為陰。表面看來二者相顛倒，為凶兆，但在變動中上下交感，陽氣上升，陰氣下降，所以最終為吉卦。與此相反，否卦（☰）的卦像是天在上，地在下，與天地的正常位置相合，不能交相感應，產生變化，所以否卦就不如泰卦有利。《周易》的這些思想表明和諧之美是在變動中形成的，並且不斷被打破，為更高形態之「和」所取代。

《周易》的「中和」觀念還吸取了春秋間「以和為美」觀念中「泄其太過，濟其不及」的原則與方法，用互相補充來造成「中和」之美。《周易》六十四卦首尾兩組四卦，就體現了這種安排，它開頭一組兩卦是乾（☰）和坤（☷），然後二卦的互相交感，產生各種變化，呈現「二二相偶，非覆即變」的狀況，經過中間六十四卦的反覆變化，最後以

既濟（☲☵）未濟（☵☲）結束了整個過程，這二卦的卦象正好是開頭兩卦乾卦和乾卦的交互補充，也就是各以所有，濟其所無。六十四卦的演變體現了由對立開始到互相補充，最後達到平和均衡的效果。再從許多卦的演變來看，也體現了這一點。如萃卦的彖辭曰：「萃，聚也，順以説，剛中而應，故聚也。」王弼注曰：「但順而説，則邪佞之道也，剛而違於中應，則強亢之德也。何由得聚，順説而以剛為主，主剛而履中，履中以應，故得聚也。」也就是説，萃卦的妙處在於互相補濟，如果一味順從討好，則為邪佞之道，但一味剛厲也會失之強亢，只有剛柔相濟，才能「履中以應」，獲得「萃」的效果，「萃」，也就是和合聚會之美，但這種美是互相補充之美，也就是孔子説的「君子和而不同」的意思。《周易》所闡發的這些原則與方法，對中國古典美學的辯證法產生了重大的影響，《文心雕龍》的「中和」方法論就直接受益於《周易》與魏晉玄學。

四、音樂美學與「和」

先秦儒家「以和為美」的觀念，在〈樂論〉和〈樂記〉中得到了充分的展開與闡發。〈樂論〉是《荀子》中的一篇，專門駁斥墨子的「非樂」，闡明自己的音樂觀。〈樂記〉是《禮記》中的一篇，約成於戰國之際，是發揮荀子〈樂論〉的一篇音樂美學文章。它們同屬儒家學派的音樂美學範疇。因此，我們完全可以將它們放到一起來敍述與分析。

1.八音和諧，協調陰陽

儒家音樂美學的宗旨是「和同」，即調和人心，調節個體與社會、自然的關係，以達到陰陽序次、天人合一的理想境界。這種審美理想，是遠古音樂觀念的折射。中國遠古時代的音樂，是先民依據農耕天時地利的需要而創作的，糅雜著巫術文化的成分，它用最直接的聲響形式來溝通天人之間的聯繫。《呂氏春秋》〈古樂〉記載：「昔葛天氏

之樂，三人操牛尾，投足以歌八闋：一曰《載民》，二曰《玄鳥》，三曰《遂草木》，四曰《奮五穀》，五曰《敬天常》，六曰《建帝功》，七曰《依地德》，八曰《總禽獸之極》。」葛天氏大約指原始氏族公社中的酋長一類人物。葛天氏之樂，屬於農業部落的歌舞。高亨先生解釋這「八闋」內容道：「《載民》二字難得確解，當是歌唱從事勞動的人民（《爾雅》〈廣詁〉：『載，事也。』）；《玄鳥》歌唱春天燕子來；《遂草木》歌唱草木暢茂；《奮五穀》歌唱五穀生長；《敬天常》歌唱遵循自然規律；《建帝功》歌唱天帝的功德；《依地德》歌唱地神的恩惠；《總禽獸之極》歌唱狩獵。」[7]從「八闋」的內容來看，它反映了以農業為主的初民的勞動內容，是先民們以音聲的形式抒寫自己對生產勞動的感受與快樂，調諧人與天地的關係。農業社會祈求風調雨順、嘉生繁祉，往往運用音樂（包括舞蹈）來協調天人關係。羅泌《路史》記載：「立春至，天日作時，地日作昌，人日作樂，是以萬物應和，……正風乃行，熙熙鏘鏘。帝好之，爰命鱓先為倡，泊蜚（飛）龍稱八音會八風之音，以為圭水之曲，以召而生物。」這段話描寫先民以音樂召喚自然神靈的情景。當春風和熙的時候，先民應物作樂，祭祀上帝，「以召而生物」。當風雨失調、天地不和時，樂具備了調和陰陽的宗教作用，其功能更為重要。傳說遠古氏族社會朱襄氏的時代，「多風而陽氣畜（蓄）積，萬物散解，果實不成，故士達作為五弦瑟，以來陰氣，以定群生。」（《呂氏春秋》〈古樂〉）從這段話可以見出，這種樂舞帶有禳災祈福的巫術成分。《樂記》中誇大音樂的作用，將音樂神化的觀點，正是這種巫術音樂觀念的投射。

　　音樂在遠古還有祭祀祖先，喚起氏族成員的血親觀念，從而維繫

7　　《上古樂曲的探索》，《文史哲》1961年第2期。

氏族內部和睦的作用。傳說中的黃帝氏族是以雲為圖騰的，它的樂舞就稱作《雲門》。舜時的樂舞叫作《韶》，是神聖的宗教祭祀樂舞。吳國的季箚和魯國的孔丘曾一再為之傾倒。周代曾用《韶舞》祭祀四方的星、海、山、河，又用以祭祀周王的祖先。《周禮》〈春官〉〈大司樂〉云：「《九德》之歌，《九（　韶　）》之舞，於宗廟之中奏之。若樂九變，則神鬼可得而禮也。」戰國時代，屈原根據南方民間祭歌而改作的《九歌》，所祭的神包括雲神、山神、河神、太陽神，湘江的男神、女神以及主壽夭的神等。從遠古至戰國時代音樂的主要內容來看，它反映了農業社會中人們與天地周始，以獲取物質生活資料，以及團結氏族成員的心理狀況，染有宗教的狂熱氣息，再加上音樂無須語言符號的傳達，「其感人深」，所以它以「和同人心」為特點。殷周以來的樂論一再強調這一點。如《周禮》〈地官〉〈大司徒〉云：「以五禮防萬民之偽，而教之中，以六樂防萬民之情，而教之和。」《周禮》〈春官〉〈大司樂〉又指出：「以樂德教國子，中和祗庸孝友。」《左傳》談到齊桓公成就霸業時說他：「八年之中，九合諸侯，如樂之和，無所不諧，諸與子樂之。」荀子在《勸學》中指出：「禮之敬文也，《樂》之中和也。」儒家學派「以和為美」的觀念，在音樂美學中獲得了最為純粹的理論形態。當然，春秋戰國時期也產生了大量以娛樂消閒的貴族音樂與民間音樂，其審美格調往往不同於廟堂音樂的中正嚴肅，但在正統的音樂美學家看來，音樂之和是經典不祧之論。

2.「反情以和其志」

〈樂記〉〈樂論〉論「和」，首先認為音樂是人內心情志的發動。它說：「凡音者，生人心者也。情動於中，故形於聲。」相對於西方德謨克利特認為人類從「鳥叫聲中學會了唱歌」的模仿說，〈樂記〉〈樂論〉相當敏銳地看到了音樂的本質在於人的情感的發動。這對於後世「緣

情說」影響極大。但儒家又看到了情感與理智不同，它具有隨意性、外感性，所以他們強調：「人生而靜，天之性也；感於物而動，性之欲也；物至知知，然後好惡形焉。」（〈樂記〉〈樂本〉）人心在不同音樂的刺激下，會產生各種不同的反響：「是故：志微噍殺之音作，而民思憂；嘽諧慢易繁文簡節之音作，而民康樂；粗厲猛起奮末廣賁之音作，而民剛毅；廉直勁正莊誠之音作，而民肅敬；寬裕肉好順成和動之音作，而民慈愛；流辟邪散狄成滌濫之音作，而民淫亂。」（〈樂記〉〈樂言〉）〈樂記〉作者顯然誇大了音樂對於各種人心態與人格的感染影響作用，他們認為百姓是沒有文化教養的一族，因而對於外界的音樂只會被動接受與感染，沒有主觀鑒別與選擇的能力，這當然是一種貴族文人的偏見。〈樂記〉作者認為，先王對於人心的感物發欲，必須制禮作樂加以疏導，使其內心達到和諧，進而協調與社會的關係：「是故先王本之情性，稽之度數，制之禮義。含生氣之和，道五常之行，使之陽而不散，陰而不密，剛氣不怒，柔氣不懾，四暢交於中而發於外，皆安其位而不相奪也。……使親疏貴賤長幼男女之理，皆形見於樂。故曰：樂觀其深也。」（〈樂記〉〈樂言〉）從考察音樂的本質以及社會效果出發，〈樂記〉的作者強調音樂的和諧對於人心的和諧具有重要的作用，而人心的和諧是達到禮樂並舉的重要前提。因此，〈樂記〉〈樂象〉提出「是故君子反（返）情以和其志」的命題，強調以「志」來調和情感，使情感定位在「志」的範疇內。所謂「反情以和其志」就是通過雅樂之音來淨化審美心靈，排除各種嗜欲與邪念對於心靈的干擾，使心靈之和上達於天地自然，「血氣和平，移風易俗，天下皆寧」。

3.「樂合同，禮別異」

〈樂記〉〈樂論〉的「中和」觀念，還集中體現在對禮樂關係的論

述中。荀子〈樂論〉明確提出：「樂合同，禮別異。禮樂之統，管乎人心矣。」這段話是瞭解我國古代「以和為美」的樞機，即中國古典美學的「和」，首先是作為與政治倫理相關的範疇被提出並加以論述的。

　　禮樂制度自殷周以來一直與宗法統治互為表裡。夏商周的奴隸主統治是在父系氏族公社制度基礎上建立起來的，它以血緣的親疏來劃分尊卑秩序。在這個統治體內，既等級森嚴，不容僭越，又保持著血緣宗族的關係。禮樂制度正是適應此而產生的。禮規定了君臣、父子、兄弟、夫婦、朋友之間的上下尊卑關係。據《周禮》《儀禮》《禮記》等典籍介紹，周朝的禮有五類：吉禮講祭祀，敬事邦國鬼神；凶禮講憂患，多屬喪葬凶荒；賓禮講會同，多屬朝聘過從；軍禮講興師動眾，征討不服；嘉禮為宴飲婿冠，吉慶活動。每個貴族一生都處於與其身份相適應的禮樂之中，享受相應的特權，同時又受到嚴格的約束和規範，不得僭越。樂屬於與禮相配合的審美活動，是調諧宗法社會內部人的思想情感的文藝樣式。荀子的《樂論》對這一點作了闡明：「恭敬，禮也；調和，樂也。」《樂記》踵事增華，進一步發揮道：「樂者為同，禮者為異。同則相親，異則相敬。樂勝則流，禮勝則離。合情飾貌者，禮樂之事也。禮義立，則貴賤等矣；樂文同，則上下和矣。」這是說樂的作用就在於調和人心，使禮的名分等級獲得內在情感的保證。「合同」就是利用不同等級人的血親觀念，使大家在音樂聲中融為一體，相親相愛。荀子《樂論》對這種情景作了形象的描繪：「樂在宗廟之中，君臣上下同聽之，則莫不和敬；在族長鄉里之中，長幼同聽之，則莫不和順；在閨門之內，父子兄弟同聽之，則莫不和親。故樂者，審一以定和，比物以飾節，節奏和以成文，所以合和父子君臣，附親萬民也：是先王立樂之方也。」這段話強調，樂在宗廟、鄉里、閨門之內，由於溝通了人們的血族關係，使不同等級的人們產生

了追祀祖先、同心同德的神聖感情。所以儒家所說的音樂之「和」包括兩層意思：一是音聲的和諧安悅，另一是格調上的雅正，以體現莊重肅穆的氣氛，只有這樣的「和」，才能實現其調諧宗族、溝通上下的社會功能。

　　儒家學派的樂論，還從不同的視角，論證了禮樂的關係。第一，它指出：「樂由中出，禮自外作。」認為樂比禮具有更重要的作用。孔子曾說：「人而不仁，如禮何；人而不仁，如樂何。」(《論語》〈八佾〉)樂與禮相比，在於它的治心功能，是內心達到「仁」的境界的輔助手段，樂教與詩教都是陶冶心靈、培養人格的審美教育的途徑。〈樂記〉中說：「致樂以治心，則易直子諒之心，油然生矣。易直子諒之心生則樂，樂則安，安則久，久則天，天則神。天則不言而信，神則不怒而威。」人在心性上達到「治心」，外在禮義自然也就確立了，所以〈樂記〉〈樂施〉指出：「樂也者，聖人之所樂也，而可以善民心，其感人深，其移風易俗，故先王著其教焉。」〈樂記〉作者強調樂教相對禮教來說，是一種更深層次的人性教育，這一點對於中國古代美育產生了至關重要的作用，其意義不可低估。第二，從審美情感與社會倫理的關係上，〈樂記〉提出「反（返）情以和其志」的觀點。荀子認為，包括審美情感在內的情欲要求，是人的一種天生的要求。就人的審美感官對於音聲的刺激來說，由於「好惡無節於內，知誘於外」，音樂的節奏和諧平緩，人的審美情感就愉悅舒暢；音樂的節奏放蕩流散，人的感情就隨之放縱無節。〈樂記〉提出，必須對人的情感加以疏導，使其合乎社會倫理的規範，這就是「反（返）情以和其志」。這一過程主要通過審美心理的泄導來完成，經過「正樂」，使「奸聲亂色，不留聰明，淫樂慝禮，不接心術；惰慢邪辟之氣，不設於身體；使耳目鼻口心知百體，皆由順正以行其義。然後發以聲音而文以琴瑟，動以干

戚，飾以羽旄，從以簫管，奮至德之光，動四氣之和，以著萬物之理」
（〈樂記〉〈樂象〉）。〈樂記〉的作者認為，這種疏導的過程，也就是調
節主體，使情感合乎禮義規範的過程：「以道制欲，則樂而不亂；以欲
忘道，則惑而不樂。是故君子反情以和其志，廣樂以成其教。樂行而
民鄉方，可以觀德矣。」（〈樂記〉〈樂象〉）儒家學派的樂論明確提出
樂的和同，從情與志，即情感與倫理的關係來說，是以情從志，「以道
制欲」，將個體的情感之「和」融化到具體的社會道德中去，從而造就
高尚的人格，這也是後世封建社會正統美學所一再強調的。第三，〈樂
記〉作者認為個體的人通過「樂和同」後，就能使禮樂並舉，天下和
諧安寧，實現長治久安。〈樂記〉〈樂化〉描寫了個體的人從內心和敬
到遵守禮法的過程：「心中斯須不和不樂，而鄙詐之心入之矣。外貌斯
須不莊不敬，而易慢之心入之矣。故樂也者，動於內者也；禮也者，
動於外者也。樂極和，禮極順，內和而外順，則民瞻其顏色而勿與爭
也，望其容貌而民不生易慢焉。故德輝動於內而民莫不承聽；理發諸
外而民莫不承順。故曰：『致禮樂之道，舉而措之，天下無難矣。』」
〈樂記〉認為樂之調和人心，並不是上層貴族俯就平民，而是下層人士
通過音樂的薰陶，對統治者產生恭敬之情，在等級秩序基礎之上加以
和同。實現了這樣的「和」，當然也就達到了儒家的理想之治。

第四節　道家的「和以天倪」

　　道家的「以和為美」，是對儒家「中和」觀念的抗衡與補充，也是
先秦美學中的重要遺產。它無論在宇宙觀還是在審美觀上，都呈現出
獨特的風采，其氣象更闊大，境界更深邃，對「中和」之美的影響更
深遠，深刻地浸潤了中國古典美學中的意境理論。

　　道家的和諧説，建立在它的自然之道基礎上。儒家也提倡人與「天地參」，但無論是《中庸》《周易》，還是《荀子》，其論天道都是為了説明人事，以天地的和諧論證禮義的和諧，所謂「天尊地卑，乾坤定矣；卑高以陳，貴賤位矣」。道家卻以天地和諧作為至上的境界，將它置於人事之上。《莊子》〈天道〉篇有這樣一則寓言，從中折射出老莊的和諧觀念大大超越了儒家的「中和」境界。文中假託堯舜「昔者舜問於堯曰：『天王之用心何如？』堯曰：『吾不敖無告，不廢窮民，苦死者，嘉孺子而哀婦人。此吾所以用心已。』舜曰：『美則美矣，而未大矣！』堯曰：『然則何如？』舜曰：『天德而出寧，日月照而四時行，若晝夜之有經，雲行而雨施矣。』堯曰：『膠膠擾擾乎！子，天之合也；我，人之合也。』夫天地者，古之所大矣，而黃帝、堯、舜之所共美也。故古之王天下者，奚為哉？天地而已矣。」堯實行仁政，撫養老幼，不廢孤疾，自以為很美，而舜卻譏之為「美則美矣，而未大矣」。舜所推崇的大美，也就是日月運轉，雲行雨施，品物流行，不舍晝夜的天地之大美。這種觀念，反映了道家之「和」境界更廣大。莊子進而指出，人和只有順應天和才能有效。《莊子》〈天道〉篇指出：「夫明白於天地之德者，此之謂大本大宗，與天和者也；所以均調天下，與人和者也。與人和者，謂之人樂，與天和者，謂之天樂。」莊子及其後學認為，與天和者，才是真正的和諧之樂，而且只有實行天和，才能夠均調天下，與人相和，即實行無為而治，使各人順其性命之情。將天地之和作為人和、心和的最高指歸，這是道家之「和」不同於儒家之「和」的地方。

　　道家論天地之和，與春秋前期以來以五行論「和」以及儒家學派的「中和」觀念相比，倡舉天地之和的自然無為特性。春秋前論五行之和，大都強調自然的和諧是適應人用。《周易》賦予天以生養萬物的

品德屬性：「天地之大德曰生，聖人之大德曰寶……」後來荀子也指出：「天之所覆，地之所載，莫不盡其美，致其用，上以飾賢良，下以養百姓而安樂之。」（《荀子》〈王制〉）而老莊卻恢復了天地純任自然的本來面目。老子說：「天地不仁，以萬物為芻狗。」（《老子》〈五章〉）意為天地任從自然，並不對人類持有特殊的感情。莊子讚美天地的無私不偏：「吾師乎！吾師乎！（赍）萬物而不為戾，澤及萬世而不為仁，長於上古而不為壽，覆載天地刻雕眾形而不為巧，此之謂天樂。」（《莊子》〈大宗師〉）莊子強調天地的和諧就在於它沒有人為的痕跡，它沾漑施惠於萬物並不有意為「仁」，粉碎摧折萬物也不為不義，所以莊子謳歌道：「天無私覆，地無私載，天地豈私貧我哉。」其次，儒家認為天地之美體現了一種秩序井然、和諧相生的美，「列星隨旋，日月遞炤，四時代禦，陰陽大化，風雨博施，萬物各得其和以生，各得其養以成。」（《荀子》〈天論〉）而老莊卻推崇無形式、無常規的美：「天下有常然。常然者，曲者不以鉤，直者不以繩，圓者不以規，方者不以矩，附離不以膠漆，約束不以纆索。」（《莊子》〈駢拇〉）莊子讚美天地有其自然生成的和諧狀態，但它並無任何法度可循。它的曲、直、圓、方等都無需外在的形式、規矩加以規範約束。這種無形式、無常規的美，恰恰表現了天地自然無為而無不為的最高和諧之美：「若夫不刻意而高，無仁義而修，無功名而治，無江海而閑，不道（導）引而壽，無不忘也，無不有也，澹然無極而眾美從之。此天地之道，聖人之德也。」（《莊子》〈刻意〉）莊子及其後學，就是這樣，以另一種和諧代替了儒家的人工之和，它表現了在文明時代，人類對和諧之美返璞歸真的求索，是否定之否定的自我體認。

　　自然之道是一種附著、推動萬物生成運轉的精神實體。儒家的道屬於有形的天地之序和道德法則，而道家的道卻是超軼萬物的精神實

體，它沒有任何規定性。在對待具體事物的態度上，儒家的「中和」原則經常將對立的兩極加以調和，以保持矛盾的均衡，他們經常用A而不B的形式強調事物的統一與和諧。如《左傳》〈襄公二十九年〉記載吳國季札聘於魯，觀周樂後讚美曰：「至矣哉！直而不倨，曲而不屈，邇而不逼，遠而不攜，遷而不淫，復而不厭，哀而不愁，樂而不荒……五聲和，八風平，節有度，樂有序，盛德之所同也。」孔子評《關雎》曰：「樂而不淫，哀而不傷。」（《論語》〈八佾〉）這些都是推崇事物的持中不越過禮度。儒家中庸另一種常用的公式就是A而B，即將對立的雙方有機地統一起來，宣導兩端的相容並包。如《尚書》〈堯典〉載：「帝曰：夔！命汝典樂，教冑子。直而溫，寬而栗，剛而無虐，簡而無傲。」直與溫、寬與栗都是對立的兩極，但二者可以互補互濟。黑格爾曾經說過：「假如一個存在物不能夠在其肯定的規定中同時襲取其否定的規定，並且這一規定保持在另一規定之中，假如它不能夠在自己本身中具有矛盾，那末，它就不是一個生動的統一體，不是根據，而會以矛盾而消滅。」[8]儒家的中庸正是在看到了矛盾存在的同時又主張將矛盾協調統一，推崇人為的「中和」，而不主張聽任矛盾的衝突消亡。道家所說的「和」卻是避實就虛，它並不熱衷於將現實的矛盾加以均衡，而是強調以本統末，重視現象背後那個無形的「道」「無」，主張在本體論上消解差別，融合矛盾，從而達到一種無差別境界的「大和」之境。因為具體的事物總是有限的、有差別的，唯有現象背後的「道」，才是至和不分、至中不偏的。儒家的「中和」屬於調和論，而道家的「和」則是本體論之「和」。老子說：「道生一，一生二，二生三，三生萬物。萬物負陰而抱陽，沖氣以為和。」（《老子》〈四

8　《邏輯學》上卷，商務印書館1981年版，第208頁。

十二章〉）「和」是綜合陰陽的本體之「道」，它是超越具體矛盾的。老子又說：「知和曰常，知常曰明。」王弼注：「物以和為常，故知和則得常也。不嶢不昧，不溫不涼，此常也。」（《老子注》〈五十五章〉）由於「和」既是本體，又是事物的規律，所以說「知常曰明」。從性能上來說，它沒有具體規定性，「不嶢不昧，不溫不涼」，這種「和」也就是「大音希聲」的精神之美。老莊認為，這種「和」才是美的最高境界。《莊子》〈田子方〉中假託孔子與老子的答問對此作了闡揚。篇中說：「老聃曰：『吾游心於物之初。』孔子曰：『何謂邪？』曰：『心困焉而不能知，口辟焉而不能言，嘗為汝議乎其將。至陰肅肅，至陽赫赫。肅肅出乎天，赫赫發乎地，兩者交通成和而物生焉。或為之紀，而莫見其形。消息滿虛，一晦一明；日改月化，日有所為，而莫見其功。生有所乎萌，死有所乎歸，始終相反乎無端，而莫知乎其所窮。非是也，且孰為之宗？』孔子曰：『請問遊是？』老聃曰：『夫得是，至美至樂也。得至美而游乎至樂，謂之至人。』」莊子這裡用形象的語言，說明道的和諧體現在萬物之中，它「莫見其形」「莫見其功」「莫知其所窮」，這種和諧才是「至美」「至樂」，即最高的美。

道家認為，主體與「道」之和相一致，即「合於天倪」，就進入了物我無際的自由境界。而主體能否與道相和，關鍵在於修德。莊子在〈德充符〉中假託孔子應答魯哀公提出：「平者，水停之盛也。其可以為法也，內保之而外不蕩也。德者，成和之修也。德不形者，物不能離也。」儒家將「允執其中」作為最高的德行，而中庸的實現，必須「以禮節之」，使行為不走向極端。老莊所推崇的「德」則是擯棄外在拘束，澄靜其心，平和如水，以天合天。《莊子》〈知北遊〉中假託齧缺問道於被衣。被衣回答說：「若正汝形，一汝視，天和將至；攝汝知，一汝度，神將來舍。德將為汝美，道將為汝居。汝瞳焉，如新生

之犢而無求其故。」成玄英疏曰：「汝形容端雅，勿為邪僻，視聽純一，勿多取境，自然和理歸至汝身。」也就是説，心境的純正如一，毋為外物所擾，就能「和以天倪」，進入「物化」境界，這種和諧乃是一種真正的物我無際的境界。「物化」説後來成為中國古典美學意境理論的重要來源（參見本書下編第八章第二節）。

綜上所述，道家的「以和為美」與儒家相比，更富於美學的價值。中國古典審美範疇「和」的內在意蘊，如心態的虛靜、境界的沖和等，主要肇自道家的和諧論。

第五節　儒道之「和」的融匯——《呂氏春秋》論「和」

《呂氏春秋》是由戰國末年秦莊襄王丞相呂不韋的門客集體撰寫的一部書。其中內容龐雜，「備天地萬物之事」，它適應封建大一統帝國產生的需要，以恢巨集的歷史眼光和俯仰宇宙的氣概，對宇宙自然、社會人事以及各種現象作了闡述，保留了許多有價值的文獻資料。《呂氏春秋》對美學的論述，大多體現在它的音樂理論中。先秦以來儒、道二家的「中和」理論，在《呂氏春秋》中得到了融合。

一、貴生重己的審美主體論

《呂氏春秋》與《淮南子》歷來以雜家著稱。郭沫若先生在《十批判書》中指出：「在大體上它是折中著道家與儒家的宇宙觀和人生觀，尊重理性，而對於墨家的宗教思想是摒棄的。它採取著道家的衛生的教條，遵循著儒家的修齊治平的理論，行夏時，重德政，隆禮樂，敦詩書，而反對著墨家的非樂非政，法家的嚴刑峻罰，名家的詭辯苟

察。」[9]郭沫若先生的話，相當準確地抓住了《呂氏春秋》的特徵。《呂氏春秋》論「中和」的最大特征就是調和儒、道，內道外儒，它鮮明地提出了「和出於適」的命題，將「適」置於「和」的範疇之上。而「適」的內涵就是重己、養性、衛生，主要來自道家思想。道家論主體心性之和，立足於養身修性。老莊認為，萬物以自然為指歸，所謂「和以天倪」，就是使心性擺脫外物（包括富貴、貧賤、壽夭、窮達、生死、毀譽）的役使，達到「天地與我並生，而萬物與我為一」的境地。莊子把自由視作生命的本體，主張不為外物傷性。他說：「天下之至重，而不以害其生，又況他物乎！」「為善無近名，為惡無近刑。緣督以為經，可以保身，可以全生，可以養親，可以盡年。」（《莊子》〈養生主〉）「極物之真，能守其本。故外天地，遺萬物，而神未嘗有所困也。」（《莊子》〈天道〉）就這一點來說，道家是重視主體的，它與儒家「禮樂之說，管乎人情」的「中和」觀念大相徑庭，前者追求超功利的自由境界，後者強調道德規範對人的束縛。《呂氏春秋》論「和」，主要以道家學說為內涵。這一點是很明顯的。《呂氏春秋》中的〈重己〉〈貴生〉〈情欲〉等篇，染有濃重的道家色彩。〈本生〉篇指出：「物也者，所以養性也，非所以性養也。今世之人惑者，多以性養物，則不知輕重也。不知輕重，則重者為輕，輕者為重矣。若此，則每動無不敗。以此為君悖，以此為臣亂，以此為子狂。三者國有一焉，無幸必亡。今有聲於此，耳聽之必慊，已聽之則使人聾，必弗聽；有色於此，目視之必慊，已視之則使人盲，必弗視；有味於此，口食之必慊，已食之則使人瘖，必弗食。是故聖人之於聲、色、滋味也，利於性則取之，害於性則舍之，此全性之道也。」《呂氏春秋》強調以「全

9　《郭沫若全集》第2卷，人民出版社1982年版，第404頁。

性之道」作為基準來衡量審美活動，主張以主體的「全性」來選擇聲、色、滋味。雖然它也強調節制嗜欲，但完全是為了「全性」，而不是為了「修禮」。《呂氏春秋》認為：「凡生之長也，順之也。使生不順者，欲也。故聖人必先適欲。室大則多陰，臺高則多陽；多陰則蹙，多陽則痿，此陰陽不適之患也。」（〈重己〉）聖人追求美的享受是為了順生活性，宮室臺榭的建構以利於生為前提。在《呂氏春秋》看來，美與善的尺度在於能否「適性」，即主體的完滿發展。這種美學觀是與儒家思想迥然不同的。儒家認為主體沒有自我性，它被動地接受外界事物的刺激與感染，「人生而靜，天之性也。感於物而動，性之欲也；物至知知，然後好惡形焉。好惡無節於內，知誘於外，不能反躬，天理滅矣。……是故先王之制禮樂，人為之制。」（〈樂記〉〈樂本〉）儒家為此極力提倡「以道制欲」「反情以和其志」，實際上抹殺了審美主體的感性存在。莊子激烈抨擊儒家以禮義殘害人性，正是從這一點著眼的。《呂氏春秋》論「和」雖然夾纏有儒家的教化論色彩，但它以「適性」「全生」「貴己」為立論依據，應該說主要體現了道家的思想。

二、「聲出於和，和出於適」

　　《呂氏春秋》論「和」的產生，主要從音樂起源的角度去談的。其〈大樂〉篇談音樂產生時說：「音樂之所由來者遠矣：生於度量，本於太一。太一出兩儀，兩儀出陰陽。陰陽變化，一上一下，合而成章。渾渾沌沌，離則復合，合則復離，是謂天常。天地車輪，終則復始，極則復反，莫不咸當。日月星辰，或疾或徐。日月不同，以盡其行。四時代興，或暑或寒，或短或長，或柔或剛。萬物所出，造於太一，化於陰陽。萌芽始震，凝以形。形體有處，莫不有聲。聲出於和，和出於適，和、適，先王定樂由此而生。天下太平，萬物安寧，皆化其上，樂乃可成。」這段文字描繪了音樂從最初的始基「太一」生出，經

過陰陽兩儀的交感變化，與天地萬物融為一體的過程。《呂氏春秋》論音樂起源的看法顯然受《易傳》的影響。《易傳》在描述天地萬物氤氳化生時指出：「是故《易》有太極，是生兩儀，兩儀生四象，四象成八卦。」《呂氏春秋》用它來說明音樂的產生，認為「萬物所出，造於太一，化於陰陽」，音樂也本於「太一」。但《呂氏春秋》論音樂的形成又突出了這幾點：一、音樂是由於「形體有處，莫不有聲」，即萬物形成後，物體運動的振響產生了音樂，這比春秋時一些思想家籠統地說「氣為五味，發為五色，章為五聲」更加接近唯物主義。二、它把音樂的「和」與天地的「和」聯繫了起來，認為音樂的和諧本於自然界的和諧，「四時代興，或暑或寒，或短或長，或柔或剛」，音樂之和是自然之和在音響上的反映。而且，音樂之和也受到社會人事的影響，「天下太平，萬物安寧，皆化其上，樂乃可成」。反過來，「君臣失位，父子失處，夫婦失宜，民人呻吟，其以為樂，若之何哉！」可見，音樂之和是社會與人世狀況的反映。三、最重要的是，它在先秦「以和為美」的思想中，第一次提出「聲出於和，和出於適」，將「適」作為「和」的最高範疇，以為「先王定樂由此而生」，這就比荀子等人的樂論大大前進了一步。

　　《呂氏春秋》論「適」，首先將它作為一種審美過程中的心境，認為心境如何，決定了審美物件是否適應於主體。換言之，能否達到和諧的審美境界，並不僅僅取決於物件本身，而是取決於主體本身。《呂氏春秋》〈適音〉篇指出：「耳之情欲聲，心不樂，五音在前弗聽；目之情欲色，心弗樂，五色在前弗視；鼻之情欲芬香，心弗樂，芬香在前弗嗅；口之情欲滋味，心弗樂，五味在前弗食。欲之者，耳、目、鼻、口也。樂之弗樂者，心也。心必和平然後樂。心（必）樂，然後耳、目、鼻、口有以欲之。故樂之務在於和心，和心在於行適。」《呂

氏春秋》在這裡指出，對聲色之美的追求是人的本性使然。但是外界的聲色滋味能否對人構成審美物件，關鍵在於主體心境如何。如果心境不樂，再好再美的聲色滋味都不能成為對象，正如馬克思所說：「憂心忡忡的窮人甚至對最美麗的景色都無動於衷。」[10]魏晉時嵇康在著名的《聲無哀樂論》中提出「和聲無象，哀心有主」就深受《呂氏春秋》這一說法的啟發。《呂氏春秋》進而指出「心必和平然後樂」，強調主體只有處於和諧的心境狀態下才能對美聲、美色、美味加以感受和品嘗，形成美感效應。這就打破了荀子等人將和諧視為外界感染所致的觀念。

　　「適」除了主體的心境因素之外，也包含著審美客體的因素。《呂氏春秋》作者指出：「夫音亦有適，太巨則志蕩，以蕩聽巨，則耳不容，不容則橫塞，橫塞則振；太小則志嫌，以嫌聽小，則耳不充，不充則不詹，不詹則窕；太清則志危，以危聽清，則耳溪極，溪極則不鑒，不鑒則竭；太濁則志下，以下聽濁，則耳不收，不收則不搏，不搏則怒。故太巨、太小、太清、太濁，皆非適也。何謂適？衷音之適也。何謂衷？大不出鈞，重不過石，小大、輕重之衷也。黃鐘之宮，音之本也，清濁之衷也。衷也者適也，以適聽適則和矣。」（〈適音〉）《呂氏春秋》的作者詳盡地闡述了音適與主體之適的關係，認為音量過大或過小、過清或過濁，都會刺激人的生理感官，引起不適。什麼是「適」呢？這就是「衷音」，即恰到好處，「小大、輕重之衷也」，只有這種和諧之音才能使主體感到和諧舒適。為此，《呂氏春秋》提出要調和音聲，使物以適人，主客體達到和諧一致，「樂之有情，譬之若肌膚形體之有情性也。有情性則必有性養矣。寒、溫、勞、逸、饑、飽，

10　《一八四四年經濟學——哲學手稿》，人民出版社一九七九年版，第79-80頁。

此六者非適也。凡養也者，膽非適而以之適者也。能以久處其適，則生長矣。」（〈侈樂〉）作者強調音樂之和在於使人適性，並且抨擊了亂世之音「以巨為美，以眾為觀，俶詭殊瑰，耳所未嘗聞，目所未嘗見，務以相過，不用度量」的審美觀念，認為唯有適音才能和樂。

　　所謂「適」的實現，從主體來說，在於調節情欲，使之合乎養性、貴生的需要。就這一點來說，《呂氏春秋》的作者吸收了儒家「以道制欲」的思想，認為必要的節制是實現「和」的前提，這一點與道家純任自然的觀點有所不同。《呂氏春秋》認為：「天生人而使有貪有欲。欲有情，情有節。聖人修節以止欲，故不過行其情也。故耳之欲五聲，目之欲五色，口之欲五味，情也。此三者，貴賤愚智、賢不肖，欲之若一。雖神農、黃帝，其與桀、紂同，聖人之所以異者，得其情也。由貴生動，則得其情矣。不由貴生動，則失其情矣。此二者，死生存亡之本也。」（〈情欲〉）就人性應感而動，發為情欲、衍為聲色滋味之好這一點來說，《呂氏春秋》顯然受《禮記》的影響。但荀子制導情欲是導向禮義，「故人一之於禮義，則兩得之矣；一之於情性，則兩喪之矣。」（《荀子》〈禮論〉）《呂氏春秋》則強調節情以中是為了「貴生」，即保持個體身心健康的自由發展，「故聖人之制萬物也，以全其天也。天全則神和矣。」〈貴生〉篇中又提出：「所謂全生者，六欲皆得其宜也；所謂虧生者，六欲分得其宜也。」除了為養生以調節情欲外，《呂氏春秋》還主張從理性與道德的角度對嗜欲加以節制。《呂氏春秋》說：「人之情，欲壽而惡夭，欲安而惡危，欲榮而惡辱，欲逸而惡勞。四欲得，四惡除，則心適矣。四欲之得也，在於勝理。勝理以治身則生全，以生全則壽長矣；勝理以治國則法立，法立則天下服矣。故適心之務，在於明理。」（〈適音〉）這裡所說的「明理」，包含有用理智控制情欲的意思在內。《呂氏春秋》〈大樂〉篇說：「成樂有

具，必節嗜欲。嗜欲不辟，樂乃可務。務樂有術，必有平出。平出於公，公出於道。故惟得道之人，其可與言樂乎！亡國戮民，非無樂也，其樂不樂，有似於此。君臣失位，父子失處，夫婦失宜，民人呻吟，其以為樂，若之何哉！」這裡所説的「公」，帶有道家學派貴公的意思，「道」又有儒家社會倫理道德的含義，《呂氏春秋》的作者主張以樂調和君臣、夫婦的關係，顯然屬於儒家的教化論。《呂氏春秋》糅雜儒、道，主張用理性與道德來疏導情欲，控引嗜好，將全壽養生、頤性保真與經邦治國結合起來，以臻於和諧適中的審美主體境界。它的「中和」觀念，直接啟迪了西漢初期淮南王劉安等人的哲學與美學，具有轉折的意義。

第二章

演進時期（兩漢）

　　漢代是繼秦之後的大一統封建統治王朝，政治經濟制度相對於周秦更為完備，但其基本經濟結構仍為農業自然經濟形態，與之相副的宗法關係及其觀念也得到了延續與發展。為維護這種經濟基礎與社會關係，西漢武帝時興禮作樂，崇尚儒學；東漢光武帝踵事增華，將儒學與政治教化、人才選拔結合起來，從而使儒學進一步神學化與官方化。漢代的美學受盛行於秦漢的宇宙構成論的影響，注重從天人系統中去探討「中和」，並確立了「發乎情，止乎禮義」的詩教理論。由於受封建大一統帝國的君臣等級關係所限制和儒學的浸潤，漢代的文藝將「溫柔敦厚」作為審美原則，並延及批評領域。總的說來，兩漢的「中和」美學以儒學為法度，代表了官方的意志，輕視個體的價值。物極必反，漢魏之際美學的解放與發展，正是由此而釀成的。

第一節　天人系統與「中和」之美

漢代官方哲學主要是指董仲舒的今文經學，它以天人感應為特徵。傳統的天人學說在漢代得到了新的發展。早在秦漢之際，隨著天下一統局面的到來，人們的哲學視野更為開闊，自覺地用天道來論證人事。《呂氏春秋》的撰寫者繼承了《禮記》〈月令〉的思想，以四時消息配以人事活動，是為十二紀，它構成該書主體。書的序言明確指出這種安排的用意：「蓋聞古之清世，是法天地，凡十二紀者，所以紀治亂存亡也，所以知壽夭吉凶也。上揆之天，下驗之地，中審之人，若此則是非可不可，無所遁矣。」漢初淮南王劉安及其門客撰著的《淮南鴻烈》一書，周詳地描述了宇宙的起源變化，各種物產的形態及變異，由自然推及社會，將天、地、人納入宇宙大系統中去考察。在《要略訓》中，書的撰寫者指出：「故著書二十篇，則天地之理究矣，人間之事接矣，帝王之道備矣。其言有小有巨，有微有粗。」不僅傾向道家的劉安及其門客重視對天人關係的探討，就是儒學中人也非常傾心用「天人感應」學說去搭建理論體系，並影響到對「中和」範疇的重新解釋。西漢董仲舒適應漢武帝神道設教的需要，進一步從神學的角度對秦漢以來的宇宙論加以改造，形成了以「陰陽五行」學說為主幹的天人系統論。《漢書》〈五行志〉說：「昔殷運馳，文王演《周易》；周道敝，孔子述《春秋》，則乾坤之陰陽，效洪範之咎證，天人之道，粲然著矣。漢興，承秦滅學之後，景武之世，董仲舒治《公羊春秋》，始推陰陽為儒者宗。」董仲舒在《春秋繁露》一書中鼓吹天是宇宙萬物的主宰，它是有意志、有感情的人格神：「天者，百神之大君也，王者之所最尊也。」（《春秋繁露》〈郊義〉）整個宇宙是由多種元素所組成的和諧整體，包括天、地、人、陰、陽和五行共十項：「天為一端，地為一

端，陰為一端，陽為一端，火為一端，金為一端，木為一端，水為一端，土為一端，人為一端，凡十端而畢，天之數也。」（《春秋繁露》〈官制象天〉）這十大因素轉相配合，又轉化為四時與五行：「天地之氣，合而為一，分為陰陽，判為四時，列為五行。」（《春秋繁露》〈五行相生〉）陰為天的刑罰的表現，陽為天的恩德的顯示。五行相生為天的德澤，五行相克為天的刑罰，天通過陰陽五行的結構功能的運轉產生和指導萬物與人類。人類社會的一切綱常秩序，以及人類的產生，人的情性、生理結構，都是與天互相感應的，屬於異質同構。人如果逆五行四時之氣，亂搞一通，上天就會震怒，以「災異」的方式來對人「譴告」；反過頭來，人順應了天意，就會感動天對人施以恩惠。先秦孔孟道德觀所關注的人際關係，被置於嚴密的天人系統中，無論是皇帝還是臣民，都必須在這個天人系統所指定的方位中各行其宜（即「義」），這樣，封建統治秩序也就與天道相溝通，是完整的宇宙體系中的一部分。歐洲中世紀的宗教以完善著稱，它把萬物統一於神的意志中，神是萬物得以完善的根源與主宰。托瑪斯・阿奎那的《神學大全》就指出：「事物的美在於協調和鮮明，而神是一切事物的協調和鮮明的原因。」董仲舒的天人系統論也可以說是一種完善論，帶有濃厚的神學色彩。

董仲舒的「中和」美，是從他的天人哲學中直接衍化的。「天」與「人」本是一對對立的範疇，要使二者相溝通，一方面必須將天人格化，另一方面則要將人自然化。董仲舒繼承了《周易》中「天地之大德曰生」的思想，賦予天以情感色彩。他說：「仁之美者在於天。天，仁也。天覆育萬物，既化而生之，有養而成之，事功無已，終而復始，凡舉歸之以奉人，察於天之意，無窮極之仁也。」（《春秋繁露》〈王道通三〉）他認為天道樂善好施，對人具有奉養本性，而這種奉養本性

更是至中無偏的，天之美德就在於「不阿黨偏私，而美泛愛兼利」（《春秋繁露》〈天容〉），這種美德也就是「中和」。董仲舒說：「中者，天下終始也，而和者，天地之所生成。夫德莫大於和，而道莫正於中。中者，天地之美達理也，聖人之所保守也。」「能以中和理天下者，其德大盛。」（《春秋繁露》〈循天之道〉）董仲舒再三讚美天的美德是通過至中至和體現出來的，這是從天人系統論的角度，對〈中庸〉「致中和，天地位焉，萬物育焉」觀點作進一步的闡發。董仲舒讚美的天人相合的另一層意思是強調人事以天道為本，屬於天人系統中一個部分。《淮南子》的作者指出：「聖人法天順情，不拘於俗，不誘於人；以天為父，以地為母，陰陽為綱，四時為紀。天靜以清，地定以寧，萬物失之者死，法之者生。」「是故大丈夫恬然無思，澹然無慮，以天為蓋，以地為輿，四時為馬，陰陽為禦，乘雲陵霧，與造化者俱，縱志舒節，以馳大匹。」這種「天人合一」的觀念在董仲舒的哲學與美學中同樣十分明顯。董仲舒的《春秋繁露》從政治、德行、情性、生理等四個方面進一步論證了「人和」以「天和」為依歸：

一、君王之政，宜以天地為法。董仲舒說「天地之行美也」，它表現為恩威並用，并然有序：「天高其位而下其施，藏其形而見其光，序列星而近至精，考陰陽而降霜露，高其位所以為尊也，下其施所以為仁也，藏其形所以為神也，見其光所以為明也，序列星所以相承也，近至精所以為剛也，考陰陽所以成歲也，降霜露所以生殺也。」（《春秋繁露》〈天地之行〉）這種無所不備的美德也是君王應該效法的，君王只有秉承這種天地美德，方能治國平天下，以垂範後世。董仲舒提出：「為人君者其法取象於天。故貴爵而臣國，所以為仁也；深居隱出，不見其體，所以為神也；任賢使能，觀聽四方，所以為明也；量能授官，賢愚有差，所以相承也；引賢自近，以備股肱，所以為剛也；

考事實功，次序殿最，所以成世也；有功者進，無功者退，所以賞罰也。是故天執其道為萬物主，君執其常為一國主。」（《春秋繁露》〈天地之行〉）在《春秋繁露》〈離合根〉中，董仲舒反覆強調君德出於天德，「春秋之法，以人隨君，以君隨天」。

　　二、人的美德也秉受於天。董仲舒說：「人之受命於天也，取仁於天而仁也。是故人之受命天之尊，父兄子弟之親，有忠信慈惠之心，有禮義廉讓之行，有是非逆順之治，文理爛然而厚，知廣大有而博，惟人道可以參天。」（《春秋繁露》〈王道通三〉）這種仁義之道也就是「中和」之美德，它的具體表現就是「其心舒，其志平，其氣和，其欲節，其事易，其行道，故能平易和無事也。如此者謂之仁。」（《春秋繁露》〈必仁且智〉）

　　三、天的恩德體現為四時之用，在春夏秋冬四時顯出天的恩德。這種四時不同從總體上表現出「和而不同」的「中和」之美。董仲舒說：「天常以愛利為意，以養長為事，春秋冬夏皆其用也。王者亦常以愛利天下為意，以安樂一世為事，好惡喜怒而備用也。」（《春秋繁露·王道通三》）四時之序不亂，才能風調雨順，天下太平，同樣，人之喜怒哀樂有節，才能達到和而不亂的美德。董仲舒為此強調「故君子怒則反中而自說以和，喜則反中而收之以正憂」（《春秋繁露》〈循天之道〉），這顯然是〈中庸〉思想的進一步發揮。

　　四、從人的養生需要來說，必須「取天地之美以養其身」。人之需要天地四時，猶如需要衣食住行一般。董仲舒在《春秋繁露》〈循天之道〉中論證：「四時不同氣，氣各有所宜，宜之所在，其物代美。視代美而代養之，同時美者雜食之，是皆其所宜也。故薺以冬美，而荼以夏成，此可以見冬夏之所宜服矣。……春秋雜物其和，而冬夏代服其宜，則當得天地之美，四時和矣。凡擇味之大體，各因其時之所美，

而違天不遠矣。」董仲舒指出天地四時之氣不同，造成了各種各樣的自然之美與植物，它們供人們四時飲食之用，人們在飲服時宜遵循天地四時的規律。就建築之和美來說：「高臺多陽，廣室中陰，遠天地之和也，故人弗為，適中而已矣。」（《春秋繁露》〈循天之道〉）高臺多陽太燥，而深屋陰氣逼人，陰陽不調，對人的身體健康不利，所以人們不宜居住，而選擇適中的地方居住。董仲舒強調，人順從天地以行事，就能「得天地之美」，生命健康成長，怡樂歡欣。這些觀點多少接受了《呂氏春秋》「貴生」「重己」的美學思想。

在天人系統中，天、人是互相感應的，天和決定人和，反過來人和也會影響天和，這是一個互相回饋的系統。董仲舒強調：「世治而民和，志平而氣正，則天地之化精，而萬物之美起。」（《春秋繁露》〈天地陰陽〉）他強調人民的安定使人民心志平和，人民的心志平和則可以感動天地，使萬物生美，所以「中和」是一個系統的過程。《淮南子》說：「聖人懷天氣，抱天心，執中含和，不下廟堂，而衍四海，變習民俗，民化而遷善，若性諸己，能以神化也。《詩》云：『神之聽之，終和且平。』」聖人執中含和就能移風易俗，感動神靈，協調人神關係。通過天與人的互相交感，互相作用，宇宙系統就顯得更為完善，更為精美，更為和諧。這種學說明顯地帶有為當時大一統封建專制政權辯護的色彩。班固在《兩都賦》中就道出此中奧秘：「人神之和既洽，群臣之序已肅。」它揭示了兩漢封建大一統帝國特有的文化機制。

第二節　「溫柔敦厚」與詩教

「溫柔敦厚」的詩教是緣於漢代封建倫理綱常而形成的審美標準。「溫柔敦厚」說原出於秦漢之際的儒家經典《禮記》〈經解〉：「孔子曰：

入其國，其教可知也。其為人也，溫柔敦厚，《詩》教也；疏通知遠，《書》教也；廣博易良，《樂》教也；潔靜精微，《易》教也；恭儉莊敬，《禮》教也；屬辭比事，《春秋》教也。」「六藝之教」原指古代貴族從事教育所習的六門科目。即禮、樂、書、數、射、禦，後來又指用六種經籍來對人進行道德與審美的教育，《禮記》〈經解〉所說的即為這種「六藝之教」。將詩與樂看作是情性柔和溫潤的產物，在先秦與兩漢卻是比較普遍的說法。在「六藝之教」中，詩與樂最為接近，孔穎達說：「詩為樂章，詩樂合一，而教別者，若以聲音干戚以教人，是樂教也；若以詩辭美刺諷諭以教人，是詩教也。」（《禮記正義》）也就是說，詩與音樂都是用來教育人，使人達到性情柔和、恭讓知禮的人格境界。從思想淵源來說，「溫柔敦厚」源於孔子「樂而不淫，哀而不傷」的說法，大致是指一種中庸平正的審美境界與人格境界。但它在漢代受到重視與流傳，並與「諷諫」說結合起來，卻是有它的現實原因的，是漢人依據大一統帝國中詩人從所處的特殊地位來看待詩的功用的一種觀點。

　　漢儒提倡「溫柔敦厚」說，是與主張詩的「依違諷諫」功能相一致的。漢代詩學綱領《詩大序》提出詩是情志的發動，這種情志主要指對政教習俗的感受與評價，並非六朝人所說的一己之情。《詩大序》在談到詩的功能時說：「故正得失，動天地，感鬼神，莫近於詩。先王以是經夫婦，成孝敬，厚人倫，美教化，移風俗。」作者著眼於詩的干預政治、調節人倫關係的功能，並加以誇大與神化。《詩大序》認為這種功能主要通過「美刺」二端而體現出來，即歌頌美好的事物，譏刺不良現象。它說：「詩有六義焉，一曰風，二曰賦，三曰比，四曰興，五曰雅，六曰頌，上以風化下，下以風刺上，主文而譎諫，言之者無罪，聞之者足以戒，故曰風。」東漢著名經學家鄭玄注解道：「風化、

風刺，皆謂譬喻不斥言也。主文，主與樂之宮商相應也。譎諫，詠歌依違，不直諫也。」唐代經學家孔穎達疏曰：「其作詩也，本心主意，使合於宮商相應之文，播之於樂，而依違譎諫，不直言君之過失，故言之者無罪，人君不怒其作主而罪戮之；聞之者足以自戒，人君不自知其過而悔之。」也就是說，詩歌的諷諫是因為礙於君臣大義，不便直言，所以須小心翼翼，半明不白，溫柔含蘊，點到為止。漢代繼秦之後，建立了皇帝至尊的專制統治，君權與神權相結合，被抬到至高無上的嚇人地步。我們只要看一下《史記》《漢書》所載漢武帝淩馭群臣，任用酷吏，恩威並用，寬猛相濟的統治，便能體會漢儒倡應「諷諫」說與「溫柔敦厚」說的良苦用心了。東漢班固主編的《白虎通義》鼓吹君權神授，又倡臣道柔順。其中《諫諍》篇列舉了五種臣下諷諫皇帝的方法，大都是依違譎諫，不犯龍顏，並且把詩的諷諫與天意結合起來，神而化之：「為人臣不顯諫。纖微未見於外，如《詩》所刺也。若過惡已著，民蒙毒螫，天見災變，事白異露，作詩以刺之，幸其覺悟也。」把自己的「諷諫」說成是代天行事，藉以壯膽，但實在也是懾於帝王的淫威，只好借天意來自我保護。但專制皇帝有時並不理會這些。漢武帝時，董仲舒因高帝廟失火，私自推算失火原因，用「災異譴告」說諫告皇帝，結果差點被漢武帝殺頭。「諷諫」說所主張的「溫柔敦厚」，乃是迫於君主淫威，不得已而採用的一種委曲求全的人格態度。這一點漢人自己也看到了。後漢鄭玄《六藝論》說：「詩者，弦歌諷諭之聲也。自書契之興，樸略尚質，面稱不為諂，目諫不為謗，君臣之接如朋友然，在於懇誠而已。斯道稍衰，奸偽以生，上下相犯。及其制禮，尊君卑臣，君道剛嚴，臣道柔順。於是箴諫者稀，情志不通，故作詩者以譎其美而譏其惡。」鄭玄認為遠古樸略尚質，君臣關係如朋友然（這當然有理想化的成分），所以直言不諱，用不著繞

彎子，到了君臣之義分明，君尊臣卑，情志不通，於是才有所謂「美刺」，才有與「美刺」相應的「主文而譎諫」之說。從這也可以看出，「溫柔敦厚」詩教的提倡，是在特定環境下提出的。試看漢代文人的地位，如司馬遷《報任安書》《太史公自序》所述，類於倡優，說話稍不當心，就有殺身之禍。所以在這種氣候下，「溫柔敦厚」說的產生也就是很自然的了。當然，臣下儘管「溫柔敦厚」，儘管「微文刺譏」，君主也未見得寬容。東漢明帝論司馬遷與司馬相如優劣時就說：「司馬遷著書，成一家之言，揚名後世；至以身陷刑之故，反微文刺譏，貶損當世，非誼士也。」（班固《典引》引）而司馬相如儘管誇麗無狀，但臨終遺留下呈給皇帝的《封禪書》，所以賢於司馬遷。可見，對於臣下的美刺，皇帝往往並不因其「溫柔敦厚」或者「主文而譎諫」而做到「言之者無罪，聞之者動心」。漢儒所倡「溫柔敦厚」詩教本身就是君臣關係極端不平等所造成的產物，是上下不和的結果。當然，在定皇權於一尊的封建社會中，詩文的「美刺」採取溫和的態度，歌頌聖賢，抨擊醜惡，與那些阿諛奉承的御用文學相比，多少具有積極的作用。東漢末年進步的思想家王符曾針對當時以詩文嘩眾取寵的文壇狀況抨擊道：「詩賦者，所以頌美醜之德，泄哀樂之情也，故溫雅以廣義，興喻以盡意。今賦頌之徒，苟為饒辨屈蹇之辭，競陳誣罔無然之事，以索見怪於世，愚夫戇士，從而索之，此悖孩童之思，而長不誠之言者也。」（《潛夫論》〈務本〉）王符抨擊的這種文壇風習在漢末盛行一時，而敢於抨擊時政、譏刺世風的作品，在當時自不乏其進步的作用，如趙壹著名的《刺世疾邪賦》。後來這種以「美刺」為主的詩歌理論被白居易等詩人進一步發展了。

　　漢代「溫柔敦厚」詩教說還從橫向影響到辭賦文學的創作與理論。兩漢是辭賦競爽的時代。賦家多為司馬相如、東方朔、枚乘父子、揚

雄、班固一類「言語侍從之臣」。他們的創作以鋪張揚厲的氣勢，富贍彪炳的辭采，頌揚漢帝國的聲威，諷諫君主的奢靡。賦的體制一般分成：序言，即交代作賦的原委；正文，即賦中主人的誇張鋪排，敷陳其事；結尾，即最後點出賦的「勸百諷一」的宗旨。這三段式也就是劉勰總結漢賦體式所說「履端於序」「窮聲貌以極文」「歸餘於總亂」。如司馬相如的《天子遊獵賦》（分作〈子虛〉〈上林〉二部分），開頭寫楚使子虛和齊國烏有先生各自誇耀自己國家富庶壯闊；然後亡是公出面，大肆鋪陳西漢皇家園林上林苑的壯麗無比，以及天子射獵的盛舉，以壓倒齊、楚，表明諸侯之事不足道；最後的一段「總亂」（音樂的終曲，指賦的最後總結）由天子出面「解酒罷獵」，批評「此非所以為繼嗣創業垂統」，於是開放苑禁，與民同利。這種「曲終奏雅」「勸百諷一」的格局安排，顯然是為了用婉轉溫和的文旨來規諷君王。它受詩教說的影響是不言自明的。因此，東漢班固在《兩都賦序》中，從賦的產生原委上指出：「或曰：賦者，古詩之流也。昔成、康沒而頌聲寢，王澤竭而詩不作。大漢初定，日不暇給。至於武、宣之世，乃崇禮官，考文章，內設金馬石渠之署，外興樂府協律之事，以興廢繼絕，潤色鴻業。」班固認為漢賦的產生是適應「潤色鴻業」的需要。他讚揚漢代「公卿大夫」和「言語侍從之臣」的創作「或以抒下情而通諷諭，或以宣上德而盡忠孝，雍容揄揚，著於後嗣，抑亦《雅》《頌》之亞也。」他對賦的看法，與《毛詩序》所提倡的「美刺」說和「溫柔敦厚」說基本一致。漢代的賦家採用賦的形式來諷諫，企圖在不觸犯皇帝尊嚴的情況下，用溫和柔順、閃爍其詞的方法來規勸帝王，結果往往是適得其反。《漢書》〈揚雄傳〉記載：「雄以為賦者，將風（諷）之也，必推類而言，極麗靡之辭，閎侈巨衍，競於使人不能加也，既乃歸之於止，然覽者已過矣。往時武帝好神仙，相如上《大人賦》，欲

以風，帝反縹縹有凌雲之志。由是言之，賦勸而不止，明矣。又頗似俳優淳於髡、優孟之徒，非法度所存，賢人君子詩賦之正也，於是輟不復為。」這一段文字記載了司馬相如、揚雄等人欲用辭賦諷諫帝王奢靡無度，結果適得其反，反而刺激了帝王求仙欲望的荒誕事情。東漢王充《論衡》〈譴告篇〉亦云：「孝武皇帝好仙，司馬長卿獻《大人賦》，上乃仙仙有凌雲之氣。孝成皇帝好廣宮室，揚子雲上《甘泉頌》，妙稱神怪，若曰非人力所能為，鬼神力乃可成。皇帝不覺，為之不止。」從這些記載來看，賦的諷諫不但沒能起到它應有的作用，反而助長了帝王的奢靡之心，成為帝王的玩物。後來揚雄也認為「靡麗之賦，勸百而諷一，猶騁鄭衛之聲，曲終而奏雅」，欲諷反諛，將它視為雕蟲篆刻、壯夫不為。揚雄的反思，說明諷諫文學所遵循的「溫柔敦厚」宗旨，不過是自欺欺人而已。

第三節　圍繞《離騷》公案的「中和」與非「中和」之爭

漢代辭賦文學的發達，同它對《楚辭》文學傳統的繼承有關。漢代效《騷》之作層出不窮。劉勰說：「爰自漢室，迄至成哀，雖世漸百齡，辭人九變，而大抵所歸，祖述楚辭，靈鈞（屈原）餘影，於是乎在。」（《文心雕龍》〈時序〉）在繼承《楚辭》文學傳統的同時，兩漢的著名文人，圍繞屈原的為人與《離騷》，展開過一場論戰。以賈誼、淮南王劉安、司馬遷為代表的文人充分肯定屈原的人格與《離騷》的憤世精神、批判精神，而揚雄、班固等人則持「中和」的批評標準，否定屈原的反傳統精神。這場論戰體現了文學批評領域的「中和」與非「中和」之爭，是中國古典美學「和」範疇在文學批評領域中的展開與深入。

　　屈原的《離騷》是詩人遭讒離憂後創作的一部抒情長詩。詩中抒寫了自己忠而見疑、信而被謗的不幸遭遇，譏刺楚懷王的任用群小、疏遠賢臣，篇中援用大量神話傳說，想像奔放不羈，情感高亢激憤，與「溫柔敦厚」精神相左。漢初黃老之學流行，儒學尚未定於一尊，許多文人感於自己的遭際，效《騷》命篇。王逸的《楚辭章句》中就收進了許多漢人的效《騷》之作，其中最為著名的是賈誼的《吊屈原賦》。作為與屈原有著相同遭際的不幸之士，賈誼與屈原的靈魂是相通的。他在渡湘水憑吊屈原時，觸景生情，深發感慨，作《吊屈原賦》。他讚頌屈原的剛直不阿、憤不容世。嗣後淮南王劉安作《離騷傳》，讚揚《離騷》：「《國風》好色而不淫，《小雅》怨誹而不亂，若《離騷》者，可謂兼之矣。蟬蛻濁穢之中，浮游塵埃之外，嚼然泥而不滓。推此志，雖與日月爭光可也。」劉安的評價雖然帶有「溫柔敦厚」的餘響，但他對屈原憤不容世的抗爭精神作了高度的讚美，稱之為可與日月爭光，這就突破了正統儒者的偏見。比劉安略晚一些的司馬遷，在他的《史記》〈屈原賈生列傳〉中，對屈原的人格與《離騷》作了更進一步的肯定。司馬遷首先援引了劉安的話來稱讚屈原的人格，同時又吸取了老莊思想，從情性自然的高度推崇屈原的狂狷行為。莊子雖然說過「有人之形，無人之情」，認為道體無情無信，情性須順應道的發展，無情無欲，但莊子又認為「道」「於大不遺，於小不拘」，存在於一切事物中，「道」以自然為本根，既然如此，情性也就順應自然，所以莊子又宣導「任其性命之情」，以抗拒禮法的束縛。莊子後學提出：「禮者，世俗之所為也；真者，所以受於天也，自然不可易也。故聖人法天貴真、不拘於俗。」(《莊子》〈漁父〉) 司馬遷受莊子影響，在《史記》〈律書〉中，他批評儒者一概反對戰爭、「猥云德化」的說教，提出：「自含（血）（齒）戴角之獸，見犯則校，而況於人懷好惡喜怒之

氣？喜則愛心生，怒則毒螫加，情性之理也。」司馬遷認為人的情性發動，乃是自然不易之理。他在《史記》〈屈原賈生列傳〉中指出：「夫天者，人之始也；父母者，人之本也。人窮則反本，故勞苦倦極，未嘗不呼天也；疾痛慘怛，未嘗不呼父母也。」司馬遷強調，人之疾痛慘怛發為詩詠，乃是天經地義，自然之理。由此出發，司馬遷接著指出：「屈平正道直行，竭忠盡智以事其君，讒人間之，可謂窮矣。信而見疑，忠而被謗，能無怨乎？屈平之作《離騷》，蓋自怨生也。」司馬遷的這種評價建築在情性自然觀基礎之上，因而較之賈誼、劉安更為深刻，更有說服力。在《史記》〈太史公自序〉中，司馬遷從「發憤著書」的親身感受出發，考察了歷史上偉大作家的作品，認為它們都是舒憤懣的產物，並總結出了一條文藝創作的規律：「此人皆意有所鬱結，不得通其道也，故述往事，思來者。」這些說法，繼承了孔子「詩可以怨」的思想，有力地衝破了「溫柔敦厚」的詩教說，對中國後世「哀怨起騷人」的思想產生了極其深遠的影響。

屈原的作品在漢代由於不符合正統儒者的「中和」尺度，遭到了多次批評。首先站出來指摘屈原的就是揚雄。揚雄本人在政治上屬於反覆無常之人。漢成帝時給事黃門；哀帝時董賢、丁傅等權臣用事，政治昏亂，揚雄為避禍，閉門自居，並作《解嘲》，自稱：「惟寂惟寞，守德之宅」；但至晚年，王莽篡位，他又作《劇秦美新》謳歌之，並為朝中大夫。揚雄善於時變的人生哲學，使他對屈原的人格根本不能理解，反而加以嘲笑。《漢書》〈揚雄傳〉：「（揚雄）又怪屈原文過相如，至不容，作《離騷》，自投江而死，悲其文，讀之未嘗不流涕也，以為君子得時則大行，不得時則龍蛇，遇不遇命也，何必湛身哉？乃作書，往往摭《離騷》文而反之，自岷山投諸江流以吊屈原，名曰《反離騷》。」揚雄對屈原的評價，依據的是孔門中庸的處世哲學與老子的

和光同塵思想，他認為屈原沉江自殺是不知時變，失之狂狷。揚雄評價屈原的作品也是持中庸的尺度。他在《法言》中說：「或曰：屈原、相如之賦孰愈？曰：原也過以浮，如也過以虛。過浮者蹈雲天，過虛者華無根。然屈原上援稽古，下引鳥獸，其著意，子雲、長卿亮不可及也。」這裡雖說屈原高於司馬相如，但又認為屈原和司馬相如的作品都存在著「過」即不達「中和」的弊病。一者「過浮」，一者「過虛」，都屬於「浮」（不及中）的範圍，參以揚雄「辭人之賦麗以淫」的話，可見揚雄骨子裡是鄙視屈原的作品的。

　　到了東漢班固作《離騷序》，比揚雄走得就更遠了。班固肯定屈原「文辭弘博麗雅，為辭賦宗」，但又認為淮南王劉安對屈原的評價「似過其真」。班固從批評屈原的為人開始，進而貶斥屈原的作品不合中庸之道。他說：「且君子道窮，命矣。故潛龍不見是而無悶，〈關雎〉哀周道而不傷，蘧瑗持可懷之智，甯武保如愚之性，咸以全命避害，不受世患，故〈大雅〉曰：『既明且哲，以保其身。』斯為貴矣。」班固本著這種處世哲學，批評屈原：「今若屈原，露才揚己，競乎危國群小之間，以離讒賊，然責數懷王，怨惡椒蘭，愁神苦思，強非其人，忿懟不容，沉江而死，亦貶絜狂狷景行之士。」班固指責屈原有三點不符中庸之道：一、「露才揚己」，招致群小的讒賊，不懂得和光同塵；二、「責數懷王」，怨恨同儕，這是悖越君臣之道；三、「忿懟不容，沉江而死」，這更是極端的行為，不懂得與時消息、潛龍勿用之道。從這幾點出發，班固斷定屈原是「貶絜狂狷景行之士」，非明智之器。班固的這種哲學其實是一種極為庸俗的媚世之道。孔子雖倡中庸，但又嫉惡不分是非、顏媚世的「鄉願」之人。孟子發揮說：「生斯世也，為斯世也，善斯可矣；閹然媚於世也者，是鄉原也。」「非之無舉也，刺之無刺也；同乎流俗，合乎汙世；居之似忠信，行之似廉潔；眾皆悅

之，自以為是，而不可與入堯舜之道，故曰：德之賊也！」（《孟子》〈盡心下〉）班固和揚雄所自詡的「明哲保身」，正是孔孟抨擊的「眾皆悅之，自以為是」的「鄉愿」哲學。後世許多人譏誚班固諷刺屈原不善明哲保身，而他自己最後也遭禍的事，也說明了這種媚世哲學的虛偽性。班固既然否定了屈原的為人，對他的《離騷》自然也就加以抹殺了。班固說《離騷》：「多稱昆侖冥婚，宓妃虛無之語，皆非法度之政，經義所載，謂之兼詩風雅而與日月爭光，過矣。」《離騷》中的神話傳說是屈原依據楚地神人雜糅的文化傳統而創作的，是楚辭文化的重要特色，班固卻以其不合經義而加以否棄，他的「中和」實際上是一種封建法度與綱常，已經離文藝批評的美學標準相去甚遠了。稍後的王逸，在對屈原及其楚辭作品全面研究和注釋的基礎上，對班固的評價提出了尖銳的批評意見。王逸根據孔子倡中庸又不廢殺身成仁，言時變又反對「鄉愿」的思想，提出了他所宣導的「人臣之義」，以批駁班固、揚雄貪生怕死、和光同塵的媚世哲學：「且人臣之義，以忠正為高，以伏節為賢，故有危言以存國，殺身以成仁。是以伍子胥不恨於浮江，比干不悔於剖心，然後忠立而行成，榮顯而名著。若夫懷道以迷國，詳愚而不言，顛則不能扶，危則不能安，婉娩以順上，逡巡以避患，雖保黃耉，終壽百年，蓋志士之所恥，愚夫之所賤也。」（《楚辭章句序》）王逸認為中庸並不就是全身遠禍，而是殺身成仁，不向邪惡低頭。如果混世以保命，雖然壽比南山，那也是「志士之所恥」。從這種道德價值觀出發，王逸對班固的意見提出了激烈的異議：「今若屈原，膺忠貞之質，體清潔之性，直若砥矢，言若丹青，進不隱其謀，退不顧其命，此誠絕世之行，俊彥之英也。而班固謂之露才揚己，競於群小之中，怨恨懷王，譏刺椒、蘭，苟欲求進，強非其人，不見容納，忿恚自沉，是虧其高明，而損其清潔者也。昔伯夷、叔齊

讓國守分，不食周粟，遂餓而死，豈可復謂有求於世而怨望哉？且詩人怨主刺上曰：『嗚呼小子，未知臧否。匪面命之，言提其耳。』風諫之語，於斯為切。然仲尼論之，以為大雅。引此比彼，屈原之詞，優遊婉順，寧以其君不智之故，欲提攜其耳乎？而論者以為露才揚己，怨刺其上，強非其人，殆失厥中矣。」（《楚辭章句序》）王逸贊美屈原人格光明正大，剛直不阿，「此誠絕世之行，俊彥之英也」。班固說屈原「露才揚己」，王逸則認為恰恰是屈原的偉岸傑出之處。王逸認為《詩經》中也不乏「風諫之語」，孔子也承認這些「怨刺其上」的詩合乎大雅，並未加以否棄；屈原之詞「優遊婉順」，目的是為了諫勸君王，這難道是「怨刺其上，強非其人」嗎？可見班固自己的話就不公道，「殆失厥中矣」。值得注意的是，王逸與班固之爭，並不在於要不要「中和」之道，而在於對待「中和」之道的理解上。班固認為怨惡君上就是失中，而王逸認為諷諫君上恰恰是符合中庸精神的。屈原的作品「上以諷諫，下以自慰」，這不正是《詩大序》所倡的「主文而譎諫」精神的體現嗎？在《離騷經序》中，王逸還說屈原因「放逐離別，中心愁思，猶依道經以風諫君也」，讚美《離騷》「其詞溫而雅，其義皎而朗，凡百君子，莫不慕其清高，嘉其文采」。從這些評價來看，王逸對屈原的肯定，基本上仍是站在「溫柔敦厚」立場上來說的，只是他的思想比班固要開明一些。至於他說《離騷》「依託《五經》以立義焉」，從《離騷》合乎經義的角度來為作品本身辯護，這既不符合實際，同時也抹殺了屈原《離騷》奔放不羈的浪漫精神和瑰麗壯闊的想像。這也可見，「溫柔敦厚」說已經相當頑固地成為漢代文人評論藝術作品的尺度，即使某些比較開明的文人，如劉安、司馬遷和王逸，也或多或少地受這類思維模式的影響。

第三章

深化時期（魏晉南北朝）

　　魏晉南北朝是中國文化的繁盛時期，也是中國古典美學異常發達
的階段。審美範疇「和」也取得了長足的發展，無論是就其內涵還是
它與藝術的融合來說，都較之先秦兩漢更為深入。這種深化的重要標
誌，就是魏晉六朝士族依據自己的人格理想，對「和」作了新的規定
與闡釋。湯用彤先生曾說：「魏晉人生觀之新型，其期望在超世之理
想，其嚮往為精神之境界，其追求為玄遠之絕對，而遺資生之相對，
從哲理上說，所在意欲探求玄遠之世界，脫離塵世之苦海，探得生存
之奧秘。」[1]魏正始年間（240-249）的王弼、何晏等人吸收了老莊的學
說，從玄學角度對道家的理想人格境界作了發揮。在魏晉玄學體系
中，所謂「和」是游於萬物之中的精神境界，主體只有「靜專動直，
不失大和」，即持一種虛靜無為的心態才能進入這種精神境界。玄學為

1　　《魏晉玄學和文學理論》，《中國哲學史研究》1980年第1期。

實現「大和」即「道」的理想境域，還提倡「崇本息末」「執一馭萬」
的方法，力求使事物處於「繁而不亂，眾而不惑」的和諧有序之中。
這種方法豐富和發展了先秦兩漢以來「中和」範疇中處理矛盾的法則
內容，影響到六朝美學的基本範疇與原則。在樂論領域，嵇康以玄學
之「和」解釋傳統的樂論之「和」，提出「和聲無象，哀心有主」的命
題，構築成自己音樂美學之「和」的體系。在文論領域，玄學之「和」
的方法論對陸機、劉勰搭建各自的文學理論體系起了直接的作用。當
然，六朝美學的「和」範疇除了玄學成分外，還受到先秦兩漢儒家「中
和」觀念的影響。例如，劉勰《文心雕龍》「唯務折中」、調和古今之
爭的態度，就直接受荀子學派中庸思想的啟發；六朝包括聲律、對偶
在內的形式美理論和風格理論，也同《周易》中同類相感、陰陽耦合
的「中和」觀念相契。

第一節　從人格之「和」到宇宙之「和」

　　玄學關於「和」的理論，濫觴於漢魏之際的人物品評。曹魏時的
考核官劉劭所著的《人物志》，適應曹操「唯才是舉」、選拔人才的需
要，對兩漢以來的儒學價值觀念提出了異議，樹立了新的人物品評準
則。劉劭論人物，首重人的個體性，他在《人物志》中提出：「凡有血
氣者，莫不含元一以為質，稟陰陽以立性，體五行而著形。苟有形
質，猶可即而求之。」劉劭認為天地之氣分為陰陽，與五行相配合，由
於每個人稟受陰陽五行之氣有所偏至，偏至的一面就構成人特定的氣
質與個性，人的個性氣質又影響到人的才幹。人依其氣質、才幹，約
略分為清節、法家、術家、國體、器能、臧否、伎倆、智意、文章、
儒學、口辯、雄傑十二類。人物從總的方面來說，分成三種：「三度不

同，其德異稱。故偏至之材，以材自名；兼材之人，以德為目；兼德之人，更為美號。是故兼德而至，謂之中庸，中庸也者，聖人之目也。」第一種人只具備有一種才能，如上面所說的十二種人才，就是各自屬於這一類的人才；第二種人則兼備幾種才幹、膽識，如所謂「英」與「雄」之人；第三種人則是相容各種德行，至而不偏的人，這種德行，也就是中庸之德。劉劭對儒家所說的中庸之德作了改造：第一，這種德行不是抽象的道德修養，而是一種聖智與才幹；第二，這種德行是超軼具體才幹、無為而不為的聖智。顯然，這是用道家學說來釋儒家的中庸。劉劭在《人物志》中多次談到中庸之德：「主德者，聰明平淡，總達眾材，而不以事自任者也。」「夫中庸之德，其質無名，故鹹而不，淡而不，質而不縵，文而不纘，能威能懷，能辯能訥，變化無方，以達為節。」「凡人之品質，中和最貴矣。中和之質，必平淡無味，故能調成五材，變化應節。是故觀人察質，必先察其平淡，而後求其聰明。聰明者，陰陽清和，則中睿外明。聖人淳耀，能兼二美。知微知章，自非聖人，莫能兩遂。」從這些說法來看，劉劭的「中庸」屬於不與一材同好，而又能相容眾材的德行。因為具體的德行才幹總是有偏的，唯有具備中庸之德的君人者才能超越偏至，任用群臣。劉劭強調：「偏材之人，皆一味之美。故長於辦一官而短於為一國。何者，夫一官之任，以一味協五味；一國之政，以五味和五味。」劉昺注云：「水以五味，故五味得其和，猶君體平淡，則百官施得其用。」如曹魏謀士和洽就對曹操說：「立教觀俗，貴處中庸，為可繼也。」《史記》〈高祖本紀〉記載劉邦論為政時說：「夫運籌策帷帳之中，決勝於千里之外，吾不如子房。鎮國家，撫百姓，給饋餉，不絕糧道，吾不如蕭何。連百萬之戰，戰必勝，攻必克，吾不如韓信。此三者，皆人傑也，吾能用之，此吾所以取天下也。」劉劭的中庸之德也就是指的這種

品德。這種品德雖然被推崇為一種理想人格，但還鮮明地保持著政治學色彩，所以也有人將它歸入名理學。

劉劭人物品藻所揭櫫的中庸思想，至魏正始時代，進一步被王弼、何晏擴大成「貴無」的玄學本體論。魏正始時代，曹魏集團中許多人轉為新貴族，生活奢靡，崇尚玄虛。士族代表司馬氏集團逐漸把握了曹魏政權中的要害部門，並覷機發動政變，奪取了權力機構。在這一過程中，他們「綜核名實」，以名教統一思想，摧抑政敵。王弼、何晏等人依附曹爽集團，以玄學本體論來解釋名教，宣導「崇本息末」，以無統有。阮籍、嵇康等竹林名士基本上黨於曹魏集團，站在更激烈的立場上，「越名教而任自然」，「非湯武而薄周孔」。向秀與西晉的郭象則通過闡釋莊子，提出了「崇有」論，對王弼的貴無哲學作了修正，將名教與自然調和得更為圓融，適應了已經掌握政權的西晉門閥士族的利益需要。劉劭論「中庸」，基本不脫循名責實、量能授官的範疇，王弼、何晏則將它上升到統率自然、社會和精神現象的本體論高度來論證。何、王玄學的最高範疇是「無」（或稱「道」「一」「本」「和」「常」「靜」），它是宗率宇宙間一切事物的精神性實體。王弼在注釋《老子》〈五章〉「天地之間，其猶橐籥乎？虛而不屈，動而愈出，多言數窮，不如守中」時指出：「橐籥而守中，則無窮盡，棄己任物則莫不理，若橐籥有意於為聲也，則不足以共吹者之求也。」老子以橐籥（古代冶煉時鼓風的器具，俗稱風箱）來比喻「道」的無形無象，居中不偏以成就萬物。王弼認為橐籥的守中無為，蕩然任自然，才能「虛而不得窮屈，動而不可竭盡」，如果有意為聲，則必不能供人之吹。在這裡，「中」也就是「無」「道」的存在形態與運行法則。王弼在注釋《老子》〈五十五章〉「知和曰常，知常曰明」時又指出：「物以和為常，故知和則得常也。不皦不昧，不溫不涼，此常也。」所謂「和」「常」

顯然是指寂然不動的精神本體。

魏晉玄學的「貴無」論者認為，從「有分」與「無分」的角度來說，只有「道」才能達到真正的「無分」即「和」，而具體的事物總是有偏差的、可分的。在《論語釋疑》中，王弼對《論語》〈述而〉中形容孔子「溫而厲，威而不猛，恭而安」的話作了大衍發微。《論語》本意是說孔子體現了中庸的品德，剛柔兼濟，恰到好處。王弼則解釋說：「溫者不厲，厲者不溫；威者心猛，猛者不威；恭則不安，安者不恭。此對反之常名也。若夫溫而能厲，威而不猛，恭而能安，斯不可名之理全矣。故至和之調，五味不形；大成之樂，五聲不分；中和備質，五材無名也。」（《論語釋疑》）溫與厲、恭與安等，本是「對反之常名」，即對立的兩極，只有在「至和」「大和」即精神本體之中才能得到統一。《論語》本是從儒家的「中和」論來稱道孔子的人格道德，而王弼則站在玄學「貴無」論的角度，強調孔子之德貴在無名，超越具相，體現了玄學所推崇的「中和備質，五材無名」的人格境界。「大和」即「道」為什麼能總率萬物、靡所不備呢？王弼認為，這是因為它屬於無形的精神主體，有生於無，「無」是萬物的宗統。王弼認為，儒家包括中庸在內的道德，所以是等而下之的，就在於它執滯於「有」，講究通過調節人倫、規範行為來達到「溫而厲，威而不猛，恭而安」的中庸境界，而不懂得棄有崇無，「凡不能無為而為之者，皆下德也，仁義禮節是也」，「譽以進物，爭尚必起，矯以是物，乖違必作」。王弼指出，「大和」即「無」是一種無形無物的精神本體，它以無為而成就萬物。在《老子指略》中，王弼以高屋建瓴的氣勢指出：「夫物之所以生，功之所以成，必生乎無形，由乎無名，無形無名者，萬物之宗也。不溫不涼、不宮不商，聽之不可得而聞，視之不可得而彰，體之不可得而知，知之不可得而嘗。故其為物也則混成，為象也則無形，

為音也則希聲，為味也則無呈，故能為品物之宗主，苞通天地，靡使不經也。」王弼的這段話，重點説明了總攬宇宙天地與人事的精神本體是「無」，它視之不見，聽之不聞，味之無呈，但正因為它是「無」，才能「苞通天地，靡使不經也」，才能居中不偏，達到「大和」之境。所以求「和」不在於調協對立的兩端，而在於崇本息末，以無統有，抓住現象背後的那個本體之美。這就在方法上比傳統「中和」之説大大進了一步。它啟迪魏晉六朝美學追求更深遠的精神之境，將人格昇華到永恆超越的宇宙與精神的和諧境域中。

第二節　樂論之「和」

魏晉時期，嵇康與阮籍就音樂之「和」提出了各自的不同看法。前者吸取了玄學的滋養，以道體超象的觀點看待「和」；後者則恪守傳統的「中和」之説，從儒家的政教論角度來探討音樂的功用。二者的不同，反映了魏晉間新舊思潮之間的衝突。

一、阮籍《樂論》的主「和」

阮籍（210-263），陳留尉氏（今河南尉氏縣）人，魏晉著名文人，其父是「建安七子」中的阮瑀。阮籍「本有濟世志，屬魏晉之際，天下多故，名士少有全者，籍由是不與世事，遂酣飲以為常」（《晉書》〈阮籍傳〉）。不過他內心始終沒有放棄儒學的濟世精神。《樂論》可能是他早年服膺儒學時寫的一篇文章，明顯地帶有荀子樂論的色彩，它旨在通過對音樂本身的考察來整頓風俗，立教垂統。

阮籍在《樂論》中開宗明義地指出：「夫樂者，天地之體，萬物之性也。合其體，得其性則和；離其體，失其性則乖。昔者聖人之作樂也，將以順天地之性，體萬物之生也。故定天地八方之音，以迎陰陽

八風之聲；均黃鐘中和之律，開群生萬物之情氣。故律呂協，則陰陽和；音聲適，而萬物類；男女不易其所，君臣不犯其位；四海同其觀，九州一其節。奏之圜丘而天神下降，奏之方嶽而地祇上應。天地合其德，則萬物合其生；刑賞不用，而民自安矣。」這段話指出了兩層意思：一、樂是天地之和的體現，衡量樂之和與不和，關鍵是看它合不合天地之性，這顯然是荀子「樂者，天地之和」思想的發揮；二、聖人制禮作樂是依據天地自然之性，調和陰陽，以正人倫。阮籍在這裡強調了音樂的本質是天地自然之性，繼承了老莊的音樂美學，同時他又不廢儒家的教化之說，力圖調和道家的自然之道與儒家的教化之說，將音樂的陶冶人性，移風易俗功能建立在天地之性基礎之上。為此他又指出：「乾坤易簡，故雅樂不煩，道德平淡，故無聲無味；不煩則陰陽自通，無味則萬物自樂；日遷善成化，而不自知，風俗移易，此自然之道，樂之所始也。」這又顯然是吸取了道家的自然之道。阮籍認為，後世道德荒廢，政法不立，於是和諧之樂被毀棄，出現了各種各樣的俗樂，使人情淫放，不能自已，聖人為此製作雅正中和之音，以端正人心，樂而不淫，「故聖人立調適之音，建平和之聲，制便事之節，定順從之容：使天下之為樂者，莫不儀焉。自上而下，降殺有等，至於庶人，咸皆聞之」。這種思想，調和了秦漢以來關於音樂功能的不同觀點，體現了魏晉思想相容並包的特點。兩漢樂論圍繞聖人之樂的功能，有兩種看法：一種以董仲舒為代表，強調音樂的歌功頌德作用，「故王者功成作樂，樂其德也」（《舉賢良對策》）。另一種以《淮南子》為代表，認為樂起於救弊，「性命之情，淫而相脅，以不得已，則不和，是以貴樂」，「樂者，所以救憂也」。阮籍贊同《淮南子》的思想，既不廢音樂的歌功頌德功能，又強調雅樂起於救弊，主張以音樂「定萬物之情，一天下之意」。阮籍《樂論》的「中和」思想，基本上

是發揮儒家「樂合同，禮別異」的觀點，同時又加以新的發揮與闡釋，在魏晉時期顯得有點保守，與嵇康的音樂理論不可同日而語。

二、嵇康《聲無哀樂論》的「以和為美」

嵇康（223-263），是與阮籍齊名的魏晉思想家，在文學藝術上亦造詣很深，喜創新論，敢於打破舊說。他的《聲無哀樂論》是中國古代樂論史上一篇極具特點的文章，它運用魏晉玄學論「和」的思想方法，對音樂的本質以及音樂欣賞中的主客體關係問題，作了深刻的闡述，嵇康「以和為美」的音樂觀，比較集中地體現在這篇文章中。

嵇康對音樂，表現了人所欣慕的名士風度。他在被司馬氏殺害，臨刑東市前，神氣不變，顧視日影，彈奏《廣陵散》，慨歎「《廣陵散》於今絕矣」。南朝江淹的《恨賦》把嵇康的這一壯舉刻畫得悲愴感人：「及夫中散下獄，神氣激揚，濁醪夕飲，素琴晨張。秋日蕭索，浮雲無光。鬱青霞之奇意，入修夜之不曛。」嵇康喜好琴樂，是因為琴樂的沖和清雅，可以使人進入超軼塵俗、與自然合為一體的高遠境界，這與他痛恨「名利愈競，繁禮屢陳，刑教爭馳，天性喪真」的世態，希企玄遠之境的人格理想相一致。在《贈秀才入軍》詩中，嵇康多次描寫了「琴詩自樂，遠遊可珍，含道獨往，棄智遺身」，「朝發太華，夕宿神州，彈琴詠詩，聊以忘憂」的飄逸風姿。《晉書》〈嵇康傳〉言他：「常修養性服食之事，彈琴詠詩，自足於懷，以為神仙稟之自然，非積學所得，至於導養得理，則安期、彭祖之倫可及。乃著《養生論》。」嵇康認為神仙難求，但通過導養修煉，則可以與神仙齊壽，而修養的途徑則是音樂與吟詩等。養生從生理上來說，是追求身心俱和、延年益壽，但從人生理想上來說，卻是達到道家與玄學所追求的「順天和以自然，以道德為師友，玩陰陽之變化，得長生之永久，任自然以托身，並天地而不朽」的境界。而音樂與服藥，則是養生的主要途徑。

嵇康在《養生論》中提出：「清虛靜泰，少私寡欲。知名位之傷德，故忽而不營，非欲而強禁也。識厚味之害性，故棄而弗顧，非貪而後抑也。外物以累心不存，神氣以醇白獨著，曠然無憂患，寂然無思慮。又守之以一，養之以和，和理日濟，同乎大順。然後蒸以靈芝，潤以醴泉，晞以朝陽，綏以五弦，無為自得，體妙心玄。忘歡而後樂足，遺生而後身存。若此以往，庶可與羨門比壽，王喬爭年，何為其無有哉？」嵇康在這裡點明了，「養生」實際上是通過「養形」來「養神」。「養神」追求的是一種不為憂喜愛憎所動，不為外物利欲所攖，「泊然無感而體氣和平」的心靈和諧境界，而音樂作為陶冶人類精神的藝術門類，正可以使人心靈趨於和諧。嵇康音樂美學的最高範疇是「和」，它屬於魏晉玄學所追求的與宇宙同在的人格自由境界，在當時具有反抗「名教」的積極意義。他的「目送歸鴻，手揮五弦，俯仰自得，遊心太玄」名句，形象地展示了這位名士「以和為美」的音樂精神。

1.「音聲有自然之和」

嵇康論音樂本質與阮籍重自然的看法有相同之處。在《聲無哀樂論》一開頭就指出：「夫天地合德，萬物資生。寒暑代往，五行以成。故章為五色，發為五音。音聲之作，其猶臭味在於天地之間，其善於不善，雖遭濁亂，其體不變也。」嵇康認為音樂是天地合德、陰陽五行交感化生而來的，這是自然之聲，它的善與不善，不會因為外界的干擾而變化。這類說法，本屬於先秦時代的古老命題，它直觀地把一切聲色、滋味和形體都歸結為陰陽五行的陶鑠，看作是天地運變的結果。《左傳》〈昭公二十五年〉記載子產論樂時說：「天地之經，而民實則之。則天之明，因地之性，生其六氣，用其五行，氣為五味，發為五色，章為五聲。」嵇康作為魏晉時期的著名思想家，當然不會簡單地因襲前人之說，他只是借用這段話說明音樂生於自然，與人的主觀意

志無涉，然後加以引申發揮。嵇康認為音樂的真正本體是「無」，是自然界事物背後的精神本體，它是超哀樂、超形質的「和」。嵇康在文中反復提到：「聲音以平和為體，而感物無常。」「音聲有自然之和，而無繫於人情。克諧之音，成於金石；至和之聲，得於管弦也。」也就是說，音聲雖然通過自然的形質表現出來，但在這種有形的形質背後，還有「至和」即超形質的本體，這才是統率、引發萬物的精神之美。這顯然又是汲取了玄學「貴無」論的觀點。將自然視為「無」的運行法則，這是魏晉玄學的基本特點。王弼在《老子注》中就說過：「自然者，無稱之言，窮極之辭也。」嵇康認為音聲起源於「天地合德」和五行之變，並不等於將音聲視為自然界的產物，而是探尋超哀樂、超形質的「和」。他反覆強調「聲音以平和為體，而感物無常」。湯用彤先生綜括其旨云：「夫聲無哀樂（無名），故由之而歡戚自見，亦猶之乎道體超象（無名），而萬象由之並存。故八音無情，純出於律呂之節奏，而自然運行，亦全如音樂之和諧。」[2]可謂切中肯綮，道出了嵇康《聲無哀樂論》的基本宗旨。

2.「和聲無象，哀心有主」

嵇康從「至和無聲」的音樂本體論出發，否定了傳統儒家的有聲之樂。《聲無哀樂論》一開始就引出論難之語：「有秦客問於東野主人曰：聞之前論曰：治世之音安以樂，亡國之音哀以思。夫治亂在政，而音聲應之。故哀思之情，表於金石。安樂之象，形於管弦也。」儒家認為音樂從主體來說，是被動地感受聲音。從音聲本身來說，則是人的情感的表現。嵇康認為音聲既然是「至和」，沒有具體規定性的，也就不含哀樂之情，哀樂之情只是人的主觀態度評價，與音樂本身沒有

2　《魏晉玄學論稿》〈言意之辨〉，《湯用彤學術論文集》，中華書局1983年版，第219頁。

關係。他在強調「音聲之作，其猶臭味在於天地之間。其善與不善，雖遭遇濁亂，其體自若而不變也。豈以愛憎易操，哀樂改變」後，又進一步分析道：「及宮商集比，聲音克諧，此人心之至願，情欲之所鐘。古人知情不可恣，欲不可極，因其所用，每為之節，使哀不至傷，樂不至淫，因事與名，物有其號。哭謂之哀，歌謂之樂。斯其大較也。然樂云樂云，鐘鼓云乎哉？哀云哀云，哭泣云乎哉？因茲而言，玉帛非禮敬之實，歌舞非悲哀之主也。何以明之？夫殊方異俗，歌哭不同，使錯而用之，或聞哭而歡，或聽歌而感，然而哀樂之情均也。今用均之情，而發萬殊之聲，斯非音聲之無常哉？」嵇康提出：「宮商和比」即五音克諧的音樂悅人心脾，人們往往欣賞時將悲樂之情移入，古人知道樂以感人的現象，因而節制情欲，使哀樂適中，不致傷生。但哭與樂不過是人們情感表現的「名號」即形式，並不就是情感本身，這就等於孔子說鐘鼓不等於「樂」，「禮敬」不等於「玉帛」一樣，如果看到人聽音樂後或哭或歡，就斷言音樂表現情感，這就大錯特錯了。嵇康進而提出，各地方的人由於風俗不同，對音聲的感受也錯亂無常，同樣的音聲，有的人聽了後大哭，有的人聽了後大歡。這些不同的情態反應，不正說明「聲音無常」，即不寓含固定的哀樂之情嗎？嵇康認為，音聲之無常，是由於它的「無名」，唯其無名、平淡，才能調和眾味，達到「大和」。他說：「五味萬殊，而大同於美。曲變雖眾，亦大同於和。美有甘，和有樂；然隨曲之情，盡於和域；應美之口，絕於甘境。」從欣賞主體來說，隨著超哀樂的音樂之和「盡於和域」「絕於甘境」；從客體來說，音聲唯其不滯泥於具體哀樂，才能引發各種情感反應。他舉例說：「夫會賓盈堂，酒酣奏琴，或忻然而歡，或慘爾而泣。非進哀於彼，導樂於此也。其音無變於昔，而歡戚並用，斯非吹萬不同耶？夫惟無主於喜怒，無主於哀樂，故歡戚俱

見。若資偏固之音，含一致之聲，其所發明，各當其分，則焉能兼禦群理，總發眾情耶？由是言之，聲音以平和為體，而感物無常；心志以所俟為主，應感而發。」嵇康從「有分」和「無分」的哲理高度，闡明了音聲感人的魅力。王弼在注《老子》時指出：「有聲則有分，有分則不宮而商矣。分則不能統眾，故有聲者非大音也。」嵇康思想與此相同，他指出，音聲如果「資偏固之音」，「各當其分」，「則焉能兼禦群理，總發眾情耶？」嵇康強調，正因為「聲音以平和為體」，所以才能使眾人聽後「歡戚並用」，嵇康的這些音樂觀點，雖然是從本體論推導出來的，但它也暗合音樂的審美特點。音樂與文學藝術和造型藝術相比，在於它的高度抽象性，它的意蘊通過音響、音調和節奏在時間上的流動而體現出來，經過欣賞者的想像而得到發揮。十八世紀的德國哲學家萊布尼茨稱音樂為「心靈的算術練習」[3]，音樂表現情感，但又是高度抽象的自我，需要欣賞者的「第二創造」。就這一點來說，嵇康強調音聲的不確定性是有一定道理的，但他過分主張音樂的本體之「和」，忽略了其中寓含的情感內容，提倡「音聲有自然之和，而無繫於人情」，「和聲無象，哀心有主」，這就走向了極端。實際上，音樂的情感是在審美活動過程中產生的，就其層次結構來說，離不開客觀的要素與主觀的想像體驗相結合。

3.「以大和為至樂」

嵇康說：「以大和為至樂，則榮華不足顧也；以恬淡為至味，則酒色不足欽也。苟得意有餘，俗之所樂皆糞土耳，何足戀哉！」（《答向子期難養生論》）這裡明確地將「大和」作為抗拒榮華富貴的人生追求。嵇康所孜孜探求的「至和」，是他所嚮往的超軼塵俗，與天地周始

3　轉引自《藝術特徵論》，文化藝術出版社1984年版，第210頁。

的人格境界，也是道家音樂精神的體現。在《贈秀才入軍》詩中，嵇康以清新飄逸的神韻寫出了自己陶醉於音樂的至和境界、俯仰自如的情狀：「春木載榮，布葉垂陰，習習穀風，吹我素琴。」「藻汜蘭池，和聲激朗，操縵清商，遊心大象。」這種琴詩自樂的人生境界，具有反對「名教」束縛的人格解放意義。它既有別於當時人拼命追求的榮利之途，也不同於儒家的修身揚名，而是一種逍遙游放的人生美境，是天人相合、身心俱「和」的精神之境。在《答向子期難養生論》中，嵇康明確地提出自己的「和」與儒家思想不同。孔門中人「或修身以明汙，或顯智以驚愚，藉名尚於一世，取準的於天下。又勤誨善誘，聚徒三千，口倦談議，身疲磬折，形若救孺子，視若營四海，神馳於利害之端，心鶩於榮辱之途，俯仰之間，已再撫宇宙之外者。若此之於內視反聽，愛氣尚精，明白四達，而無執無為，遺世坐忘，以室性全真，吾所不能同也。」（《答向子期難養生論》）嵇康認為，孔子的道德，是以「口倦談議，身疲磬折」，神形俱傷、馳逐名物為前提的，根本不能達到「和」的境界。嵇康還指出，有的儒生循規蹈矩，雍容周旋，服膺仁義，也算不得臻於「和」域：「或有行竆曾閔，服膺仁義，動由中和，無甚大之累，便謂仁理已畢，以此自臧，而不盈喜怒，平神氣，而欲卻老延年者，未之聞也。」（《答向子期難養生論》）嵇康明確地將他的「大和」與儒家的「中和」相對照，認為後者只是使人「動由中和」「無甚大累」，歸根結底受禮法的束縛，而他的「大和」，卻是「順天和以自然，以道德為師友；玩陰陽之變化；得長生之永久，任自然而托身，棄天地而不久」，由個體的自由解放，達到與道周始，摒棄俗累的理想人格境界。儘管這種人格在現實中不能實現，但在音樂的「大和」境界中卻得到了昇華。從這一點來說，嵇康音樂美學的最高範疇「和」，反映了魏晉名士的理想人格精神，與劉劭、王弼等人

的論「和」正相契合。這種思想將「和」作為反抗塵俗，實現人格自由的審美境界，從而大大拓展了古典美學「和」的精神境域，是對中國古典美學的重要貢獻。

第三節 「和」與藝術辯證法

魏晉南北朝美學將「和」與人格問題聯繫起來，體現了人的覺醒。與此相適應，文學藝術也體現了自覺的原則，擯棄了外在的政教束縛。這種自覺的重要標誌，就是傳統儒家「中和」範疇所蘊含的對立統一法則，滲入藝術理論之中，成為美學家分析與解決具體問題的藝術辯證法，例如齊梁時代的聲律論、對偶說以及斟酌古今的文質論，都貫穿著這種藝術辯證法因素，而傳統「中和」說的教化論色彩反而被冷落和淡忘，這種狀況反映了六朝美學重視藝術本身審美價值的時代特徵，也是對古典美學「和」範疇在方法論上的發展。

一、斟酌古今的文質論

魏晉南北朝「中和」範疇的辯證方法首先表現在斟酌古今、協調文質的觀念中。魏晉以來，文學擺脫經術的束縛，邁開獨立發展的步伐。它「以情緯文，以文被質」。到了南朝，由於士族審美情趣的頹靡，文壇上出現了競尚新變、文不勝質的創作傾向，對此，裴子野等守舊派深為不滿。裴子野（469-530），梁代史家與文人，他是著名史學家裴松之的曾孫，繼承祖業，擅長史學，撰有《宋略》二十卷，深為沈約所賞歎。《梁書》〈裴子野傳〉稱他「為文典而速，不尚麗靡之詞，其製作多法古，與今文體異」。從篤信儒學、服膺古法的立場出發，裴子野在《雕蟲論》一文中對齊梁時的華豔文風進行了全面否定與批判，痛詆為：「淫文破典，斐爾為功，無被於管弦，非止乎禮義。」與守舊

派相對的則是趨新派，這是當時文壇的主體。趨新派認為文學愈演愈華是必然之勢。西晉葛洪在《抱朴子》〈鈞世〉中就指出：「古者事事醇素，今則莫不雕飾，時移世改，理自然也。」梁代的昭明太子蕭統在《文選序》中強調：「蓋踵其事而增華，變其本而加厲，物既有之，文亦宜然，隨時變改，難可詳悉。」梁元帝蕭繹說：「世代亟改，論文之理非一，時事推移，屬詞之體或異。」（〈內典碑銘集林序〉）梁簡文帝蕭綱在著名的《與湘東王書》中，貶斥裴子野「了無篇什之美」，「質不宜慕」，提出「未聞吟詠情性，反擬《內則》之篇，操筆寫志，更慕《酒誥》之作」，強調今體之文不必追慕古代。新變論者對於破除儒家的教化說和文學向著自覺的方向邁進，起到了促進作用。但齊梁時代，新變論出現過猶不及的勢頭，有的文人一味趨新，放棄傳統，而所謂「新變」又僅僅停留在男女私情，詩文形式的標新立異上，實際上也使這種趨新出現了內在的危機。於是，在美學與文學領域，許多人回過頭來反思新舊古今之爭，提出了斟酌古今、允執其中的觀點。如蕭統在《答湘東王求文集及詩苑英華書》中提出：「夫文典則累野，麗亦傷浮；能麗而不浮，典而不野，文質彬彬，有君子之致。吾嘗欲為之，但恨未逮耳。」代他作集序的劉孝綽也唱和有應：「竊以屬文之體，鮮能周備，長卿徒善，既累為遲；少孺雖疾，俳優而已；子淵淫靡，若女工之蠹；子雲侈靡，異詩人之則；孔璋詞賦，曹植勸其修令；伯喈答贈，摯虞知其頗古；孟堅之頌，尚有似贊之譏；士衡之碑，猶聞類賦之貶。深乎文者，兼而善之，能使典而不野，遠而不放，麗而不淫，約而不儉，獨擅眾美，斯文在斯。」（〈昭明太子集序〉）劉孝綽從總結漢魏以來文人創作經驗教訓的角度著眼，提出「文質並茂、兼善眾美」的主張。傳統儒家的文質論，以政教道德為本，「文」不過屬於形式，文質相副是為了達到禮義適中的目的。而六朝美學家論文質

兼善立足於文學本身，他們將「質」視為作者個體的情志，而非政教道德，「文」是與「質」相副的辭藻之美，文質合一是為了使文學的審美境界達到盡善盡美，這是與先秦兩漢政教中心論的文質觀大異其趣的。

斟酌古今的「中和」方法，也是《文心雕龍》所採取的基本方法之一。《梁書》〈劉勰傳〉說：「（劉）勰《文心雕龍》五十篇，論古今文體。」劉勰在《文心雕龍》〈序志〉中說：「有同乎舊談者，非雷同也，勢自不可異也；有異乎前論者，非苟異也，理自不可同也。同之與異，不屑古今，擘肌分理，惟務折中。」這些話，表明劉勰在古今新舊之爭中是采取折中態度的，但劉勰又不是無原則地調和古今新舊之爭，而是根據必然之「理」「勢」來作為尺度和標準。劉勰首先批評趨新文人的創作淫麗煩濫：「後之作者，采濫忽真，遠棄風雅，近師辭賦，故體情之制日疏，逐文之篇愈盛。」（《文心雕龍》〈情采〉）劉勰認為新變派的創作文采雖麗，但背離聖雅，出現「訛」「濫」「淫」的偏差，為此他提出：「練青濯絳，必歸藍茜：矯訛翻淺，還宗經誥。」（《文心雕龍》〈通變〉）將「徵聖」「宗經」作為矯正時弊的「文之樞紐」，宣導返本歸宗的文學思想。但劉勰與裴子野又有所不同，他之崇尚聖人，是因為聖人的創作情采並重，體現了自然之道。在這方面，他又汲取了玄學的思想方法。劉勰在《文心雕龍》〈原道〉中提出，日月星辰、旁及動植萬品都呈獻出彪炳煥綺的文采，人為「五行之秀，實天地之心。心生而言立，言立而文明，自然之道也」。聖人的偉大，就在於依循「道」來作文，是自然之道的創作楷模，「故知道沿聖以垂文，聖因文而明道，旁通而無滯，日用而不匱」。劉勰指出聖人文章的特點是「銜華而佩實」，「志足而言文，情信而辭巧」。從這一審美標準出發，他既反對新變派的「逐奇而失正」，「遠棄風雅」，也不贊成守舊

派離開文學特徵，把「徵聖」說成對經學義理的圖解，回到兩漢的政教中心論上去。在文質觀上，劉勰主張情采並重，辭理互扶：「夫能設模以位理，擬地以置心，心定而後結音，理正而後摛藻，使文不滅質，博不溺心，正采耀乎朱藍，間色屏於紅紫，乃可謂雕琢其章，彬彬君子焉。」（《文心雕龍》〈情采〉）劉勰以情采並重為內涵的文質論的產生，同他在當時新舊之爭中採取斟酌古今，「惟務折中」的立場有密切關聯。從總體上說來，劉勰是偏向趨新派的。劉勰將古典美學的「和」範疇，靈活辯證地用在對待古今新舊之爭的文學評論領域，從而使《文心雕龍》的理論體系的構建有了堅實的基石。《文心雕龍》寫作的成功，同劉勰「惟務折中」方針的確定有直接關聯。

斟酌古今的「中和」論，也體現在北朝文人顏之推的文學觀中。顏之推是由梁入北的文人。對梁代文風的綺靡深有感受，又洞曉北朝文壇的狀況。北朝是由北方遊牧民族建立起來的王朝，文化上追步南方，雖說民間歌詩剛健豪放，但文人創作卻模仿南人，虛浮華麗。顏之推出身於儒學世家，文學觀念比較守舊，對此深為不滿。他在《顏氏家訓》〈文章〉篇中提出「文章者，原出《五經》」，把各種文體都說成《五經》之流。不過顏之推重質也不輕文，所以他又提出：「文章當以理致為心胸，氣調為筋骨，事義為皮膚，華麗為冠冕。」他用形象的語言，說明了文章的四大要素猶如人身體的組織與冠冕一般，必須互相搭配，缺一不可。從這一點出發，他批評當時文壇狀況：「今世相承，趨末棄本，率多浮豔，辭與理競，辭勝而理伏；事與才爭，事繁而才損。放逸者流宕而忘歸，穿鑿者補綴而不足。時俗如此，安能獨違，但務去泰去甚耳。」顏之推譏刺時俗競尚華豔，離本逐末，為此希望有人出來改革文體。但他的批評又是有分寸的，並不一概否定新變派的創作。他認為古之體度勝於今，而今之文采又勝於古，所以應調

和古今，文質相配。他說：「古人之文，宏材逸氣，體度風格，去今實遠，但緝綴疏樸，未為密緻耳。今世音律諧靡，章句偶對，諱避精詳，賢於往昔多矣。宜以古之體裁為本，今之辭調為末，並須兩存，不可偏棄也。」今之韻律辭采與古之體度宜互相兼融，取長補短，這就是顏之推所推崇的文質觀。

二、「兼解以俱通」

「兼解以俱通」，是《文心雕龍》〈定勢〉中論文章體勢風貌時所說的一句話，意為將對立的文勢加以會通綜合，鑄成和諧的整體之美。這種方法也是魏晉南北朝美學家經常運用的，他們繼承了傳統「中和」範疇「允執其中」的方法，並與藝術創作的實踐結合起來，取得了很大的成就。

六朝美學家將雅與俗、情與采、虛與實、一與多看作相反相成的對立因素，強調這些因素的互相周濟、補充。西晉陸機在《文賦》中提出文章創作對各種因素要加以通盤考慮：「或仰逼於先條，或俯侵於後章，或辭害而理比，或言順而義妨。離之則雙美，合之則兩傷。考殿最於錙銖，定去留於毫芒。苟銓衡之所裁，固應繩其必當。」這段話強調，文章中辭與理的關係，前後照應，必須慎重揣度斟酌。《文賦》末尾談到文章創作常見的「五病」，都是指犯了顧此失彼的毛病，沒有綜合考慮。例如，有的文章「或寄辭於瘁音，徒靡言而弗華。混妍蚩而成體，累良質而為瑕。象下管之偏疾，故雖應而不和」，這是批評有的作品文辭以多求美，雖然紛至遝來，但妍媸混雜，就像下吹管偏急，與升歌相應，但並不和諧。還有的文章則相反。「或遺理以存異，徒尋虛而逐微。言寡情而鮮愛，辭浮漂而不歸。猶弦麼而徽急，故雖和而不悲。」這是批評有的文章片面追求新異，言辭寡情鮮愛，聲雖和而不能打動人。其他所舉的文病，如「悲而不雅」「雅而不豔」也大致

是指這類缺弊。在陸機看來，文章總體和諧之美是至關緊要的，需要作者成竹在胸，全面審慎地加以考慮。齊梁時詩論家鍾嶸《詩品》構築詩歌審美理論體系時，也貫融了「兼解以俱通」的方法論。鍾嶸〈詩品序〉在談到詩歌的審美原則和創作方法時，說過一段綱領性的話：「詩有三義焉：一曰興、二曰比、三曰賦。文已盡而意有餘，興也；因物喻志，比也；直書其事，寓言事物，賦也。宏斯三義，酌而用之，幹之以風力，潤之以丹彩，使味之者無極，聞之者動心，是詩之至也。若專用比、興，患在意深，意深則詞躓；若但用賦體，患在意浮，意浮則文散，嬉成流移，文無止泊，有蕪漫之累矣。」這段話也充滿了詩歌創作的辯證法，強調「和而不同」的創作原則。它主要談了三個問題：一、關於賦、比、興手法的特點及相互配合的問題；二、關於風力與詞采的關係問題；三、關於詩歌的最高審美境界問題。在第一個問題中，鍾嶸對漢儒夾纏不清的賦、比、興「三義」作了創造性的新解。漢儒言「三義」，多從政教角度著眼，把賦、比、興看作是詩人從政教出發從事詩歌創作的三種手法。而鍾嶸卻把賦、比、興看作詩人從事審美創作的手段，消除了其中的政教色彩。他將「興」置於「比」與「賦」之前，改變了傳統的「賦、比、興」次序，並指出：「興」是用來表現詩人的文外之意，是最基本的表現手法；「比」是用物來喻示詩人之志；「賦」是直書其意，寓言寫物。這三種手法各有特點，也有局限，如果偏執一點不顧其他，就會導致弊病產生：「若專用比、興」，往往使詩文意思晦奧，詞氣不暢；「若但用賦體」，則又使文意膚淺，詞句庸贅。所以鍾嶸主張將這「三義」融為一體，互相補充，「宏斯三義，酌而用之」，圍繞詩歌的主題進行創作，達到理想的審美形態，使欣賞者產生回味無窮的美感。

　　在第二個問題中，鍾嶸又談到「風力」與「詞采」的問題。他提

出「幹之以風力，潤之以丹彩」，即「風力」與「詞采」的相結合。「風力」，指充沛朗暢的思想情感；「丹彩」，指華麗的詞采。鍾嶸論詩不滿於僅重「風力」而忽略「詞采」的創作傾向。如他評論建安文人劉楨的創作：「仗氣愛奇，動多振絕，真骨淩霜，高風跨俗，但氣過其文，雕潤恨少。」鍾嶸認為劉楨的五言詩風力遒勁、格調峻潔，將他列為上品，但對他的疏於詞采很是惋惜。曹操詩甚有風骨，但鍾嶸只說「曹公古直，甚有悲涼之句」，將其置於下品，顯然係對其缺乏華采不滿。但鍾嶸對競逐詞采而缺乏風力的作品更是貶斥。〈詩品序〉中專門列舉了拘忌聲病、堆垛典故的創作現象，並痛加貶斥，批評它「使文多拘忌，傷其真美」。鍾嶸認為，只有把賦、比、興「三義」融會貫通，加上風力與詞采的統一，「使味之者無極，聞之者動心，是詩之至也」，這才是詩的最高審美境界。曹植的創作就體現了這種典範，鍾嶸說他：「骨氣奇高，詞采華茂，情兼雅怨，體被文質，粲溢古今，卓爾不群。」而那些有所偏至，不能「兼解以俱通」的創作總是受到鍾嶸毫不客氣的批評。如他批評西晉詩人張華的創作：「巧用文字，多為妍冶。雖名高曩代，而疏亮之士，猶恨其兒女情多，風雲氣少。」「兼解以俱通」的方法可以說是鍾嶸總結前人詩歌創作經驗，構築自己理論體系的腳手架。

劉勰《文心雕龍》論文章體貌風格和創作技巧，也強調兼顧兩頭。他在談到文章宗經必須做到的「六義」時指出：「一則情深而不詭，二則風清而不雜，三則事信而不誕，四則義直而不回，五則體約而不蕪，六則文麗而不淫。」(《文心雕龍》〈宗經〉)劉勰認為，創作過程中追求「情深」而走向「詭譎」；崇尚華麗而變成淫靡等等，這都是犯了「執於一」的弊病，未達圓融之境。劉勰特別針對當時文壇上新舊兩派「東向而望，不見西牆」的偏執態度，提出「兼解以俱通」，即把

各種因素加以綜合平衡，兼收並蓄的方法。比如「為文典而速，不尚麗靡之詞」的裴子野，對華美之詞一概斥之為「淫文破典，斐爾為功」（《雕蟲論》）；崇尚綺靡之文的蕭綱則排斥裴子野的雅正，斥之為「了無篇什之美」「質不宜慕」（《與湘東王書》），劉勰認為這都不符合「中和」的原則。雅與俗、典與華在作家的創作中應該得到有機統一。他說：「淵乎文者，並總群勢。奇正雖反，必兼解以俱通；剛柔雖殊，必隨時而適用。若愛典而惡華，則兼通之理偏，似夏人爭弓矢，執一不可以獨射也。」（《文心雕龍》〈定勢〉）劉勰認為剛柔、奇正和雅俗這些對立的審美範疇應該隨時適用，兼解求通，不能偏執一端而排斥另一端。同時，劉勰又強調，一篇之中，兩種對立的風格應該有機統一，以一種為主，另一種為輔，不然就成了雜湊，使文章風格齟齬不和，他說：「若雅鄭而共篇，則總一之勢離，是楚人鬻矛譽盾，兩難得而俱售也。」文章中雅、鄭兩種風格趣味雜湊一體，會造成《韓非子》中所說的互相矛盾現象，是尤其應該杜絕的。在論具體的創作技巧與手法時，劉勰也十分注重掌握分寸，防止追求一點，走向極端，導致矛盾統一體的破裂。《文心雕龍》〈夸飾〉談到誇飾對文學創作的重要性，同時又點明「誇過其理，則名實兩乖」。如西漢司馬相如、揚雄的賦就有這種弊病。所以劉勰提出：「若能酌《詩》《書》之曠旨，剪揚、馬之甚泰，使誇而有節，飾而不誣，亦可謂之懿也。」劉勰指出，誇飾要有節制，做到誇而有節，若能去掉司馬相如、揚雄賦中的誇而無節、鋪張揚厲的文章風格便可成為大家之作。他在《文心雕龍》〈辨騷〉中談到學習楚辭的文辭藝術時，強調要「酌奇而不失其真，玩華而不墜其實」，也是指的這層意思。這些觀點與方法，都說明劉勰是自覺地運用「中和」的藝術辯證法來處理創作中的各種矛盾。

三、「五色相宣，八音協暢」

　　兩兩相對，和而不雜的「中和」哲學，也融進了魏晉南北朝的形式美領域，尤其是在聲律論中。

　　漢字的單音獨體性，造成了音韻的互相對應、協調節奏的特點。從《詩經》開始，中國古代的文學藝術就注重音韻的節奏和諧之美，不過那時候的音韻美大都被包容在音樂中。後來詩歌脫離音樂，成為專門的語言藝術種類，許多佳句音韻齊美，朗朗上口，但都天機自發，不假人籟，音韻的內在規律還沒有被自覺地加以認識和掌握。魏晉以來，隨著文學形式美的受到重視以及音韻學的發展，人們開始自覺地講究聲韻之美，並用它來指導詩文創作。齊梁聲律論的創始人沈約在《宋書》〈謝靈運傳論〉中總結前人的成就，自覺提出一套旨在求「和」的聲律論。沈約指出：「夫五色相宜，八音協暢，由乎玄黃，各適物宜，欲使宮羽相變，低昂互節，若前有浮聲，則後須切響。一簡之內，音韻盡殊；兩句之中，輕重悉異，妙達此旨，始可言文。」這也就是說，音律之美的奧秘就在兩句之中，不僅每句之間音韻（宮羽、低昂、輕重）錯落有致，和而不同，造成互相對應的音韻節奏效果，而且句與句的上下要音韻不同，所謂「十字之文，顛倒相配」。劉勰《文心雕龍》〈聲律〉談到聲律的要訣是音與音之間的對應：「聲畫妍蚩，寄在吟詠；吟詠滋味，流於字句；字句氣力，窮於和韻。異音相從謂之和，同聲相應謂之韻。」所謂「同聲相應」，就是要求每篇句與句最末要互相押韻，這是「同」的一面；另一方面則要求句中的字與字之間音韻要參差變化，所以「異音相從謂之和」。而「選和」則是較難的。劉勰就說：「韻氣一定，故餘聲易遣；和體抑揚，故遺響難契。屬筆易巧，（而）選和至難；綴文難精，而作韻甚易。」（《文心雕龍》〈聲律〉）關於「選和」的問題，齊梁時代的沈約等人並沒有從正面總結出切實可行的規則，只是從「八病」即八種病犯的角度來探討它。

「八病」的具體內容不在這裡討論了。但它的中心即是沈約説的「一簡之內，音韻盡殊；兩句之中，輕重悉異」，也就是用對立統一的辯證思想來看待音聲的「和」，避免音韻的雷同，創作出錯落有致、「和而不同」的韻律之美。齊梁時的聲律論，為唐詩的形式之美奠定了基礎，而其成就的獲得，與「和而不同」藝術辯證法在聲律論上的運用直接相關，是中國古典美學「和」範疇在藝術美領域內的成就之一。它説明魏晉南北朝美學的「和」，不僅在藝術審美的境界、內容與形式的統一諸方面取得了不凡的成就，而且對中國古代藝術的形式範疇的發展，也做出了重要的貢獻。

第四章

成熟時期（隋唐五代）

　　隋唐時代，是文藝創作繁盛的時代。但哲學領域除佛教哲學外，卻並沒有出現超過魏晉南北朝時代的哲學高潮。作為哲學與文藝學精華的美學，主要沿襲前代的哲學範疇與方法來總結當時的文藝創作經驗，針砭時弊，帶有很大的現實感和實踐性，這是與魏晉南北朝美學偏重從本體論俯瞰總覽的特點不同的。傳統的「中和」美思想，在初唐表現為折中文質的史家美學主張。嗣後，沿著兩條線索，齊頭並進：一條是從陳子昂、李白、杜甫、高仲武，再到白居易的詩論，重視詩文的現實性和政教功能，對傳統的「依違諷諫」和「溫柔敦厚」的「中和」美作了拓展甚至衝擊；另一條是皎然和司空圖的美學路線，注重探討詩歌的審美規律，尤其是晚唐司空圖的美學，依據王弼的玄學本體論，建構了以和諧為美的體系。魏晉南北朝審美範疇的「和」，往往是從哲學中推論出來的，還沒有與藝術實踐完全融為一體，如王弼、嵇康的美學。唐代的「中和」範疇則將哲學與藝術的分析結合起來，

如皎然、司空圖的詩歌美學。從總體上來說，唐代美學的「中和」範疇更趨於成熟。

第一節　初唐史家的折中文質

隋唐文化直接繼承了魏晉南北朝的文化傳統。這兩個大一統帝國的統治者雖是北朝貴族和權臣的後代，但由於北朝晚期統治者沉醉於南方的文化藝術，文風浮豔，質不勝文。及至隋文帝楊堅代周稱帝，開始大刀闊斧地改革文風，普詔天下，要求「公私文翰，並宜實錄」，甚至拿個別「文表華豔」的大臣開刀問罪，以禁淫文，但效果並不大（見《隋書》〈李諤傳〉）。禦史李諤上書隋文帝，從鞏固和維護大一統帝國的需要出發，痛詆各代君王以華文選拔人才、獎掖士人的行為，其指歸同蘇綽一樣，都是主張恢復儒家的政教中心論。隋末大儒王通以復興儒學自居，痛斥六朝文風。他的孫子王勃唱和有應，對魏晉南北朝文學作了全面否定。不過，六朝文化藝術的光彩畢竟是難以抹掉的。初唐時期的一些君臣，表面贊同改革文風，內心卻嗜愛六朝文風，「唐興，詩人承陳、隋風流，浮靡相矜」（《新唐書》卷二〇一）。因此，如何矯正文風，使文學的發展同封建大一統國家的發展協調一致，這是統治者所必須正視的問題。顯然，一味采取蘇綽、王通那樣的偏激態度是無濟於事的，所以傳統的斟酌古今、調和文質的觀點又一次被提出來了，這就是初唐史家的「中和」美學觀。

唐初統治者吸取了隋亡的歷史教訓，非常重視總結歷史經驗。唐太宗接納了令狐德棻關於纂修前朝歷史的建議，指定專人修成《魏書》《周書》《梁書》《北齊書》《陳書》《隋書》等。在這些史書中，對六朝文學的總結以及對文學基本觀點的重新厘定，是一個重要內容，它代

表了唐初統治者的美學思想。這些史書都斥責六朝文學的淫靡，引起亡國之禍，從而提醒人們對淫靡文風為害作用的警覺，鑒古而知今。唐太宗的大臣魏徵在《群書治要序》中，尖銳地指斥六朝文風：「競采浮豔之詞，爭馳迂誕之說，騁末學之博聞，飾雕蟲之小技，流宕亡反，殊途同歸。」這些意見，也被其他史書論六朝文苑及代表作家時經常徵引，並且被許多人述而廣之，不厭其煩。如果說劉勰貶斥當時的淫靡文風，要求「正本歸末，還宗經誥」，立足於對文學藝術審美特徵的考察，那麼，初唐史家的針砭六朝文風，總是將「徵聖」「原道」與為封建統治者服務的目的相統一。魏徵在著名的《隋書》〈文學傳序〉中提出：「文之為用，其大矣哉！上所以敷德教於下，下所以達情志於上，大則經緯天地，作訓垂範，次則風謠歌頌，匡主和民。」令狐德棻在《周書》〈王褒庾信傳論〉中指出文學的作用：「範圍天地，綱紀人倫，窮神知化，稱首於千古，經邦緯俗，藏用於百代，至矣哉！斯固聖人之述作也。」但唐初史家倡言文藝的政教功能又不廢「申紓性靈」，他們繼承了六朝「吟詠情性」的文學觀念，認為治世之音與亂世之音都是通過作者抒寫情性而表現出來的。他們折中文質的觀念也體現在對情采合一的提倡上。令狐德棻批評蘇綽拋棄六朝「緣情」說的復古觀念：「然綽建言務存質樸，遂糠粃魏晉，憲章虞夏。雖屬辭有師古之美，矯枉非適時之用，故莫能常行焉。」進而提出：「原夫文章之作，本乎情性，覃思則變化無方，形言則條流遂廣。雖詩賦與奏議異軫，銘誄與書論殊塗，而撮其指要，舉其大抵，莫若以氣為主，以文傳意。考其殿最，定其區域，摭《六經》百氏之英華，探屈、宋、卿、雲之秘奧，其調也尚遠，其旨也在深，其理也貴當，其辭也欲巧。然後瑩金璧，播芝蘭，文質因其宜，繁約適其變。權衡輕重，斟酌古今，和而能壯，麗而能典，煥乎若五色之成章，紛乎猶八音之繁會。」

（《周書》〈王褒庾信傳論〉）這些觀點，基本上是繼承與發揮了劉勰、顏之推情采合一、文質彬彬的觀點。另一初唐史家李百藥也指出：「然文之所起，情發於中。人有六情，稟五常之秀；情感六氣，順四時之序。其有帝資懸解，天縱多能，摛黼黻於生知，問珪璋於先覺，譬雕雲之自成五色，猶儀鳳之冥會八音，斯固感英靈以特達，非常心所能致也。」（《北齊書》〈文苑傳序〉）這些說法雖然是從劉勰情采論中引申出來的，不過它與唐初統治者的政教需要結合了起來。除了一般地強調文質相副外，初唐史家還主張將北方文風與南方文風結合起來，從地域、民族的融合中達到文質彬彬，進一步繼承與發展了顏之推的南北融合論。南方與北方由於人文地理的差異和文化傳統的不同，在文學的審美趣尚上也各具特點。雖然北朝晚期由於南朝文人文學的浸潤，上層文士的文章也競以華豔為美。但從整個地域和民族特點相交融的文化狀況來看，南北文風確實各有特點。北方尚樸實雄健，南方則風格纖麗，文辭尖新細緻。所以魏徵在《隋書》〈文學傳序〉中提出融合南北、兼取所長的理論：「江左宮商發越，貴於清綺，河朔詞義貞剛，重乎氣質。氣質則理性其詞，清綺則文過其意。理深者便於時用，文華者宜於詠歌。此其南北詞人得失之大較也。若能掇彼清音，簡茲累句，各去所短，合其兩長，則文質斌斌，盡善盡美矣。」魏徵的這一文質論，在當時具有現實針對意義。隋唐時代的統治者出自北朝貴族。其文化體系屬於朔北，隨著南北方的統一，如何在新的帝國基礎上融合南北文化，這是一個非常迫切的課題。當時許多北朝帝王與貴族競學南方文風，為南方文化藝術所傾倒（如唐太宗之於嵇康的樂論、王羲之的書法以及齊梁宮體詩），以至於重文輕質，拋棄了北方文化的長處。魏徵在初唐時代從總結南北文風長短的立場出發，提出兼收並蓄、揚長棄短的主張，這對於屬北朝文化系統的唐初統治者來

說，不乏深刻的啟導作用。

第二節 皎然論「詩之中道」

從中唐開始，唐代知識份子就逐漸採取了兩種不同的人生道路：一條是憂憤時事，拯危救亂；另一條是徜徉田園，寄情山水，在道、釋的仙境中尋求人生解脫。當然，走第二條路的人也並沒有完全放棄儒學，但至少在對待生活的態度與方式上是與前者不同的。這後一派主要有王維、孟浩然等田園詩人，他們的理論代表則是皎然與司空圖。

皎然，生卒年不詳，字清晝，主要活動於唐大曆、貞元年間。皎然是南朝大貴族、大詩人謝靈運的十世孫，家學淵博。雖然南朝貴族在唐時已經完全淪落為尋常之人，所謂「舊時王謝堂前燕，飛入尋常百姓家」，但皎然對他的祖先仍然十分追懷，他所揭櫫的詩歌審美規範，也大多可以尋溯到謝靈運一類詩人的情趣。而且，他同謝靈運的佞佛一樣，由儒入禪，遁入空門。皎然的《詩式》融合儒、道，將詩歌與詩德融為一體，對詩歌的審美風格、審美意興與境象問題，作出了深刻的理論創見。

一、詩教與「中道」

皎然在他今傳的《詩式》《詩議》《詩論》中，雖側重品評古今詩人的創作，樹立正確的審美規範與準則，但都不脫離「詩教」這個綱領。在《詩式》中，皎然談到他對詩的本質的看法：「夫詩者，眾妙之華實，《六經》之菁英，雖非聖功，妙均可聖。彼天地日月，玄化之淵奧，精思一搜，萬象不能藏其巧。其作用也，放意須險，定句須難，雖取由我衷，而得若神表。至如天真挺拔之句，與造化爭衡，可以意冥，難以言狀，非作者不能知也。洎西漢以來，文體四變，將恐風雅

寢泯，輒欲商較以正其源。今從兩漢已降，至於我唐，名篇麗句，凡若干人，命曰《詩式》，使無天機者坐致天機。若君子見之，庶有益於詩教矣。」皎然的這段話，帶有明顯的折中味道。他崇尚「詩教」，提出詩是「眾妙之華實，《六經》之菁英」。所謂詩歌為《六經》精義所在，這是儒家傳統的說法。但皎然又把它與「眾妙之華實」融為一體。「眾妙」一詞，道、釋均有闡說。《老子》第一章就談到「道」為「玄之又玄，眾妙之門」，意為「道」是宇宙與人類社會的精神主宰，它深不可測，宛如神助，所以說它是一切奧妙的樞機。其次，佛教哲學也借用這一術語，如佛經被稱為「妙典」，唐代佛學大師宗密，評述南宗七祖神會的禪學時也說過「知之一字，眾妙之門」，將神秘的佛法作為萬事、萬理的奧秘所在，是一切事物的內在意蘊。

　　皎然把詩歌比作「眾妙之華實」，也就是借用道、釋常說的「眾妙」，來概括與說明詩歌有其特殊之奧秘，「彼天地日月、玄化之淵奧，鬼神之微冥，精思一搜，萬象不能藏其巧」，從創作與鑒賞來說，它有許多非言語所能窮盡的地方，這也就是陸機《文賦》末尾所說「時撫空懷而自惋，吾未識夫開塞之所由」，劉勰《文心雕龍》〈神思〉所說「至於思表纖旨，文外曲致，言所不追，筆固知止」。皎然指明詩歌有其特殊的規律在內，因此，論「詩教」就不能脫離詩歌的具體創作問題。他談到「洎西漢以來，文體四變，將恐風雅寢泯，輒欲商較以正其源」，認為要維持風雅傳統，首先必須探明詩學本質以及規律，「使無天機者坐致天機。若君子見之，庶有益於詩教矣」。這樣一來，「詩教」的內涵不僅僅是「經夫婦，成孝敬，美教化，厚人倫」了，而且包括詩歌的創作規律了。這同陸機《文賦》在闡述藝術構思規律的基礎上倡言「濟文武於將墜，宣風聲於不泯」；劉勰《文心雕龍》〈原道〉篇將聖教與作文之奧秘綜合起來的觀點是十分相近的。

　　由這種思想邏輯出發，皎然在《詩式》中又引出了「詩之中道」。他說：「且夫文章關其本性，識高才劣者，理周而文窒；才多識微者，句佳而味少。是知溺情廢語，則語樸情暗；事語輕情，則情闕語淡。巧拙清濁，有以見賢人之志矣。抵而論屬於至解，其猶空門證性有中道乎？何者？或雖有態而語嫩，雖有力而意薄，雖正而質，雖直而鄙，可以神會，不可言得，此所謂詩家之中道也。」皎然認為詩歌創作有其內在奧秘，而作者的才與識、理與采、情與語又都往往不能兼善，因此，詩道的訣竅是得「中」，這也就是「詩家之中道也」。「中道」一詞與佛家所言「中觀」一樣，都是佛教從性法無邊、圓融無礙的神秘主義立場上，倡言不滯泥於一方，守中居正，超脫塵世，獲得「般若波羅蜜」（無上最高智慧）。這種致「中和」的方法，類似於道家以「至和」調和「眾味」，反對「偏至」「有分」的本體論哲學。皎然雖借用「中道」一詞，但參照《詩式》論詩之「中道」的基本路徑，卻是循依劉勰《文心雕龍》「惟務折中」「A而不B」的傳統美學方法。因為佛家所倡「中觀」「中道」是為了取消客觀事物的具體規定性，達到萬法皆空、返歸本體的空寂境界。皎然《詩式》所標舉的「詩家之中道」，卻是現實的審美規範。他揭示和處理審美過程中存在的矛盾，並不是為了取消其存在的依據，而是使矛盾達到和諧、協調，以臻於「中和」的審美境。皎然強調：「詩工創心，以情為地，以興為經，然後清音放其風律，麗句增其文采，如楊林積翠之下，翹楚幽花，時時開發。」（《文鏡秘府論》引）也屬於傳統的質文相待、情采並茂的審美觀念。

二、「使無天機者坐致天機」

　　皎然認為詩歌之所以成為「眾妙之門」，有無窮無盡的奧秘，就因為它是由眾多的矛盾體組成的。作詩之不易，就在於難以駕馭與處理

這些矛盾，即「可以神會，不可言得」，所以皎然把詩歌的風格、境象、體勢、格調，以及創作構思、鑒賞等方面的要素，構築成相反相成的範疇。注重把握這些對立因素的互相統一、互相轉化的樞機奧秘，並且提倡在這些必然轉化規律中，尋找創作自由，「使無天機者坐致天機。若君子見之，庶有益於詩教矣」。他的分類與「中道」思想，主要有以下幾種：

第一，從思想情感內容上，提倡典雅純正的「中和」之美。在《詩式》〈辨體十九字〉中，他有一些談到思想內容之美的，如謂「貞，放詞正曰貞」「德，詞溫而正曰德」，認為文德所在就是辭藻的溫潤而典正。《詩式》〈詩有四不〉中說：「氣高而不怒，怒則失於風流，力勁而不露，露則傷於斧斤。」《詩式》〈詩有二要〉中提出：「要力全而不苦澀，要氣足而不怒張。」這些都說明皎然的審美規範帶有「溫柔敦厚」詩教的味道，也是對新樂府詩歌運動中所倡的「激切」「質直」創作態度的不滿。

第二，要求在詩歌創作中將對立的因素做到和諧統一。皎然認為，詩歌創作中往往難以將對立的東西統一起來，而高明的詩家就在「兼而求之」，不失偏頗。他在《詩式》〈詩有二廢〉中提出：「雖欲廢巧尚直，而思致不得置；雖欲廢言尚意，而典麗不得移。」「巧」與「直」，「意」與「采」，是對立的一對範疇，許多人往往顧此失彼，廢巧尚直，廢采尚意，遂變成率性所為，膚淺流宕。如清代袁枚倡應獨抒性靈，其末流就走向了草率陋薄。唐宋古文運動中的許多人吟玩辭巧，重道尚意，但往往忘記了典麗，流於險怪。所以皎然認為詩歌創作應該兼顧兩頭，防止從一個極端走到另一個極端。在《詩式》〈詩有四離〉中，皎然還指出：「雖有道情，而離深僻；雖用經史，而離書生；雖尚高逸，而離迂遠；雖欲飛動，而離輕浮。」皎然在文中揭示的

詩歌創作中經常出現的這些不好處理的難題也是魏晉南北朝詩學與美學中經常涉及的。例如齊梁詩人主張「吟詠情性」，但內容由於文人情思的頹靡，往往走入閨闈之思的天地，如徐陵《玉台新詠序》所倡言的豔情。詩文中用典本是必要的修辭手法，但一些人炫耀學問，積習成弊，就如鍾嶸《詩品》所抨擊的，「殆同書鈔」了。南朝山水詩崇尚高逸，但一味追求奇譎深遠，到後來卻變得不食人間煙火。蕭子顯《南齊書》〈文學傳論〉就指責這一派詩人：「啟心閑繹，託辭華曠，雖存巧綺，終致迂回……酷不入情。」所以皎然用「中道」將類似的矛盾統一起來，提倡要善於將詩中對立的因素統一起來，可謂是總結了前人詩作的得失利弊，不失為一種真知灼見。皎然不僅從被動的角度提醒人們不要顧此失彼，而且還主動號召詩人去追求相反相成的審美效果。在《詩式》〈詩有六至〉中，皎然宣導「至險而不僻，至奇而不差，至麗而自然，至高而無跡，至近而意遠，至放而不迂」，在尋求自己所崇尚的審美風範時，又不失之於偏頗。在唐代，這樣的詩人也不乏其有，如李白的詩境往往以險奇奔放為美，但是又不流於深僻譎怪，相比之下，李賀、盧仝等就差強人意了。杜甫詩的語言風格典麗清新，聲律嚴整而又不失之自然流暢。皎然指出的這一點，儘管對於許多人來說很難做到，非大家不行，但皎然把它作為一種審美理想來提倡，其意義還是積極向上的。

第三，皎然《詩式》中還提出了這樣一個有意思的觀點，即詩歌創作中要善於把握好對立事物的「度」。事物的統一是有條件的，它表現為一定的「度」。《周易》中提出「無平不陂，無往不復」，如果超過了這個「度」，就會走向自己的反面，破壞原有的平衡。因此，把握好「度」，是達到「中和」的關鍵之一，詩歌創作中同樣體現了這樣一個原則。皎然提出詩歌創作中的「至險而不僻」「至高而無跡」等「六

至」，所以很難做到，原因在於作者往往把握不准這個「度」，容易出現以假亂真、惑憫不明的情況。皎然為此提出「詩有六迷」，這個「六迷」，就是將疑似之跡當作了真實，從而導致審美趣味的混亂，比如「以虛誕而為高古，以緩慢而為沖澹，以錯用意而為獨善，以詭怪而為新奇，以爛熟而為隱約，以氣少力弱而為容易」，諸如此類，說明詩人創作中自身的功力與判斷力是至關重要的。如何糾正這種傾向呢？皎然反復強調「A而不B」的詩學思想，就是要以「不B」來濟「A」，使「A」不至於突破一定的「度」，變成「B」，例如：「力勁而不露，露則傷於斤斧；情多而不暗，暗則陟於拙鈍。」也就是說，力勁並不等於直露，露則出現斤鑿痕跡，破壞天然之美。從積極的方面來說，兩個事物看來是對立不相容的，但只要掌握好轉變的「度」，造成轉變的條件，就可以達到新的統一，從而出新奇於法度之中。例如，皎然論無跡與苦思、神思與積累的相反相成的觀點就說明了這一點。表面看上去，無跡與苦思、靈感與「先積精思」無關，但只要掌握好一定的條件，事物就會向新的方向轉化，二者達到新的和諧統一。在《詩式》中，皎然批駁了某些人將自然與苦思、靈感與精思對立起來的觀點：「又云：不要苦思，苦思則喪自然之質，此亦不然。夫不入虎穴，焉得虎子。取境之時，須至難至險，始見奇句。成篇之後，觀其氣貌，有似等閒，不思而得，此高手也。有時意靜神王，佳句縱橫，若不可遏，宛如神助。不然，蓋由先積精思，因神王而得乎？」皎然在這裡論述了靈感與苦思的辯證關係，他認為，苦思與自然感興不僅不矛盾，而且可以互相轉變，詩歌中自然之境的獲取，須經過「至難至險」的探求；靈感的爆發，須「先積精思」。這些都是事物轉化的必要條件。當條件成熟，突破原來的「度」，就出現了新的創作景況，或「佳句縱橫，若不可遏」；或意態閒雅，自然無跡。新的和諧的組成，是由

於原先的矛盾體的破壞。總之，皎然《詩式》的「中道」說，貫穿著藝術辯證法的因素，是對劉勰等人「惟務折中」「兼解以俱通」美學思想的發展。也標誌著唐代「中和」詩學的成熟。

第三節　司空圖的「飲之太和」

皎然沿用儒家「中道」思想來建立他的美學體系。司空圖則用「道體無名、性與天合」的道家思想構築自己的詩學體系，其主旨是以「和」為美，並創建了以淡遠和諧為美的詩學觀，影響到唐代之後的整個封建社會的詩學理論的發展。

司空圖（837-908），字表聖，虞鄉（今山西虞鄉縣）人，僖宗時，官至中書舍人。司空圖早年篤志儒學，積極進取，後因朝政昏暗，世道巫革，於是採取退隱保身的生活態度。他既不願與黃巢農民起義軍合作，又不肯應辟入朝。黃巢起義後，司空圖隱居中條山王官穀，自號知非子、耐辱居士。司空圖與魏晉名士嵇康、阮籍一樣，在亂世中並未真的做到內心平靜。在隱居生活中，他將自己的憂愁煩悶寄寓在吟詩賞花中，自稱「此身閑得易為家，業是吟詩與看花」（《閑夜二首》之二），在詩境中尋求內心的寧靜、精神的超軼，「詩中有慮猶須戒，莫向詩中著不平」（《白菊三首》之二）。《二十四詩品》中所展現的「沖和」「淡遠」的圖景，正是司空圖心靈世界的物件化。《二十四詩品》分為二十四種風格或境界，同時又受統一的美學思想支配，呈現出和諧齊整之美，它可以分成從主體、客體以及主客體相合三個方面來考察。

一、「大用外腓，真體內充」

作為被審美主體用來觀照審視的客體物件（包括自然界、社會人

事和精神現象），它的存在依據是什麼？它的真實性何在？這是司空圖美學著意的問題。如同處於動盪之中的魏晉名士用超時空的「道」「無」作為人格的本體一樣，司空圖也把理想人格的觀念「太和」「大用」「道」作為宇宙萬物的精神實體。《二十四詩品》的首品〈雄渾〉與最後一品〈流動〉中的思想最為明顯地點明瞭司空圖的宇宙本體觀念：「大用外腓，真體內充。返虛入渾，積健為雄。具備萬物，橫絕太空。荒荒油雲，寥寥長風。超以象外，得其環中。持之匪強，來之無窮。」（《詩品》〈雄渾〉）「若納水 ，如轉丸珠。夫豈可道，假體如愚。荒荒坤軸，悠悠天樞。載要其端，載聞其符。超超神明，返返冥無。來往千載，是之謂乎？」這些話用詩的語言寫成，晦澀玄妙，不過細玩其味，個中思路還是比較清晰的，關鍵對玄學理論要有所瞭解。所謂「大用外腓，真體內充」是司空圖詩歌美學的基本命題與論述方法，講的是體與用、本與末、有與無的關係。「大用外腓」，指的是宇宙間充滿著各種事物的形態與變化；「真體內充」，是說萬事萬物的本體都是由「道」產生的，它是唯一真實的存在。這種思想顯然是從玄學「有生於無」的哲學引發而來的。司空圖認為，「荒荒油雲，寥寥長風」之類的雄渾之美，必須由「真體」才能獲取，這就是「返虛入渾，積健為雄」。「虛」「渾」，用道家的術語來說，亦即「道」。司空圖提出，只有超越具體物象，方能得其「環中」。「環中」也就是以虛無恬淡為特徵的「道」，它源源不斷地衍化出各種事物。〈流動〉一品云：「荒荒坤軸，悠悠天樞。載要其端，載聞其符。超超神明，返返冥無。」其中的「天樞」「坤軸」，也是指「道」，由寂然不變的「道」造成了萬事萬物的變化與美。這也就是魏晉玄學家王弼所說：「萬物萬形，其歸一也。何由致一，由於無也，由無乃一，一可謂無。」（《老子注》〈四十二章〉）「凡有起於虛，動起於靜，故萬物雖並動作，卒複歸於虛靜，是物之極篤也。」

（《老子注》〈十六章〉）玄學崇「無」並不否棄「有」，而是以「有」明「無」，以「用」觀「體」。司空圖受玄學影響，把萬物之美歸於「無」，歸於「靜」，同時又認為它通過感性形態呈現出來，所以他在《詩品》中對這種蘊含真意的現實美作了細緻地刻畫：「水流花開，清露未晞」「玉壺買春，賞雨茆屋」「天風海浪，海山蒼蒼」「蕭蕭落葉，漏雨蒼苔」，它們或淡雅，或雄渾，或清麗，或蒼勁，以其自身感性形態的美，展現了內在理念（「道」）的美妙。司空圖在標明每一品題目的下面用具象化的圖像來闡釋諸如「自然」「縝密」「豪放」「飄逸」等抽象的審美觀念，也正說明他採用了抽象與具體、「大象」（道）與「四象」（萬事萬物）相結合的方法。

二、「飲真茹強，蓄素守中」

司空圖在《二十四詩品》中提出，審美客體是以「道」作為宗統、本體的，「超以象外，得其環中」，主體如何契合客體，捕捉與表現客體中所蘊含的意境之美呢？司空圖強調客體之「道」，必須以純靜素樸的心態求得。他在「沖淡」一品中提出：「素處以默，妙機其微。飲之太和，獨鶴於飛。」郭紹虞先生注解云：「平居澹素，以默為守，涵養既深，天機自會，故云妙機其微。」（《詩品集解》）《老子》〈十九章〉提出：「見素抱樸，少私寡欲。」《莊子》〈馬蹄〉也說：「同乎無知，其德不離；同乎無欲，是謂素樸。素樸而民性得矣。」王弼更是倡言：「故見素抱樸以絕聖智，寡私欲以棄巧利，皆崇本息末之謂也。」（《老子指略》）從老莊到玄學都強調，素樸之心的獲得，必須以摒除智慧和巧利為前提，這是一種超脫物態的審美自由的心境。司空圖在「高古」一品中又云：「虛佇神素，脫然畦封。」郭紹虞先生云：「言超離於疆界之外，謂不能以世俗禮教繩也。虛佇神素，自能渾然無跡矣。」（《詩品集解》）也就是說，以素樸為審美心態的內在規定性，實際上也就是

主體超越偏至，持「中道」的態度，所以司空圖在「勁健」一品中又說：「飲真茹強，蓄素守中。」「守中」一詞也是從老莊到玄學中引發而來的。《老子》〈五章〉云：「天地之間，其猶橐籥乎？虛而不屈，動而愈出。多言數窮，不如守中。」王弼注云：「橐籥而守中，則無窮盡。棄己任物則莫不理。若橐籥有意於為聲也，則不足以共吹者之求也。」橐籥（俗稱「風箱」）空虛而「守中」，故能成就事情。主體要想叩合大道，也必須以「虛澹守中」為德。莊子有云：「且夫乘物以遊心，托不得已而養中，至矣。」（《莊子》〈養生主〉）「守中」「養中」，都是指主體持純淨無瑕的態度，這是審美觀照的基本前提。叔本華指出：「假如一個人憑心的力量在超越自身，從而脫離觀看事物的尋常方式，擺脫充足理由律的控制，不再去尋求事物間的因果關係（這種尋求的目的，最終仍然是為意欲服務的）……使自我消溶在這些事物之中，忘記自己的個性和意欲，這時，『自我』就會作為一種純粹的主體而生活著，成為對象的明鏡。」[1]司空圖強調素樸之心是為了性與天和，主體沉浸於客體之中，在「道」的無差別境界中得到統一。這種主客體相合的過程是一種自然而然、非有所待的過程。

　　在《二十四詩品》的〈自然〉一品中，司空圖勾畫了這麼一幅圖景：「俯拾即是，不取諸鄰。俱道適往，著手成春。如逢花開，如瞻歲新。真與不奪，強得易貧。幽人空山，過雨采蘋。薄言情悟，悠悠天鈞。」這是對於「自然」逸境的形象闡釋。詩中描寫了一位高士悠閒自得，率性而為，無所待求的品格。通品強調以素樸之心與大自然的妙契，「真與不奪，強得易貧」，意為詩之妙境欲強求之反喪自然。關於「天鈞」，《莊子》〈齊物論〉云：「是以聖人和之以是非而休乎天鈞。」

1　轉引自滕守堯：《審美心理描述》，中國社會科學出版社1985年版，第23-24頁。

郭紹虞先生釋云：「言任天而動，若泥在鈞，惟甄者所為也。」（《詩品集解》）又釋〈自然〉一品的最後四句云：「如幽人之居空山，不以人欲滅其天機。則反（返）於自然。如雨後之采蘋草，偶爾相值，行所無事，則出諸自然。」（《詩品集解》）這種自然相合，又表現為率性而動，《二十四詩品》中的〈疏野〉〈實境〉都突出這一點。如〈疏野〉一品描寫道：「惟性所宅，真取弗羈。控物自富，與率為期。築室松下，脫帽看詩。但知且暮，不辨何時。倘然適意，豈必有為。若其天放，如是得之。」這裡強調「惟性所宅」「與率為期」，都是指「隨其性之所安，言自在也」。這種心態有時也被人們用「興會」「感興」來表示，指對生活採取的一種偶然起興的審美活動，屬於性與天合的心態。〈實境〉一品對此說得更為形象與明白：「取語甚直，計思匪深。忽逢幽人，如見道心。清澗之曲，碧松之陰。一客荷樵，一客聽琴。情性所至，妙不自尋。遇之自天，泠然希音。」「希音」出自《老子》「聽之不聞名曰希」與「大音希聲」，指不可目見，不可耳聞的精神實體。司空圖認為，主體得道，必須是以素樸之心任其天放。郭紹虞先生指出：「清澗二句就境寫境，充實有其境，一客二句，就人寫境，言實有其事：然均含有一片天機。所以說：『情性所至，妙不自尋』，言情性所至，見得無非是實，言『妙不自尋』，又見得是妙境獨造，非出自尋：正所謂『遇之自天』也。正因為遇之自天，偶然得之，所以成為『泠然希音』。」（《詩品集解》）郭先生闡明了司空圖所崇尚的是一種自然興發的審美態度。司空圖強調主客體的自然契合，是對皎然《詩式》思想的發展。皎然雖倡自然，但又主張「取境之時，須至難至險，始見奇句」。皎然在《詩評》中又云：「或曰：詩不要苦思，苦思則喪于天真。此甚不然。固當繹慮於險中，采奇於象外，狀飛動之趣，寫真奧之思。夫希世之珍，必出驪龍之頷，況通幽名變之文哉！」司空

圖則把素樸無待、自然天放作為取境的前提。這就更為深刻地揭示出了審美是一種非功利的自由自覺的活動。

三、「思與境偕」

從美學上來說，當客體進入主體自由無待的審美視野，為主體所關注、感受時，主客體也就達到了和諧與統一。物我兩忘的審美境像於是就誕生了。這一過程，司空圖把它稱為「思與境偕」。他在《與王駕評詩書》中說：「河汾蟠鬱之氣，宜繼有人。今王生者寓居其間，浸漬益久，五言所得，長於思與境偕，乃詩家之所尚者。」司空圖把「思與境偕」視為詩家的審美理想，這也是《二十四詩品》中所追求的詩歌意境。這種物我一體審美境界的形成，如前所述，從主體（亦即「思」）來說，須素樸無欲，自由天放。從客體（境）來說，則須為主體所觀照、審視。「思」與「境」能否實現和諧，關鍵就在於此。「思與境偕」，是主客體關係所達到的理想狀況，而不是所有的審美觀照都能達到這種效果的。只有當人們以素樸之心會合恬淡自然的景色時，才能進入這種境域，它在審美形態上呈現為「優美」，司空圖《二十四詩品》最為推崇的就是這種美。《二十四詩品》中〈沖淡〉〈沉著〉〈高古〉〈典雅〉〈洗煉〉〈自然〉〈含蓄〉〈疏野〉〈清奇〉〈實境〉〈超詣〉〈飄逸〉等品格大多屬於這種優美形態。他用歎美的筆觸描寫了這種情景：「築室松下，脫帽看詩。但知且暮，不辨何時」（〈疏野〉），「清澗之曲，碧松之陰，一客荷樵，一客聽琴」（〈實境〉），「晴雪滿汀，隔溪漁舟」（〈清奇〉），「空潭瀉春，古鏡照神」（〈洗煉〉），在這一幅幅遠離人間喧囂的寧謐圖景中，主體完全消融，進入客體之中，呈現為物我兩忘的「至一」「太和」之境，這就是「思與境偕」。《二十四詩品》揭示的另一類美是思溢於境，主體以強烈的情感擁抱客體，使客體主體化、物件化，它在美的形態上表現為壯美。司空圖《二十四詩品》

中的〈曠達〉〈悲慨〉就屬於這種美。「生者百歲，相去幾何？歡樂苦短，憂愁實多。何如尊酒，日往煙蘿。花覆茆簷，疏雨相過。倒酒既盡，杖藜行歌。孰不有古，南山峨峨。」（〈曠達〉）當人憂憤深廣，情往會悲時，煙蘿、茆簷、疏雨、南山都染上了作者濃重的主觀情感。「大風卷水，林木為摧。適苦欲死，招憩不來。百歲如流，富貴冷灰。大道日喪，若為雄才。壯士拂劍，浩然彌哀。蕭蕭落葉，漏雨蒼苔。」（〈悲慨〉）這更是一種悲壯之美，試看：大風卷水，林木為摧，這些狂暴驚險的景象不正是「壯士拂劍，浩然彌哀」悲憤情懷的對象化嗎？而「蕭蕭落葉，漏雨蒼苔」則映襯出了烈士的淒壯心境。這裡的一景一物都不是獨立存在的物態，而是情感化了。司空圖所揭櫫的這兩種審美形態，也就是後來王國維《人間詞話》所說的「無我之境」與「有我之境」。而司空圖最為推崇的，毫無疑問屬於性與天合、「思與境偕」的優美之景。

　　司空圖的這些思想，對「和」範疇中所蘊含的心的虛靜、主客體的相合以創造物我無際的和諧境界問題，依據道家和玄學思想，融合自己深湛的詩學修養，進行了獨特的論述，作出了卓越的理論創見，並影響到唐代之後的美學。

第五章

轉折時期（宋代）

　　宋代是中國封建社會由盛轉衰的初期階段。宋初統治者為避免晚唐五代以來藩鎮割據、尾大不掉的局面重新出現，採取了重文輕武的治國方針，因此，文化事業空前繁盛，士人地位日益提高。但這種政策同時也造成了武備鬆弛、積弱積貧的狀況。為維護業已衰頹的封建專制統治，宋代理學應運而生，這種學說宣導心性之學，將封建道德從外在的教條論證為宇宙本體，融合了道家的天道自然觀與儒家的社會之事之道，它進一步從思想上加強了對人民的禁錮。在美學領域，理學家將「理」「太極」說成宇宙與道德的最高範疇，也是至中的審美境界，主張除去人欲，與理合一。審美範疇「和」中的保守、落後的因素，被理學家發展到了極致。當然，事物都是相反相成的，宋代的各種危機，也促成有識見的思想家與文學家對於天通人事展開新的反思。這種思潮激發了以蘇軾為代表的文學家追求情性自由、推崇自然沖和之美的熱情，他們繼承與發展了司空圖的美學觀，以和諧淡遠為

美，代表了時代的審美心理，逐漸成為審美時尚，並影響到整個封建社會後期的美學思想。此外，宋代的詩文革新運動中的政教論者，以恢復儒家「溫柔敦厚」詩教來糾正時弊，詩教得到重新弘揚。總之，宋代美學具有轉折的意義，傳統儒家「中和」範疇被理學推上了浪峰，同時也在蘇軾等人的衝擊下開始跌入波谷。

第一節　幽淡和諧的社會審美理想

中國古典美學的「和」範疇，從唐代中期至兩宋，發生了重大的轉折，這就是在作為美的境界、風範和格調方面，從偏重剛健雄壯的美轉向和諧幽淡的美。有宋一代，雖不乏鐵馬金戈的蘇軾、辛棄疾的詞和陸遊等人的詩。但藝術與美學總的格局是偏嗜雅淡沖和的意境，司空圖與嚴羽、蘇軾的美學終於連成了一條明晰的線索。

先秦的《易傳》吸取了儒、道二家各重陽剛與陰柔之美的思想，提出了「一陰一陽之謂道」「剛柔發散，變動相和」的理論。自先秦至唐代中期，中國古典美學的「和」在意境方面，基本上以陽剛之美佔據主要地位，而輔之以陰柔之美。兩漢的文學藝術以氣勢、古拙和動態為美，溢發著陽剛之氣。漢末《古詩十九首》「文溫以麗，意悲而遠」，以淒婉豔麗為美，但稍後的建安文學慷慨仗氣，充滿壯健遒勁的力度之美。西晉之後，文學漸趨柔靡，淡乎寡味、托意玄珠的道、釋詩彌漫詩壇，南朝的山水詩和宮體詩，或寄意玄奧，或情思跌宕，但美學上卻產生了劉勰的「風骨」說和鍾嶸的「風力」說，他們以「風清骨峻，篇體光華」「幹之以風力，潤之以丹彩」作為文學創作的審美規範，對唐代的美學產生了重要的影響。唐代初期、中期的陳子昂、殷璠和李白等人，追求詩歌的興象風神、骨氣詞采；畫論、書論也標

舉神韻氣力；元結、白居易等人的「規諷」詩學，激切慷慨，衝破了「溫柔敦厚」的審美模式；韓愈、柳宗元等人的古文理論，以道統為依據，推重雄奇險怪的風格。唯皎然、王維和司空圖的創作與美學，以道家的沖和淡遠作為理論的宗旨，在當時自成一家，並澤及後世，但從整個時代來說，並沒有風靡社會審美領域，成為占統治地位的審美理想。到了唐代中期之後，這種審美理想才逐漸佔據上風，為整個社會所接受，從而標誌著審美範疇「和」的歷史地位的轉變。

　　這種轉變的深層原因肇自唐代中期以來審美主體心態、社會文化觀念的整個轉換。它又是與封建社會由盛轉衰的歷史地位的變化相關的。中國古代的封建社會，發展到了中唐之後，內部結構逐漸變化。與魏晉六朝的門閥士族左右皇權、壓制寒族的社會狀況相比，隋唐以來的大一統封建帝國建立了科舉制，吸收地主階級文人進入上層統治集團，宋代科舉制度更加趨於平民化，人數更多，所受殊榮遠甚於隋唐。皇權統治不再是如六朝時代那樣，僅是幾個士族集團的代理人，而是整個世俗地主階級及其知識分子的代表，像左思、鮑照那樣對不可逾越的門閥制度的憤怒詛咒在唐宋時期絕少聽到，類似六朝士族對皇權反覆運算純以家族利益為轉移，「殉國之感無因，保家之念宜切」的狀況也不復存在。唐宋士人的利益已與封建皇權統治凝結成一體，因而他們對社稷、社會有執著的責任感與憂患意識，即使是歷經滄桑、貌似勘破紅塵，但骨子裡仍然擺脫不了這種深層的意念。司空圖、蘇軾等人的雙重人格充分體現了這一點。由於宋代是一個積弱積貧的封建王朝，各種社會矛盾異常激烈與尖銳，許多文人躋身政治鬥爭行列，卻遭受殘酷的迫害與打擊，內心倍感苦悶悲涼，老莊的人生理想與審美理想也就滲入心靈世界，對天道人事展開深邃的思索。宋代知識分子在鐵馬金戈、建功立業上遠不及唐人，但是在思辨領域，

卻又是唐代文人所不及的。宋人自詡：「本朝百事不及唐，然人物議論遠過之。」（《陸九淵集》卷三十四引王順伯語）這一方面是由於中國封建社會至宋代已經留下了足供思考的歷史興廢、人物思想，另一方面是宋代的憂患以及文人自身的經歷所使然。蘇軾在《送參寥師》中這樣寫道：「退之論草書，萬事未嘗屏。憂愁不平氣，一寓筆所騁。頗怪浮屠人，視身如丘井。頹然寄淡泊，誰與發豪猛？細思乃不然，真巧非幻影。欲令詩語妙，無厭空且靜。靜故了群動，空故納萬境。閱世走人間，觀身臥雲嶺。鹹酸雜眾好，中有至味永。」蘇軾這首詩點明，他之所以執冷靜的創作與思考態度，是為了窮究萬物之理，探尋宇宙真諦。同時，我們也可以看出，宋人不取韓愈作品的雄奇怪譎之美，是因為它無助於冷靜地閱世悟道，他們以和諧淡遠的意蘊為美，是從對待生活的態度以及對天道人事的思考中引發出來的。

這種審美心理又受整個社會時尚與思潮影響。中國古代的科學技術至宋代已很發達，對萬物的尋求已經從感性進入到理性認識的階段，對政治、社會文化、哲學、藝術的探討尚理而不滿足於一般的現象描述是一種普遍的風氣。這是繼魏晉玄學本體論之後的又一次理性精神的弘揚。而宋人崇尚的「理」，更多地受道家自然無為的「道」的影響。蘇軾等人不必說，即使是理學家也多執這種看法。如程頤說：「沖漠無聯，萬象森然已具，未應不是先，已應不是後，如百尺之木，自根本至枝葉，皆是一貫。」（《語錄》卷十五）朱熹說：「若理則只是個淨潔空闊的世界，無形跡，他卻不會造作。」（《朱子語類》卷一）宋代理學家主張理是萬物的本體，宇宙的法則，它是淡泊沖和，無為無造的，人的主體要與「理」為一，則必須心境平和，以靜為思。這種風氣也浸染了審美創造的領域。南宋王柏曰：「『文以氣為主』，古有是言也。『文以理為主』，近世儒者嘗言之。」（《魯齋王文憲公文集》

〈題碧霞山人王公文集序〉）王柏說出了宋代文人的審美心態與漢魏六朝以來文人有「氣」的心態大不相同。以理為文自然產生了許多流弊，但由於理是自然沖和之道，因而這種觀念推動了以淡遠和諧為美的時尚的形成。所以儘管宋代蘇軾、梅堯臣等人的美學與理學家的美學尖銳對立，但在推崇沖和淡遠的審美理想上卻是有一致之處的。宋代的藝術，如山水、花鳥畫也呈現出這種特點，畫家的題材多為古寺蕭條、林壑深邃、寒江獨釣、風雨歸舟、秋江暝泊和野渡橫舟一類，在幽淡和諧的畫面上，配以負薪的樵夫、泛舟的漁父，傳達出含不盡之意的境界。陶淵明沖和雅遠的詩歌風格成為眾所推賞的逸品，美學議論的重點，已從一般的討論情物、構思和風格到境界問題上，蘇軾的「和諧」說、嚴羽《滄浪詩話》的「興趣說」就是理論代表。審美範疇「和」在境界問題上，與六朝、唐代相比，取得了新的發展。

　　早在北宋時期，詩文革新的領袖人物歐陽修就標舉沖和淡遠之美。他在欣賞繪畫時提出：「蕭條淡泊，此難畫之意。畫者得之，覽者未必識也。故飛走遲速，意淺之物易見；而閑和平靜，趣遠之心難形。若乃高下向背，遠近重複，此畫工之藝爾，非精鑒者之事也。」（《鑒畫》）司空圖曾在《與李生論詩書》中說：「近而不浮，遠而不盡，然後乃可以言韻外之致耳。」歐陽修論畫之旨，與司空圖的思想正相契合。他從鑒賞的角度提出：畫是由形與神所組成的，高下向背、遠近重複這些具體的構圖設色與筆墨之工是有形的、易見的，而畫外「蕭條淡泊」「閑和嚴靜」的韻致，卻是難以巧為，也難以為鑒賞者所識的。與歐陽修同時的詩人梅堯臣，在詩歌領域中，大力宣導沖和淡雅之美。他說：「詩本道性情，不須大厥聲。方聞理平淡，昏曉在淵明。」（《答中道小疾兄寄》）詩雖言志道情，但須以平淡為美，陶淵明的創作堪為楷模。他稱讚當時著名的隱逸詩人林逋：「其順物玩情，為

之詩則平淡邃美，讀之令人忘百事也。其辭至乎靜正，不主乎刺譏，然後知趣尚博遠，寄適於詩爾。」（《林和靖先生詩集序》）這與司空圖「詩中有慮猶須戒，莫向詩中著不平」的詩學觀相一致。他提出「作詩無古今，惟造平淡難」（《讀邵不疑學士詩》），並不僅僅是說文辭的問題，而是強調達到平和閒靜的境界是難以巧為的，因為它是極煉如不煉的結果。

北宋大文豪蘇軾總結了前人之說，將平淡閑和上升到道家哲學的高度來論證。他說：「欲令詩語妙，無厭空且靜，靜故了群動，空故納萬境。閱世走人間，觀身臥雲嶺，鹹酸雜眾好，中有至味永。」（《送參寥師》）詩境的空靜閑和，是容納萬境的前提，猶如鹹酸眾味，必有「至味」為其「味外之旨」，這是以「無」統「有」、以「至和」調協眾物的審美追求。王弼曾經說過：「無狀無象，無聲無響，故能無所不通，無所不往。」（《老子注》）嵇康也指出：「夫惟無主於喜怒，無主於哀樂，故歡戚俱見。」（《聲無哀樂論》）蘇軾繼承了他們的學說，並運用到詩歌繪畫美學領域，他強調詩歌達到清空閒和、淡泊自然，才能使人經過鑒賞，產生無窮的想像，品嚼出「象外之象」「景外之景」。蘇軾為此盛讚魏晉間鍾（繇）、王（羲之）書跡「蕭散簡遠，妙在筆劃之外」，並稱道司空圖的詩歌美學趣尚高遠深刻。他說：「唐末司空圖崎嶇兵亂之間，而詩文高雅，猶有承平之遺風。其論詩曰：『梅止於酸，鹽止於鹹，飲食不可無鹽梅，而其美常在鹹酸之外。』蓋自列其詩之有得於文字之表者二十四韻，恨當時不識其妙，予三復其言而悲之。」（《書黃子思詩集後》）從這裡可以看出，司空圖的美學對蘇軾產生了直接的影響。

沖和之美看似平淡無奇，率爾造作，但卻蓄含著深遠的韻致。宋代論平和之美，強調它是對立統一所造成的美。這又是宋代文人論「以

和為美」的另一個重要觀點。蘇軾稱讚韋應物、柳宗元的創作「發纖濃於簡古，寄至味於澹泊，非餘子所及也」（《書黃子思詩集後》）。「纖濃」與「簡古」「至味」與「澹泊」看上去是對立的，但二者卻是互相包含、相反相成的。蘇軾的這番話顯然是從自己的人生磨難中體味出來的，非老於世故不能發。大凡人之初涉塵世，易發感慨，滯泥於「有」，在創作上也喜歡「風水相逢」、自然興文。但涉世既久，興發已多，漸趨於超脫冷靜，追求韻味沉厚的美。如蘇軾所說：「大凡為文當使氣象嶙峋，五色絢爛，漸老漸熟，乃造平淡。」（引自《歷代詩話》〈竹坡詩話〉）比如梅堯臣早年篤信儒學，有志濟世，創作上提倡「因事有所激，因物興以通」（《答三韓見贈述詩》），力主詩歌的美刺興寄，晚年歷盡滄桑，感慨遂深，審美上也趨好閑和沖靜。他自稱「唯師獨慕陶彭澤，奇跡仍收王會稽」（《答新長老詩編》），「今又獲嘉辭，至味非鹹酸」（《依韻和王平甫見寄》），其實這種平和之美恰恰是他早年的「纖濃」熱烈所沉積凝就的，寓含著深沉的人生體驗。同樣，蘇軾一再推崇簡遠蕭散的和諧之美，也出自他那吞吐宇宙的人生寄慨。蘇軾的一些詞句，為人所稱道，往往是在超然沖靜中透溢著極為沉峻的感慨，有撼人心魄的悲劇意蘊。如「人生到處知何似，應似飛鴻踏雪泥。泥上偶然留指爪，鴻飛那復計東西」，「歸去，也無風雨也無晴」，「世事一場大夢，人生幾度淒涼，夜來風雨已鳴廊，看取眉頭鬢上」。這些文句所達到的審美境界，絕非率爾草作所能就的。蘇軾曾說：「所貴乎枯澹者，謂其外枯而中膏，似澹而實美，淵明、子厚是也。若中邊皆枯澹，亦何足道。」（《東坡題跋》〈評韓柳詩〉）從創作過程來說，平淡是精思所得。歐陽修評梅聖俞的創作時說：「聖俞平生苦於吟詠，以閑遠古淡為意，故其構思極難。此詩作於罇俎之間，筆力雄贍，頃刻而成，遂為絕唱。」（《梅聖俞詩集序》）南宋的包恢，論

及沖和之美時，也反覆強調了這一點。他説：「詩家者流以汪洋淡泊為高，其體有似造化之未發者，有似造化之已發者，而皆歸於自然，不知所以然而然也。所謂造化之未發者，則沖漠有跡，冥會無跡，空中之音，相中之色，欲有執著曾不可得：而自有屍居而龍見，淵默而雷聲者焉。」（《答傅當可論詩》）包恢強調詩以汪洋淡泊為高，它的獲得須物我一體、冥然無跡。從審美境的層次結構來説，是外表淡泊沖和，內裡腴麗豐贍。包恢在另一處也提到：「若其意味風韻含蓄蘊藉，隱然潛寓于裡，而其表淡然若無外飾者，深也。」（《書徐致遠無弦稿後》）包恢以此貶斥那些「表而淺」的俗豔之文。宋代的沖和淡遠之美，從理論上把道家「至和無聲」的觀點結合藝術創作體會，從相反相成的角度作了具體的闡發，比唐代皎然、司空圖的詩學又有所發展。

第二節　理學家論「中和」之美

「中和」是宋代理學的重要範疇。宋代理學的框架是由「理」（太極、易）與「性」耦合搭建而成的。理學把儒家的「人事之道」與道家的「天地之道」相溝通，使倫理化的「理」成為萬事萬物的本體，用「理在事先」「理一分殊」來説明客觀世界的存在形態。北宋的周敦頤（1016-1073）是理學的開拓者，他在自己的著作《太極圖説》和《通書》中，糅和儒、道、佛，依據《中庸》《易傳》和北宋道士陳摶的《無極圖》，創立了《太極圖》式的宇宙本體論，把「無極而太極」即精神性的實體説成世界主宰，用《中庸》中的「誠」説明宇宙本源的特點和人性的內在規定。嗣後，邵雍（1011-1077），創立了神秘主義的先天象數學，鼓吹萬物由總的本體「太極」演化而出，它經過一套由邵雍依據陳摶《無極圖》所勾勒出的象數演變圖式而分化出宇宙萬物。邵

雍將它稱為「先天學」，至張載和二程（程顥、程頤），逐漸剔除了神秘主義的象數學，正式以「理」作為宇宙間的最高範疇，封建社會的仁、義、孝、悌等道德都是理的體現。南宋的朱熹集理學之大成，提出：「天地之間，有理有氣。理也者，形而上之道也，生物之本也。氣也者，形而下之器也，生物之具也。」（《朱子文集》〈答黃道夫書〉）朱熹將「太極」與「理」相溝通，認為「太極」是宇宙間總的「理」：「事事物物，皆有個極，是道理極至……總天地萬物之理，便是太極。」（《朱子語類》卷九十四）他用「太極」相容「氣」「性」「命」「義」「理」諸範疇，並精細入微地闡明瞭宇宙起源、人性善惡等問題。《宋元學案》的作者稱朱熹的這套體系是「致廣大、盡精微，綜羅百代」。

　　與「理」「太極」相對的則是「性」，它屬於主體的範疇。理學家認為，既然「理」「太極」是萬事萬物的本根，那麼，人作為萬物之靈，其本性也來自「理」，「性者，人之所得於天之理也」（朱熹《四書章句集注》）。從本質上來說，它是至美至善的，但現實的人性卻是由先天的「性」（即天命之性）與後天的「氣質之性」相交融而成的。從北宋理學家張載開始，以「氣質之性」和「天命之性」這一對範疇論人性就成為理學家解決人性難題的鑰匙。朱熹說：「論天地之性，則專指理言；論氣質之性，則以理與氣雜而言之。」（《文集》〈答鄭子上〉）在朱熹看來，「氣質之性」所以是不純的，就因為它是具體而偏的，未達「天命之性」之「和」。周敦頤說：「性者（按：此謂「氣質之性」），剛柔善惡而已矣。……剛善，為義，為直，為斷，為嚴毅，為幹固；惡，為猛，為隘，為強梁；柔善，為慈，為順，為巽；惡，為懦弱，為無斷，為邪佞。惟中也者，和也，中節也，天下之達道也，聖人之事也。故聖人立教，俾人自易其惡，自至其中而止矣。」（《通書》〈師〉）張載也說：「人之剛柔緩急，有才與不才，氣之偏也。天本參

和不偏。養其氣，反之本而不偏，則盡性而天矣。」（《正蒙》〈誠明〉）也就是說，具體的人性在以「天命之性」融匯後天的「氣質之性」時，往往只能秉承一種或幾種氣，這就是氣質與才幹上的「偏至」，只有涵養性情，修道立教，主靜主敬，才能達到「和」，實現「天命之性」的自我體認。

以「和」與「偏」來論「聖人之性」與個體之性，這種人性論是魏晉時期劉劭、王弼、嵇康等人所常用的。理學在這方面吸取了玄學的滋養。理學家認為，「氣質之性」為外物感染，就形成為「情」，發而為「人欲」。朱熹說「性者心之理，情者心之動」（《語類》卷五），「情是遇物而發」，它使人蔽於一己之欲，迷失天理，必須嚴格控制。朱熹注〈中庸〉「喜怒哀樂之未發謂之中，發而皆中節謂之和」時說：「喜怒哀樂，情也；其未發，則性也。無所偏倚，故謂之中。發皆中節，情之正也，無所乖戾，故謂之和。大本者，天命之性；天下之理皆由此出，道之體也。達道者，循性之謂，天下古今之所共用，道之用也。此言性情之德，以明道不可離之意。」（《四書章句集注》）朱熹認為，道是天理的表現，它是「中」，因此，對性情加此中節，並不僅僅是「發乎情止乎禮義」，而是由天理所決定的。理學家嚴申天理與人欲的不可兩存，猶冰炭不可共器。朱熹說：「人之一心，天理存則人欲亡；人欲勝則天理滅。未有天理人欲夾雜者，學者須要於此體認省察之。」（《語類》卷十三）他認為中庸哲學的核心便是存天理、滅人欲：「孔子之所謂克己復禮，〈中庸〉所謂致中和，尊德性，道問學，《大學》所謂明明德，《書》曰：人心惟危，道心惟微，惟精惟一，允執厥中，聖人千言萬語，只是教人存天理，滅人欲。」（《語類》卷十二）按照理學家的解釋，人為生存而需要的欲望是不應否棄的，應該否棄的則是超過這種欲望的過分要求。顯然，愛美之心屬於「人欲」範疇，

是在滿足了實用、功利需要之後的一種精神欲望，對這種「目則欲色、耳則欲聲」的「人欲」必須堅決否棄，所以理學鼓吹「作文害道」，把文藝的形式美斥之為「俳優」。朱熹說：「有個天理，便有個人欲。蓋緣這個天理，須有個安頓處，才安頓得不恰好，便有人欲出來。」（《語類》卷十三）在中國美學史上，將文藝視為人性天敵，加以苛責痛斥的恐怕只有理學家。

在審美領域中，如何把「人欲」安頓得「恰好」，不障蔽「天理」呢？這是理學家論文藝所著意關注的。理學提倡的方法就是以「天理」為本體，來控引性情，以「道心」為指歸，來端正「人心」，以達到「中和」之境、「無邪」之思。朱熹把他的這一思想在〈詩集傳序〉中充分表現了出來。《詩集傳》是朱熹對《詩經》的注解，他不滿於漢儒以《毛詩》為代表的對《詩經》的詮釋，提出了一套新的注釋原則和方法。他認為〈風〉詩唯〈周南〉〈召南〉得其性情之正，這就是樂而不過於淫，哀而不及於傷，其餘皆有失「正經」。〈雅〉〈頌〉之體「其語和而莊，其義寬而密」，可以為「萬世法程而不可易」，至於〈小雅〉中的部分作品是賢人君子「閔時病俗」所為，因為合於「忠厚惻怛之心，陳善閑邪之意」，所以也是善的。在《詩集傳》的注解中，朱熹對《詩經》中的男女戀詩依據天理人欲之辨作了態度鮮明的評判。《詩經》〈鄘風〉中的〈蝃〉，〈毛詩序〉云：「〈蝃〉，此奔也。衛文公能以道化其民，淫奔之恥，國人不齒也。」意為衛文公以道化民，人民以淫奔為恥。站在我們今天的立場來看，詩中反映青年男女不由父母之命、媒妁之言而自由結合，正是純真愛情的表現。詩作者和〈毛詩序〉站在諷刺挖苦的衛道立場上才是為人所不齒的。但朱熹比它們走得更遠。他引出二程的話來加以抨擊：「此淫奔之人，但知思念男女之欲，是不能自守其貞信之節，而不知天理之正也。程子曰：人雖不能無欲，然

當有以制之。無以制之，而惟欲之從，則人道廢而入於禽獸矣。以道制欲，則能順命。」朱熹批評這首詩中的男女不知天理之正，唯知男女之欲，是逐人欲而滅天理，萬萬不能效法的。再如《詩經》中的〈衛風〉〈氓〉是一篇描寫棄婦悲慘遭遇的詩。其中寫到女子結婚才三年便被負心男子遺棄，回到家中，在自己兄弟那裡都得不到同情，因而發出悲呼：「……三歲為婦，靡室勞矣；夙興夜寐，靡有朝矣。言既遂矣，至於暴矣。兄弟不知，咥其笑矣。靜言思之，躬自悼矣。」但朱熹卻幸災樂禍：「蓋淫奔之人不為兄弟所齒，故其見棄而歸，亦不為兄弟所恤，理固有必然者，亦何所歸咎哉，但自痛悼而已。」從道學先生的嘲諷聲中，我們確實可以體察到宋儒「以理殺人」的殘忍心腸，也可以看到「中庸」到了這個時候，已經絲毫沒有公正居中的意味，而變成了偏執狂的同義語了。

　　宋代的理學家深知，單純強調「存天理，滅人欲」，以「道心」正「人心」，畢竟只是一種外在的節制，未能從根本上脫離「發乎情止乎禮義」的範圍，為此他們採取了玄學所宣導的崇本息末的方法，即從本體上取消情的自在性。他們吸取與發揮了道家「以物觀物」的消極思想。道家認為事物的變化與人生的遭際都是屬於非我所能左右的自然之道，故又稱之為「命」。莊子提出：「有人之形，無人之情。」所謂「無情」就是「不以好惡內傷其身，常因自然而不益生也」（《莊子》〈德充符〉），最終返歸大化。理學家邵雍、二程吸取了老莊的這一思想。他們認為「性」是天理的表現，它是中正無偏的，而情是一己之情，是有偏私的。邵雍提出：「以物觀物，性也；以我觀物，情也。性公而明，情偏而暗。人得中和之氣則剛柔均，陽多則偏剛，陰多則偏柔。人智強則物智弱。」（〈觀物外篇〉）也就是說，「性」由於得自天理，能擯除自我，以物觀物；而情為偏至的一己之物，為暗黑不明，

唯得「中和」之氣方能以物觀物，以性從理。但大多數的人或者偏於陽，或者偏於陰，未達「中和」之境。邵雍進而指出：「任我則情，情則蔽，蔽則昏矣；因物則性，性則神，神則明矣。潛天潛地，不行而至，不為陰陽所攝者，神也。」（〈觀物外篇〉）邵雍認為人們之所以偏於情的原委是「任我」，而一旦去掉了自我意識，站在淡然無我的立場上，「以物觀物」，臻於此境也就大徹大悟，摒棄俗累，從而通於神明，「因物則性，性則神，神則明矣」。這裡所說的「神」，指《周易》的「知幾其神」，屬於明察事理，不疾而速的神明睿智。邵雍由此出發，批評當時的文人為自己的遭際所感發，而形諸吟詠，這是溺於情好而不知自拔。他說：「近世詩人，窮戚則職於怨憝，榮達則專於淫佚。身之休戚，發於喜怒，時之否泰，出於愛惡，殊不以天下大義而為言者，故其詩大率溺於情好也。噫！情之溺人也甚於水。古謂水能載舟，亦能覆舟，是覆舟在水也，不在人也。載則為利，覆則為害，是利害在人也，不在水也。」（《伊川擊壤集序》）邵雍把人的情感比作水，它能載舟，亦能覆舟，關鍵在於人能否駕馭它、控引它，而控引它的途徑就是「以物觀物」，從根本上把情感遭際看作身外之物，不為所動，達於「中和」之境。自孔子學派提出「言志緣情」說後，如何使情志臻於禮度，孔子及其後學採用了「樂而不淫，哀而不傷」「發乎情，止乎禮義」的方法。但情感既然發動起來後，再加以外在禮義的節制，總會使人有不和諧的感覺，而且也很難控制得住，例如陶淵明的《閑情賦》自敘要「抑流宕之邪心，諒有助於諷諫」，但其對男女之情的描摹卻是神韻斐然，最後的諷諫也成了外加的尾巴。這就難怪思想較為正統的梁代昭明太子蕭統要在《陶淵明集序》中批評其為「白璧微瑕」了。後來許多文人乾脆先放肆地「發乎情」，大寫豔情，然後象徵性地加一條「禮義」尾巴以應付「風教」。邵雍有鑑於此，採用釜

底抽薪的方法，取消了情的自在性，也省去了「止乎禮義」的煩勞。邵雍自詡：「予自壯歲業於儒術，謂人世之樂何嘗有萬之一二，而謂名教之樂固有萬萬焉。況觀物之樂，複有萬萬者焉。雖死生榮辱轉戰於前，曾未入於胸中，則何異四時風花雪月一過乎眼也。誠為能以物觀物，則兩不相傷者焉。蓋其間情景都忘去爾。」（《伊川擊壤集序》）邵雍自稱他以名教為樂，涵養性情，對死生榮辱漠不關心，達到了「以物觀物」「情累都忘」的境界，這就是善養性情，不為情好所溺。相比之下，那些提倡「因事有所激，物有所興」的文人之作，顯得格調多麼卑下！這就是理學家以情性中和來貶斥文學的基本觀點與基本態度。

　　但我們另一方面也應該指出，宋代理學家所提倡的「無情」並不等於心如死灰，而是隨物遷化，反對任我之私意。程頤說：「聖人之喜，以物之當喜；聖人之怒，以物之當怒，是聖人之喜怒，不系於心而系於物也。」（《答橫渠先生書》）邵雍也指出：「以物喜物，以物悲物，此發而中節者也。」（〈觀物外篇〉）也就是說，人心感物而動，要情理適中，不主偏己。這又顯然是調和儒、道之說。魏晉時王弼曾提出：「聖人茂於人者神明也；同於人者，五情也。神明茂，故能體沖和以通無；五情同，故不能無哀樂以應物。然則聖人之情，應物而又累於物者也，今以其無累，便謂不復應物，失之多矣。」（何劭《王弼傳》引）王弼反對何晏將聖人說成無喜怒哀樂的觀點，提出聖人既應物而感，又不累於物，「體沖和以通無」，也就是說聖人既有情又超越情感。理學家所說的「情順萬物而無情」，指的也是這種人格境界，它順物而感，不私己欲，屬於「以物觀物」。邵雍在《伊川擊壤集序》中，自敘其詩作：「因物寓言，因志發詠，因言成詩，因詠成聲，因詩成音，是故哀而未嘗傷，樂而未嘗淫，雖曰吟詠情性，曾何累於性情哉！」也就是說，自己的這種情是「因靜照物，因時起志」，順物而

感，同時又不以一己之情沉溺其中，在恬然淡漠的靜觀中得到「名教之樂」，發諸詩詠。所以，理學家也並不絕對排斥「吟詠情性」，關鍵是以物觀物，情適其理，達於「中和」。

第三節　詩教的重振

宋初文風承襲晚唐五代的華豔文風，以「西崑體」為標誌的御用文學，適應統治者歌舞昇平的需要，佔據宋初文壇。許多篤志復古的文人繼承唐代古文運動的傳統，掀起了詩文革新運動的高潮。這場文化運動的參加者與中唐相比，其成分更為複雜，蘇軾、梅堯臣等人較多地吸取了道家的美學，另一些人則重新恢復「溫柔敦厚」的詩教主張。其主要代表是北宋初年的趙湘與智圓等正統文人。

趙湘（生卒事蹟不詳），是北宋初年稍晚於柳開、王禹偁的文人。他在《本文》中提出：「靈乎物者，文也；固乎文者，本也。本在道而通乎神明，隨發以變，萬物之情盡矣。」趙湘把文之根源歸結為聖人之道，同時又主張為文須與「治心」相結合：「古之文將教天下，必定其家，必正其身；將正其身，必治其心；將治其心，必固其道。」怎樣「治心」以「固其道」呢？趙湘在《王象支使甬上詩集序》中提出：「詩者，文之精氣，古聖人持之攝天下邪心。」所謂「攝天下邪心」，也就是孔子的「思無邪」，它的具體內容則是「溫而正，峭而容，淡而味，貞而潤，美而不淫，刺而不怒」。這些話雖是為糾正當時的邪僻文風，但內容不過是重複「溫柔敦厚」的詩教說，與梅堯臣、蘇軾的見解相去甚遠，帶有較多的保守復古的色彩。稍晚的智圓（？-1022），論文也力主儒家的綱常名教，提倡美刺教化之說。他的《答李秀才書》發揮《左傳》「太上有立德，其次有立功，其次有立言」的「三不朽」之說，

認為「德」為「文之本」，「功」為「文之用」，「言」是「文之辭」，對「言」與「德」「功」的關係，須從根本上加以厘正。智圓認為：「用心存公，性其情者，然後可以立於言。苟心之不正，情之不性，雖艱其句，險其辭，必有反經非聖之說者。故率情之所為未見有益於教也。」（《答李秀才書》）這些從性情入手來論文之邪正的觀點，明顯地接近於理學家。為了「治心」，智圓提出了以「中和」為本的思想：「或曰：情動於中而形於言，何率情之非也？曰：有是哉！節情以中則可⋯⋯中也者，天下之大本也，和也者，天下之達道也。故愚以為庶乎『中和』乃言之大要也。」（《答李秀才書》）這是用《中庸》的思想來規定文學的情感內容。然而，這種陳舊的「中和」說在當時很難糾正淫靡文風，後來的道學家吸取了趙湘、智圓的「中和」說，並將它與理學內容融化為一體了，反而走向了極端。

與詩文革新派同時發展起來的，還有黃庭堅的詩文理論。它是宋代很有影響的文論。黃庭堅（1045-1105）的文學思想深受孔孟之道和理學的影響，他因屢受文字之禍，極力主張在詩文中採取明哲保身的「中和」態度，並將它視作修身養性的工具。他在《書王知載朐山雜詠後》一文中說：「詩者，人之情性也。非強諫爭於廷，怨忿詬於道，怒鄰罵坐之為也。其人忠信篤敬，抱道而居，與時乖逢，遇物悲喜，同床而不察，並世而不聞。情之所不能堪，因發於呻吟調笑之聲，胸次釋然，而聞者亦有所勸勉，比律而可歌，列干羽而可舞，是詩之美也。其發為訕謗侵淩，引頸以承戈，披襟而受矢，以快一朝之忿者，人皆以為詩之禍，是失詩之旨，非詩之過也。」黃庭堅的這段話顯然是有感於蘇軾等人因詩被禍而發的。他一方面害怕詩文禍身，另一方面又打出「溫柔敦厚」的詩教招牌來為自己的主張辯護。黃庭堅將觸及時弊、鋒芒畢露的詩文比作「怒鄰罵坐」，而把胸有不平、不敢發放、

聊以自慰的作品比作「呻吟調笑之聲」，認為這才是「詩之美」。對歷史上如嵇康那樣剛腸嫉惡、憤世嫉俗的作品，黃庭堅更是斥為「引頸以承戈」，是咎由自取，「失詩之旨」。他的觀點，同歷史上揚雄、班固以「溫柔敦厚」之說來貶斥屈原，二程門人楊時譏嘲蘇軾之詩「只是譏誚朝廷，殊無溫柔敦厚之氣，以此人故得而罪之」的話殊途同歸。

　　這種庸俗不堪的哲學一方面抹殺了許多敢於抨擊黑暗、憤筆直書的優秀作品，另一方面也導致了黃庭堅論詩回避嚴峻的社會現實，在書齋裡鑽故紙堆，拾取古人牙慧的理論傾向。儘管他的「點鐵成金」「奪胎換骨」法被吹得天花亂墜，仿佛巫師手中的魔杖，輕輕一點就可以變出璀璨的珍寶，而實際上適得其反。黃庭堅的詩作大都在句法和用典上搜腸刮肚，將道德說教與身邊瑣事的賞玩綴在一起，詩味索然，情韻淺俗，不僅宋代有識見的文人如劉克莊、包恢、嚴羽等人痛加貶斥，就是正統儒者也深為不滿。南宋張戒的《歲寒堂詩話》就主要針對黃庭堅與蘇軾的創作提出了批評意見。張戒說：「言志乃詩人之本意，詠物特詩人之餘事。」「詩者，志之所之也，情動於中而形於言，豈專意於詠物哉！」他強調詩歌是吟詠情性的產物，詠物是餘事，這主要是反對黃庭堅把詠物視作賞玩身邊俗事的創作態度。張戒反對黃庭堅、蘇軾「補綴奇字」、以議論為詩的創作傾向，認為他們的做法違背了詩的含蓄和吟詠情性的美學特徵。他說：「《國風》《離騷》固不論，自漢魏以來，詩妙於子建，成於李杜，而壞於蘇黃。余之此論，固未易為俗人言也。子瞻以議論為詩，魯直專以補綴奇字，學者未得其所長，而先得其短，詩人之意掃地矣。」張戒進而指出，過分追求詩中的用典和議論，就會背離言志之本，逐奇競僻。他從「思無邪」的思想觀念出發，指責黃庭堅的詩作有失淫僻：「自建安七子、六朝、有唐及近世諸人，『思無邪』者惟陶淵明、杜子美耳，餘皆不免落邪

思。六朝顏、鮑、徐、庾，唐李義山，國朝黃魯直，乃邪思之尤者。魯直雖不多說婦人，然其韻度矜持，冶容太甚，讀之足以蕩人心魄，此正所謂邪思也。魯直專學子美，然子美讀之使人凜然興起，肅然生敬，《詩序》所謂『經夫婦，成孝敬，厚人倫，美教化，移風俗』者也，豈可與黃魯直同年而語耶？」張戒認為「思無邪」不僅是內容，而且包括文辭形式。黃庭堅詩雖不多說婦人，但文辭務為冶容，追求險譎，讀之「蕩人心魄，此正所謂邪思也」。

　　張戒從含蓄蘊藉的「詩教」說出發，還提倡言外之意、韻外之致。他說：「〈國風〉云『愛而不見，搔首踟躕，瞻望弗及，佇立以泣』，其詞婉而意微，不迫不露，此其所以可貴也。古詩云『馨香盈懷袖，路遠莫致之』，李太白云『皓齒終不發，芳心空自持』，皆無愧於〈國風〉矣。杜牧之云『多情卻是總無情，惟覺尊前笑不成』，意非不佳，然而詞意淺露，略無餘蘊。元、白、張籍之病正在此，只知道得人心中事，而不知道盡則又淺露也。」張戒認為詩貴不迫不露，婉而意餘，而杜牧、元、白等人的創作意非不佳，然含蓄之處終歸差了一些。他還批評元白詩風失之淺露：「梅聖俞云『狀難寫之景如在目前』，元微之雲『道得人心中事』，此固白樂天長處。然情意失於太詳，景物失於太露，遂成淺近，略無餘蘊，此其所短處。」不過張戒批評的角度與黃庭堅對元、白的批評不同，不是指責其格調低下，而是認為其詩不夠含蓄，失之直露。可見張戒雖主「中和蘊藉」，但並不否棄「美刺」精神。他在《歲寒堂詩話》中提出：「元、白、張籍皆自陶阮中出，專以道得人心中事為工，不應格卑。然其詞傷於太盡，遂成冗長卑陋爾。比之吳融、韓偓俳優之詞號為格卑則有間矣。若收斂其詞而少加含蓄，其意味豈復可及也？」張戒的《歲寒堂詩話》在批判蘇、黃詩風中，提倡「思無邪」與含蓄蘊藉的詩教原則，對後代以《詩經》為風

教正宗的詩論產生了很深遠的影響，可以說是傳統詩教的重振，而其主要理論依據，則是「中和」為美的範疇。

第六章

衰變時期（元明清）

　　宋代以後，封建社會如日薄西山，急轉直下。金、元外族統治者
相繼蠶食、統治中原之後，加緊推行程朱理學，以控制士人的思想，
即令是元代雜劇，也不乏這類說教。金元時期的美學以理學為主幹，
吸取古文家論文的一些主張，罕少創見。明代統治者推翻元朝後，也
奉行程朱理學，以配合日益集權的封建統治的需要。明初宋濂等人的
文論沿襲道學家的主張，缺少新意。明代中葉後，市民階層的興起，
使審美領域出現了尚個性、重真性的浪漫主義潮流，它衝擊著傳統的
「中和」之美。清王朝代明朝統治後，所採取的一系列經濟、政治和文
化政策，扼殺了這股潮流，在明代岌岌可危的儒家「中和」思想又成
為清王朝維護大一統帝國、調諧文人內心平衡的理論體系。以葉燮的
折中主義美學為主幹，清代早期與中期的美學或崇尚「沖和淡遠」，或
鼓吹「溫柔敦厚」。一八四〇年鴉片戰爭爆發後，整個封建王朝在八面
來風、四方緊逼中，日益淪為半殖民地和半封建社會。由於西學東

漸，古老的美學和諧體系受到嚴重挑戰與衝擊。隨著社會結構的變化與新興階級的興起，不同於封閉型農業宗法社會和諧美的新型審美觀念與審美理想勢不可遏地發展起來，從而揭開了中國美學新的一頁。

第一節　金元時期的餘緒

金元時期，由於統治者崇尚宋學，模仿南人，審美理論也基本沿襲宋人，以性理之義來規範文藝。金代美學的主要代表人物有王若虛、趙秉文和元好問，其中王若虛主要繼承舅父周昂的文學觀點。王若虛《滹南遺老集》中的〈文辨〉〈詩話〉和兩組〈論詩詩〉，主要強調「文章以意為主，以言語為役」，斥責「穿鑿太好異」的詩風，對當時文壇上存在的模仿李賀、盧仝險怪詩風和黃庭堅的創作傾向加以批評，指責他們「好作險句怪語」，「東塗西抹鬥新妍」。趙秉文的文學觀點則從「明道宗經」的立場出發，提倡暢達自然的文風，力辟奇澀險怪的文風。這些文人基本上是站在古文家一邊來論文的。

當時較有影響的是元好問的文學觀點。元好問生當金元之際，內心蘊含無限感慨。他借文學批評來抒發內心的感慨，表達人生理想。在《論詩絕句三十首》中，元好問對歷代迄金的文學創作進行了系統的評述。他在《答聰上人書》中自負地說：「至於量體裁，審音節，權利病，證真贗，考古今詩人之變，有戇直而無姑息，雖古人複生，未敢多讓。」查慎行《初白庵詩評》說他「分明白任疏鑿手」。元好問力圖通過正本清源，來分清歷史上創作的利弊得失，樹立自己的審美規範。他所賴以正本清源的尺度，也就是「中正至誠」。元好問將杜甫之詩作為唐詩中的楷模與雅正之體，而其本則肇自「誠」。他在《楊叔能小亨集序》一文中說：「詩與文特言語之別稱耳。有所記述之謂文，吟

詠情性之謂詩，其為言語則一也。唐詩所以絕出於《三百篇》之後者，知本焉爾矣。何謂本？誠是也。……故由心而誠，由誠而言，由言而詩也，三者相為一。情動於中而形於言，言發乎邇而見乎遠，同聲相應，同氣相求，雖小夫賤婦孤臣孽子之感諷，皆可以厚人倫、敦教化，無他道也。夫惟不誠，故言無所主，心口別為二物，物我邈其千里，漠然而往，悠然而來，人之聽之，若春風之過馬耳，其欲動天地、感鬼神難矣。其是之謂本。唐人之詩，其知本乎！何溫柔敦厚藹然仁義之言之多也！幽憂憔悴，寒饑困憊，一寓於詩，而其厄窮而不憫、遺佚而不怨者，故在也。至於傷讒疾惡、不平之氣，不能自掩，責之愈深，其旨愈婉，怨之愈深，其辭愈緩。優柔饜飫，使人涵泳於先王之澤，情性之外不知有文字。幸矣，學者之得唐人為指歸也。」元好問這一大段話的中心是闡發《中庸》的「誠」字。元好問把唐詩作為體現「誠」的楷模，認為達到「誠」就能涵養性情，優遊溫柔，「中和」之美畢備，進而感天地動鬼神。所以，元好問的「誠」是其文學真實論的內在靈魂。他所說的「真」既不是合乎客觀對象的「真」，也不是如明代李贄等人所提倡的自然真情，而是以封建道德觀念的純正無邪為圭臬。他自定學詩的數十條戒律就是「無怨，無懟，無謔浪，無驚狠」（《楊叔能小亨集序》）等等。由此出發，元好問提倡詩中情景之真實，反對「詩畫心聲總失真」，呼喚陽剛之氣，貶黜柔靡之情，號召詩人面向社會現實，反對閉門造車。這對於離亂之際的金元文壇，多少起到了一定的號召作用。但由於他所持的仍是理學的「中和」尺度，這種號召也就流於空泛，甚至帶有復古的色彩，並不能真正改變文壇的不良風氣。

元代對士人採取歧視壓制的政策。許多文人不得已只好寄身勾欄，混跡青樓，在散曲和雜劇中發洩心中的怨憤，甚至放浪形骸；另

一部分躋身仕途的文人高蹈性理，鼓吹宋學，這種傾向也反映到審美領域。如正統派文人郝經認為：聖人稟天地之性立文，它是至中不偏的，「昊天有至文，聖人有大經，所以昭示道奧，發揮神蘊，經緯天地，潤色皇度，立我人極者也。」（《原古錄序》）怎樣得到「中和」之道呢？郝經在《內遊》一文中認為：作家不必足履天下，關鍵在於遊心內運，從聖人之籍中吸取道德涵養：「身不離於衽席之上，而游於六合之外，生乎千古之下，而游於千古之上。」這種「內遊」的結果便是「持心御氣，明正精一，游於內而不滯於外。常止而行，常動而靜，常誠而不妄，常和而不悖」，最終明禮達義。郝經為此盛讚：「至矣哉！君君臣臣，父父子子，夫夫婦婦，兄兄弟弟，何盛爾也。」這種學說無非是發揮孟子、《中庸》和程朱學派的神秘主義修養論，把道德的內省視為審美創作的本原與動力。郝經以此否定司馬遷遊歷山川，紋寫史實的創作態度，他認為史遷未得內遊心傳，偏於外游，所以背離了聖人之道：「其遊也外，故其得也小，其得也小，故其失也大。是以《史記》一書，甚多疏略，或有牴牾。論大道則先黃、老而後《六經》，序遊俠則退處士而進奸雄，述貨殖則崇勢利而羞賤貧。」這些論調無非是沿襲班固批評司馬遷的老調，毫無新意。郝經雖然師事元好問，但他的主張卻與元好問有所不同，表現出更多的頭巾氣。在元代階級矛盾和民族矛盾異常尖銳、文人悲憤痛苦時，這種「中和」論越發顯示出它的落後性與迂腐性。

第二節　清代的迴光返照

明代是中國思想史空前解放與繁盛的時代，傳統的審美範疇「和」在明代雖仍有一定市場，但明代美學的主流是對傳統儒道之「和」範

疇的抗爭與批判，表現了叛逆文人和市民階層的浪漫真情與衝突之
美。（詳見下編第六章）因此，明代傳統的「中和」之美學說在這裡我
們就不專門介紹了。

重要的是，這種狀況到了清代又發生了逆轉。清代以少數民族政
權入主中原，統一中國後，他們強化了封建自然經濟形態，明代的商
業經濟與市民階層遭受摧抑。在文化領域，統治者採用高壓與懷柔相
結合的兩手：一方面殘酷地羅織文字獄，殺害敢於反抗的士人；另一
方面又用科舉和其他方式籠絡文人。清初王士禛的「神韻」說，配合
康熙皇帝對文人的懷柔政策，把剛剛經歷了劫亂的清初文人從腥風血
雨中引入沖和淡遠的審美境界。王士禛的《池北偶談》《香祖筆記》和
其他論詩之文，於「神韻」之內涵並不多說，也不像嚴羽那樣建立自
己的理論體系，而是一再推崇、誇獎沖和淡遠的境界。他說：「表聖論
詩，有二十四詩品。予最喜『不著一字，盡得風流』八字。又云『采
采流水，蓬蓬遠春』，二語形容詩景亦絕妙，正與戴容州『藍田日暖，
良玉生煙』八字同旨。」（《香祖筆記》）「嚴滄浪《詩話》借禪喻詩，
歸於『妙悟』二字，及所云不涉理路，不落言詮。又云『鏡中之象，
水中之月，羚羊掛角，無跡可尋』云云，實發前人未發之秘。」（《分
甘餘話》）王士禛強調，這種「神韻」境界的獲致與把握，從主體來
說，就是「興會神到」，即以超功利的態度從事審美創作。王士禛說：
「大抵古人詩畫，只取興會神到。」（《池北偶談》）「神韻」說在清初
靡然向風，占踞文壇近百年，很顯然，是因為它契合了清初統治者對
文人的統治需要。因為道家之「和」雖有超軼現實的意義，在六朝時
期表現得較為明顯。另一方面也容易導致主體的隨時順境，將血腥之
氣轉化為審美王國中的鏡花水月。清初統治者巧妙地利用這一點來淡
化文人的民族反抗意識，調和它們與社會的心理平衡。與「神韻」說

相呼應的，還有乾隆時期沈德潛的「溫柔敦厚」說。沈德潛以禮部侍郎之職，又兼乾隆皇帝文學侍從的身份，宣導「中和」之美。乾隆皇帝曾說：「詩者，忠孝而已耳！」沈德潛也在《說詩晬語》開宗明義地提出：「詩之為道，可以理性情，善倫物，感鬼神，設教邦國，應對諸侯，用如此其重也。」在《重訂〈唐詩別裁集〉序》中又說：「詩道之尊，可以和性情，厚人倫，匡政治，感神明。」沈德潛認為詩的教化作用，在於調諧人的情性，合乎禮度。他說：「作詩之先審宗旨，繼論體裁，繼論音節，繼論神韻，而一歸於中正和平。」（《重訂〈唐詩別裁集〉序》）又說：「溫柔敦厚，斯為極則。」（《說詩晬語》）這些觀點，反覆申說，同王士禛的「神韻」說一樣，並不重理論本身的建構，而是力圖將此廣為布揚，達到宣揚「詩教」的功利目的。沈德潛甚至不惜曲解詩句，以適應「溫柔敦厚」之說。《詩經》〈小雅〉〈巷伯〉歷代公認是一首怨刺之詩，沈德潛卻曲為之說：「〈巷伯〉惡惡，至欲投畀豺虎，投畀有北，……然想其用意，正欲激發其羞惡之本心，使之同歸於善，則仍是溫柔和平之旨也。」（《說詩晬語》）沈德潛為推銷「溫柔敦厚」說，不惜歪曲《詩經》原意，可謂用心良苦。

清代美學的「中和」觀，還表現在它的折中調和、兼收並蓄上。這一點可以從葉燮的《原詩》中看到。《原詩》為清代詩話之冠冕，它以體系周密，平穩持重著稱，類似於《文心雕龍》。不過從歷史發展的眼光來看，《文心雕龍》吸收了玄學的系統方法論，有內在的邏輯結構。《原詩》雖也皇皇萬言，洋洋灑灑，但是卻存在著機械論的弊病，這首先表現在它對詩歌正變源流的探討上。葉燮論詩，力圖折中古今，斟酌正變。他既鄙視明代前、後「七子」的復古論，也反對李贄一派離經叛道的文學進化觀，而是游離於二者之間。首先，他認為詩歌是不斷發展著的，今人不必去仿古；但又認為《詩經》作為詩之本

體，它是萬變不離其宗的，變的只是詩的末節形式，這個詩之本就是「溫柔敦厚」的詩教原則。他說：「且夫風雅有正有變，有正變係乎時，謂政治風俗之由得而失，由隆而汙，此以時言詩，時有變而詩因之，時變而失正，詩變而仍不失正，故有盛無衰，詩之源也。吾言後代之詩，有正有變。其正變係乎詩，謂體格、聲調、命意、措辭、新故、升降之不同。此以詩言時，詩遞變而時隨之，故有漢魏六朝唐宋元明互為盛衰，惟變以救正之衰，故遞衰遞盛詩之流也。」這段話反覆告誡人們：詩可以千變萬化，但是「變而仍不失正」，這個「正」是有盛無衰。變的目的是「以救正之衰」。葉燮表面上崇尚進化，骨子裡卻把「溫柔敦厚」視為萬古不變的詩體，他的學生沈德潛接過這一套東西，理所當然地推衍出「溫柔敦厚」的「格調」說了。

葉燮的調和主義詩論，還可以從他論創作主客觀因素的觀念中見出。葉燮在《原詩》中把創作客觀因素定為「理、事、情」三者，主觀因素則為「才、膽、識、力」。他說：「曰理、曰事、曰情，此三者足以窮盡萬有之變態，凡形形色色，音聲狀貌，舉不能越乎此。此舉在物者而為言，而無一物之或能去此者也。曰才、曰膽、曰識、曰力，⋯⋯此舉在我者而為言，而無一不如此心以出之者也。以在我之四，衡在物之三，合而為作者之文章，大之經緯天地，細而一動一植，詠歎謳吟，俱不能離是而為言者矣。」葉燮頗以自己的這一臆構體系而自負，認為它至中無偏，囊括一切。其實，這種折中調和的方法論，不但無助於克服片面性，反而把原來已經搞清楚的問題弄得更混亂了。我們先來看一下它對審美客觀方面的「理」「事」「情」三者內涵的解釋：「譬之一木一草，其能發生者理也；其既發生，則事也；既發生之後，夭喬滋植，情狀萬千，咸有自得之趣，則情也。」(《原詩》)這裡暴露出了清儒自創新說時理論上的貧拙。首先，把宋儒所說的「理

在事先」的「理」與客觀事物本身相提並論，是唯心主義的觀點，而
且將事物本身感性形態的「情」，即情狀、情實從事物中抽出來與「事」
相並列，這在邏輯上是犯了概念重複的毛病。

　　葉燮把「理」置於「事」之前，認為有了「理」之後才有「事」
的產生，「譬之一木一草，其能發生者理也；其既發生，則事也」。這
顯然是受了朱熹「理在事先」觀點的影響。中國古典美學論審美客體
的，無論是唯物主義者還是唯心主義者，都沒有將「理」「事」並列，
這是因為他們都認識到「理」「事」合一，更沒有把物的存在與物的形
態割裂開來，因為誰都知道，物的直接存在就是情狀萬千，「咸有自得
之趣」。所以有時人們又將物稱之為「物色」。劉勰《文心雕龍》〈物色〉
就指出：「歲有其物，物有其容。」這個「容」就是「情狀萬千」。蕭
統《文選》將詩歌分類時，就專門辟有「物色」一類。葉燮疊床架屋
似的分類，顯然把問題搞得更為混亂了。至於他把審美主體分作「才、
膽、識、力」四大部分，更是不倫不類。中國古代美學的審美主體
論，很早就區分了作為審美主體同認識主體的不同之處在於以情感
物，這個傳統自先秦至明代，雖然有過不同的看法與爭論，但大體上
是被人們所接受了。特別是晚唐司空圖和南宋的嚴羽，強調審美情感
是一種超功利的直觀感受與反應，同時又寓含著理性因素（這一點，
嚴羽《滄浪詩話》論述得最為清晰，所謂「尚意興而理在其中」云
云）。到了明代，「主情」說成為當時文人對文學本質特徵與審美動力
的普遍看法，但葉燮論審美主體卻把最根本的「情」抽去了，代之以
邏輯思維與意志領域的「才、膽、識、力」，並把「識」提到了第一位
元，把做詩看做認識活動，以己之「識」去「格」對象之「理」「事」
「情」，這種看法無非是他反覆鼓吹的「自格物始」，「必先從事於格
物」，「肖其自然」等觀點的翻版，是朱熹所說的「致知在格物，……

天下之物莫不有理」之說在創作論領域投下的影子。從葉燮的詩論中，可以看到儒家的「中和」範疇在清代形成了調和雜糅的理論方法，作者希企在總結前人經驗教訓的基礎上有所創見，但由於在根本的哲學觀與美學觀上的因循守舊，結果往往是不倫不類，難以超越前人的理論。

第三節　近代的餘響

一八四〇年鴉片戰爭之後，中國封建社會的完整形態被西方資本主義國家的洋槍洋炮所打破，時世的動盪，民族危機的加劇，促使中國傳統的思想文化發生變化。許多封建舊式文人率先覺醒，對老式八股、程朱理學展開反思與批判。在美學領域，以龔自珍為代表的文人，早在鴉片戰爭前就得風氣之先，大膽地展開社會批判，倡言個性，反對禮法，以叛逆的精神對傳統詩教進行重新審理（詳見下編第五章第一節）。另一部分文人卻把時世的動盪與文化的衝突，視為「大雅」之「變」，反過來以封建「雅正」之音來挽救「衰變」之聲。劉熙載和何紹基就是其中主要的代表。劉熙載（1813-1881）所著《藝概》是一部著名的文藝批評著作，其中不乏論藝的精闢見解。但總的說來，這部著作的思想體系仍是「中和」之美。《藝概》將綱常名教視作詩文之體：「夫忠臣之事君，孝子之事親，一也。」「忠臣孝子，義夫節婦，皆世間極有情之人。」作者在書中對詩更是要求以「溫柔敦厚」為指歸：「《詩緯》〈含神霧〉曰：『詩者，天地之心』，《文中子》曰：『詩者，民之性情也』，此可見詩為天人之合。」「詩言志，孟子『文辭志』之說所本也。『思無邪』，子夏《詩序》『發乎情止乎禮義』之說也。」「詩要哀樂中節」，這些「中和」思想是《藝概》的中心所在。

由於這種思想所限，《藝概》在傳統的文藝批評基礎之上，雖不乏真知灼見，但總的説來，沒有新的創見，尤其是在西學東漸的新思潮背景之下。與劉熙載同時的何紹基（1799-1873），在其所宣導的「宋詩運動」中，著力宣揚傳統的「中和」之美。何紹基等人提倡以性情學問作為詩之根底，模擬蘇、黃詩風，進而學杜、韓，想通過宣導宋詩的創作方法來維繫封建正統詩文在歷史變革面前出現的危機。他説：「溫柔敦厚乃宗旨。」（《詩鈔》卷十八）這個宗旨就在於使人們從性情根本之處斷絕了一切犯上作亂的念頭：「聖人教人務在為良民，為賢士臣。《春秋》誅賞，非所願筆之於書也。千百世來，所以防民情偽者，法無不具，其實惟詩教為多，但人不覺。」（《與汪菊士論詩》）這些話表明了他所宣導的詩教，其實就是維繫綱常名教之需的禮法之具。宋詩派在辛亥革命前後又和一部分懷著頹唐心理的文人及清朝遺老麇集在一起，專門以搜尋僻典、堆垛學問為能事，以「避俗」「荒寒之路」為孤芳自賞，形成所謂「同光體」，表現了老式封建文人面對時代巨變處於窮途末路的審美心狀。

　　在清代晚期的文學潮流中，還有一種頗有影響的文學流派，這就是以「溫柔敦厚」「含蓄蘊藉」為宗旨的詞論派——常州派。常州派的創始人張惠言、周濟的文學思想主要立足於探討詞的審美特徵和技巧方面，要求詞境反映現實，內容有所寄託，言有盡而意無窮等等，在當時詞壇上，不失其進步和積極的意義。到了清代後期，出現了譚獻、況周頤和陳廷焯等人的詞論主張。當時，不僅帝國主義對中國的侵略日益加劇，而且太平天國與義和團運動相繼爆發，清政府統治岌岌可危。但譚獻等效忠於封建王朝的文人卻把希望寄託於復興封建綱常名教，把「同治中興」看作大清王朝的時來運轉。在文學領域中，他們提倡詞人：「折中禮義，為專門之著述，於憂生念亂之時，寓溫厚

和平之教。」（譚獻《明詩》）「鉤玄提要，文人用心，揚風扢雅，儒者立教。」（譚獻《唐詩錄序》）他們意圖用「溫厚和平之教」來挽救世風，端正人心。他們中有些人的著論，如陳廷焯的《白雨齋詞話》和況周頤的《蕙風詞話》，對詞的「比興」「感興」與情景合一等審美特徵問題有所闡發，頗有見解，但它夾纏在「溫柔敦厚」的詩教說中。例如陳廷焯提出：「比興中亦須含蘊不露，斯為沉郁，斯為忠厚。」（《白雨齋詞話》卷二）「詞則以溫柔和平為本，而措語即以沉鬱頓挫為正。」《白雨齋詞話》卷一）從這些審美標準出發，陳廷焯推崇溫庭筠、韋莊的詞而排斥雄奇豪放之詞。其他一些人的見解也大抵如是。尤有甚者，常州派的末流朱祖謀等人，在帝國主義列強組成的八國聯軍屠殺北京人民、肆意焚掠時，竟然閉門寫詞，沉醉於文字之樂中，並自詡：「談諧間作，心神灑然，若忘其在顛沛兀臲之中，而以為友朋文字之至樂也。」（《半塘定稿序》）這種「溫柔敦厚」的「中和」之境，此時已經變成麻木不仁、心肺全無了。

下編

審美範疇「和」的結構解析

　　中國古典美學的「中和」範疇，是一個意義廣泛的觀念體系。從總體上來看，它把天和視為人和的決定因素，又把文（美與藝術品的總稱）的和諧與人際和諧聯繫起來，強調人際和諧決定了文藝和諧，而文藝和諧的狀況，也會直接影響到社會的安寧和諧；天、人、文三者互相感染、互相作用，構成一個回饋的系統。很顯然，這種觀念是中國封建社會中基於農耕生產方式與自然經濟之上的直觀型文化意識在美學領域的體現。由於「中和」是一個渾樸直觀的古典美學概念，我們難以對它進行條分縷析，在這裡只能將它從三個基本方面（天、人、文）加以解析。一般說來，「天」偏重於審美物件方面，「人」偏重於審美主體方面，而「文」則是「天人合一」的審美成果。中國古典美學的「中和」範疇對這三個方面及其相互關係都有所涉及。因此，對「中和」範疇從理論本身的層次結構上加以解析，有助於我們把握它的意蘊，通過與歷史的考察相結合，真正進入這座古典美學範疇的堂奧。

第一章

審美對象之「和」

　　審美對象的和諧，主要包括自然界、社會人事和藝術作品三方面的和諧。中國古典審美範疇「和」將這三者看成既相對獨立又相互聯繫的整體，強調物件之「和」是造成審美心態和諧的前提，排斥衝突狂怪的物件進入審美視野，這一點與西方溯自古希臘的悲劇審美論截然不同，體現了中華美學「以和為美」的文化精神與民族心理。其中儒、道二家的看法，構成互斥互補的理論體系。

第一節　天地自然之「和」

　　人類最早的審美物件是賴以生存與繁衍的自然界生態環境。中國遠古先民遍佈於黃河、長江兩大流域，依賴農耕、漁獵來自我生存、自我發展，環繞人類周圍的是天地自然。在長期的勞動與生存活動中，初民直觀地感到自然界的和諧相生是人類生存與繁衍的基本條

件。對他們來說，天地之和既是生存的理想狀況，也是朦朧的美的理想。宗白華先生指出：「希臘半島上城邦人民的意識更著重在城市生活裡的秩序和組織，中國的廣大平原的農業社會卻以天地四時為主要的環境，人們的生產勞動是和天地四時的節奏相適應。」[1]從春秋時期開始，理性精神的濫觴，促使人們將天地自然視為秩序和諧、有條不紊的演化，這種大化遷易、相生相剋的演變體現了合規律、合目的的美。道家提出「道法自然」，儒家宣導「天行有常」，隋唐之後的思想家又把宇宙萬物的本根與秩序稱為「太極」「理」，這些學說都是強調自然界的本質是和諧有序，有其內在規律，這是與西方文化和美學不可捉摸的宗教命定論，以及世界是由主觀意志盲目衝動造成的觀念絕不相同的。

儒家學說是隨著春秋以來殷周傳統巫術文化的衰微而興起的。從孔子開始，就擯棄了「天命」觀念，崇尚天地的四時更替、節序代謝。孔子讚歎：「天何言哉！四時行焉，百物生焉，天何言哉！」（《論語》〈陽貨〉）在孔子看來，蒼穹籠蓋四野，覆育人類，四時更替，百物繁興，這一切多麼和諧，然而它又絲毫不露造物的痕跡，這就是最高的和美。荀子在他的哲學與美學中，更是力辟宗教有神論，盛稱天地無為無造而又精工自然的和諧魅力。他說：「列星隨旋，日月遞炤，四時代禦，陰陽大化，風雨博施，萬物各得其和以生，各得其養以成，不見其事而見其功，夫是之謂神。」（《荀子》〈天論〉）荀子認為，自然界本身的和諧相生，四時交替，這就是「神」，不存在先天的造物主，荀子用自然和諧之「神」的觀念，替換了殷周宗教的有神論，這種天道觀標誌著先秦人類哲學思想的進步，也使人們對自然的審美觀賞有

1　《美學散步》，上海人民出版社1981年版，第166頁。

了獨立的地位。天地的和諧有序，是儒家的生存與審美的理想，他們將它上升到宇宙規律的高度來推崇，認為這種規律表現了至中無偏的本性。《中庸》一書的作者反覆倡言：「中也者，天下之大本也；和也者，天下之達道也。致中和，天地位焉，萬物育焉。」「中」與「和」是宇宙的秩序與法則。儒家認為，這種自然的法則與人類社會的法則是相通的，因此，他們又將人類社會的道德規範用來說明自然界的存在。春秋時的鄭國子產就提出：「夫禮，天之經也，地之義也，民之行也。」（《左傳》〈昭公二十五年〉）荀子說得更為直接：「天地以合，日月以明，四時以序，星辰以行，江河以流，萬物以昌，好惡以節，喜怒以當，以為下則順，以為上則明，萬變不亂，貳之則喪也，禮豈不至矣哉！」（《荀子》〈禮論〉）荀子直觀地將天地之序與禮義秩序相印證，從「天和」推論到「人和」，以此證明天人合一的哲學觀與審美觀。這種思路也是秦漢時期哲學觀的基本特徵。《易傳》的作者論證天地之序與人倫關係二位一體，賦予自然以倫理的色彩：「天尊地卑，乾坤定矣。卑高以陳，貴賤位矣。動靜有常，剛柔斷矣。方以類聚，物以群分，吉凶生矣。」秦漢時期的儒家認為，天地萬物與人類社會既品類萬殊又互相應和，從差異的角度來說是「禮」，從互相應和的角度來說是「樂」。他們以音樂精神來說明天地人的和諧。《禮記》〈樂記〉指出：「大樂與天地同和，大禮與天地同節。和，故百物不失；節，故祀天祭地。」「樂者，天地之和也；禮者，天地之序也。和，故萬物皆化；序，故群物皆別。」在音樂中，宇宙的秩序得到了淨化與昇華，它是天地和諧之美的結晶。〈樂記〉讚美音樂的和諧有序與天地同應，與萬物共鳴：「清明象天，廣大象地，終始象四時，周旋象風雨，五色成文而不亂，八風從律而不奸，百度得數而有常。小大相成，始終相生，倡和清濁，迭相為經，故樂行而倫清，耳目聰明，血氣和平，移風易

俗，天下皆寧。」而音樂演奏者「動己而天地應焉，四時和焉，星辰理焉，萬物育焉」。在中國的音樂文化中，最能體現出古人以天地四時和諧為美的觀念。禮樂的本體是天地之「和」，這一點宋儒強調得最多。這是因為越到封建社會後期，正統的思想家就越是希望賦予社會秩序與道德以宇宙本體的超驗意義，以此穩固這些官方意識形態在人們心目中的地位，使封建倫常道德深入人心。因而宋代理學家最喜用天地之「和」論證禮義之「和」。如程頤就說：「然推本而言，禮只是一個序，樂只是一個和。只此兩字，含蓄多少義理。又問：禮莫是天地之序，樂莫是天地之和？曰：固是，天下無一物無禮樂，且置兩隻椅子，才不正便是無序，無序便乖，乖便不和。」（《二程遺書》卷十八）後來朱熹也特別強調這一點，在理學家的思想體系中，始自魏晉玄學的儒、道合一的宇宙論與人事論相結合的觀念與方法，通過「中和」範疇表現出來，可以使人們對封建綱常的認同上升到超驗的審美體驗境界。

中國古典哲學與美學的「中和」範疇探討自然界的和諧，立足於對矛盾的對立統一考察。在中國古代哲人看來，所謂和諧，就是矛盾處於協調的狀態，而不是互相偏廢。春秋前「以和為美」的觀念，從自然界和人類社會的存在與運動中，直觀地認識到「天六地五」「聲一無聽，物一無文，味一無果，物一不講」，即把事物的和諧看作由雜多因素所組成的。迄至春秋末期，人們認識到事物最基本的存在形態是由對立的兩極所構成，產生了「物生有兩」的辯證法思想，開始從矛盾的相反相成去看待事物的和諧，提出音樂的和諧就在於將聲音的「清濁、大小、短長、疾徐、哀樂、剛柔、遲速、高下、出入、周疏以相濟也」（《左傳》〈昭公二十年〉載晏子語），並推而廣之，將事物的矛盾對立法則視為宇宙的普遍規律，從對立統一中去看待自然界的和

諧，這便是《周易》中系統論述的陰陽剛柔觀念。《易傳》反覆提出：
「一陰一陽之謂道」，「陰陽合德，而剛柔有體，以體天地之撰」，「在
天成象，在地成形，變化見矣」。嗣後，「兩一」觀念在古代哲學與美
學中便成為基本範疇，也是人們論「中和」的邏輯出發點。如《呂氏
春秋》〈大樂〉云：「陰陽變化，一上一下，合而成章，渾渾沌沌，離
則更合，合則復離，是謂天常。天地車輪，終則復始，極則復反，莫
不咸當。」作者強調，事物的和諧是兩極的統一，和諧最終又被矛盾所
打破，形成新的矛盾統一體，這是從運動的過程來看待和諧的。清代
桐城派古文家姚鼐關於陽剛陰柔之美的論述是很有名的。其中的理論
依據便是《周易》中的陰陽剛柔學說。姚鼐在著名的《復魯絜非書》
中認為：「天地之道，陰陽剛柔而已。文者，天地之精英，而陰陽剛柔
之發也。」文家或偏剛，或偏柔，而陰陽剛柔兼而統之，方能臻於「中
和」，「陰陽剛柔並行而不容偏廢，有其一端而絕亡其一。剛者至於僨
強而拂戾，柔者至於頹廢而暗幽，則必無與於文者矣」。（《海愚詩鈔
序》）這同劉勰在《文心雕龍》〈定勢〉篇中提出「剛柔雖殊，必隨時
而適用」，「然文之任勢，勢有剛柔」的看法是一致的。姚鼐認為陽剛
陰柔各為文章風格體性，但過分執於一端而廢棄其他，就會走向自己
的反面，只有二者的有機調和與補充，才能創造出真正的文章美境。

　　古人論「和」，往往又將陰陽剛柔與「氣」的觀念相結合。古代哲
人把「氣」作為萬物與自然的基本要素與功能。「氣」蘊含陰陽二極，
陰陽之氣的交合，化生出天地的理想狀態，這便是「和」。道家的創始
人老子說過：「道生一，一生二，二生三，三生萬物。萬物負陰而抱
陽，沖氣以為和。」（《老子》〈四十二章〉）認為陰陽二氣的沖和組成
了萬物的和美。《淮南子》〈氾論訓〉指出：「天地之氣，莫大於和。和
者，陰陽調，日夜分而生物。春分而生，秋分而成，生之與成，必得

和之精。故聖人之道，⋯⋯太剛則折，太柔則卷，聖人正在剛柔之間，乃得道之本。積陰則沉，積陽則飛，陰陽相接，乃能生和。」《淮南子》作者從天地陰陽之氣的沖和談到聖人秉受剛柔之性，得其「中和」之氣。陰陽之和既是理想的人格，也是審美的最高層次。這一觀點也為東漢王充所繼承。王充在《論衡》提出，天地陰陽之氣和諧相生，便成和氣，於是產生祥瑞之物：「醴泉、朱草，和氣所生。然則，鳳凰、麒麟，亦和氣所生也。」王充把陰陽調和視作善與美的基本條件，直觀地認為和氣生美物，而戾氣生邪物。宋儒從宇宙發生學的角度提出：太和是陰陽二氣未分、宇宙混蒙一片時的本根，通過「道」的變化而產生陰陽二氣以及萬物。張載說：「太和所謂道，中涵浮沉升降動靜相感之性，是生絪縕相蕩勝負屈伸之始，其末也幾微易簡，其究也廣大堅固。」（《太和》）張載認為「太和」即所謂「道」是宇宙的始基，它由陰陽二氣化生交感，產生出宇宙間萬物，又由陰陽絪縕造成自然萬物的和諧有序，其始也幽微莫測，其究也成就堅固廣大的一切形體。

　　天地自然的和諧之美，不僅體現了自身的秩序性和規律性，而且這種「和」具有目的論的意義，即自然向人生成的倫理意義，這是儒家論「中和」的基本看法。《周易》中提出：「天地之大德曰生」「生生之謂易」，賦予雲行雨施、品物流行的天地以生養萬物、惠澤人類的人情味道。比如西漢董仲舒說：「仁之美者在於天。天，仁也。天覆育萬物，既化而生之，有養而成之，事功無已，終而復始，凡舉歸之以奉人。察於天之意，無窮極之仁也。」（《春秋繁露》〈王道通三〉）董仲舒強調，天的覆育萬物，奉養人類，是通過它的「中和」之德來實現的。只有陰陽二氣的協調統一，才能臻於善與美的境界，所以他又指出：「中者，天下之所始終也；而和者，天地之所生成也。故德莫大

於和，而道莫正於中。中者，天地之美達理也，聖人之所保守。……和者，天（地）之正也，陰陽之平也，其氣最良，物之所生也。誠擇其和者，以為大得天地之奉也。」（《春秋繁露》〈循天之道〉）董仲舒認為，既然天地陰陽二氣處於協調一致之際，是物生最美的時候，最為合乎人的需要，所以人類應該「取天地之美以養其身」。這就是董仲舒在《春秋繁露》〈循天之道〉中反覆闡述的目的論美學（詳見上編第二章第一節）。他的這種天人一體的審美觀對中國古代美學的情景論產生了直接的影響。

　　道家與儒家相比，更欣賞大自然的和諧相生，並且把這種美稱之為「大美」。道家認為自然作為審美對象的和諧，在於它的無目的，無功利，「天不得不高，地不得不廣，日月不得不行，萬物不得不昌」（《莊子》〈知北遊〉）。天地日月的運轉和萬物的繁興，都是自然而然的過程，它既沒有神的意志驅使，也不具備任何人格色彩，這是道家論自然之「和」不同於儒家之「和」的特徵。老子說：「天地不仁，以萬物為芻狗。」（《老子》〈五章〉）明確指出天地對人並不持有仁愛惠澤之心。莊子說：「天無私覆，地無私載，天地豈私貧我哉！」（《莊子》〈大宗師〉）其次，道家認為自然界的存在與發展呈現出無為無造的規律。莊子說：「天下有常然。常然者，曲者不以鉤，直者不以繩，圓者不以規，方者不以矩，附離不以膠漆，約束不以索。」（《莊子》〈駢拇〉）也就是說，自然之道不用任何規矩，就造成了方圓之狀，事物之間的附離和約束都無需外力，而是自然生成的。從自然的和諧中觀察天地之美，這是道家的基本審美觀，它在魏晉南北朝得到了廣泛的發揮。如阮籍的《達莊論》就說：「夫山靜而穀深者，自然之道也。」東晉名士蘭亭修禊時所寫的詩歌，大都抒寫讚美自然的愉悅之情。其中王羲之的兩首詩最具代表性：「悠悠大象運，輪轉無停際。陶化非吾

因，去來非吾制。」「大矣造化功，萬殊莫不鈞。群籟雖參差，適我無非新。」在道家看來，自然的和諧相生是精神實體「道」的顯現。老子指出，「道生一，一生二，二生三，三生萬物，萬物負陰而抱陽，沖氣以為和」（《老子》〈四十二章〉）。「道」的特徵是抽象無形，「道之出言，淡乎其無味，視之不足見，聽之不足聞，用之不可既」（《老子》〈三十五章〉）。但無形的「道」又是統率自然的宗主。因此，道家認為自然界「和」的根本，是從精神之道中求得，而不是如儒家所主張的那樣，在社會道德規範中求取。道家強調，只有在精神之「和」中，自然界的千差萬別才最終得到了統一。道家論自然界的和諧，是要從有形追蹤無形，不同於儒家論自然拘執於具體現象的有序與和諧。《莊子》〈天地篇〉中假託老子説：「夫道，淵乎其居也，漻乎其清也。金石不得，無以鳴。故金石有聲，不考不鳴。萬物孰能定之！……視乎冥冥，聽乎無聲。冥冥之中，獨見曉焉；無聲之中，獨聞和焉。故深之又深而能物焉，神之又神而能精焉。」成玄英疏曰：「雖復冥冥非色，而能陶甄萬象；乃云寂寂無聲，故能諧韻八音。欲明從體起用，功能如是者也。」從這些論述與注解中我們可以清晰地看到，道家美學所說的自然界的和諧，其最根本與最深層的，只有在「無聲」即道體中方能求得，後世受道家思想影響的美學家論自然之和諧，無不從具象進入無名，探求事物本真之美。唐代司空圖在《二十四詩品》中提出「超以象外，得其環中」。所謂「環中」，也就是自然界「道」的和諧。儒家論自然界的和美，往往將它與仁義道德相比附，傳統的「比德」和「比興」說就是這種自然和諧觀的表現，而道家的自然和諧觀是超軼具象，在無聲無色中展現「天籟」之「和」，這顯然較之儒家的自然觀深了一層，其審美對象論對中國古典美學的境界論影響至深。

第二節　社會與藝術之「和」

　　作為審美對象的另一大部類是社會人事與藝術。在人類的審美活動與文藝創作中，什麼樣的社會生活和藝術作品才能構成和諧之美呢？儒、道二家認為社會生活之美與藝術之美必須合於天道，以天人合一的觀念來看待作為審美對象的社會與藝術，這是他們的基本觀點，不過在具體問題上，卻存在著歧異。

　　儒家既主天人合一，因此，它們也就認為社會生活的美就是人民與天相合，熙然自樂，而達到這種天人相合的前提是禮樂秩序的保證，藝術則是這種和樂之情的表現。魏晉時阮籍在其《通老論》中描繪理想社會的特點是：「聖人明於天下之理，達於自然之分，通於治化之體，審於大慎之訓。」「君臣垂拱，完太素之樸，百姓熙怡，保性命之和。」也就是説，社會生活的和諧歸根結底體現了禮義的秩序之美。這一點，《周易》和荀子、《中庸》的作者都不厭其煩地提出過：「有天地然後有萬物，有萬物然後有男女，有男女然後有父子，有父子然後有君臣，有君臣然後有上下，有上下然後禮義有所錯。」（《易傳》〈序卦〉）「故先王案為之制禮義以分之，使有貴賤之等，長幼之差，知愚、能不能之分，皆使人載其事而各得其宜，然後使穀祿多少厚薄之稱，是夫群居和一之道也。」（《荀子》〈榮辱〉）儒家認為，社會之和，來源於「分」。所謂「分」也就是按貴賤等級、長幼之差、智愚之辨將人類區分成不同的社會群體，這種等級差別是絲毫也不能僭越的，所謂社會之「和」，正是建立在「分」的基礎之上的，它表現了儒家心目中的社會和諧其實是宗法封建社會森嚴的等級秩序所構造而成的。這就難怪老莊要對此發出尖銳的批判之聲。

　　儒家美學人物認為，在這種和諧有序，與天相合的社會生活中，

個體的人心中怡陶，於是自然而然地產生了歡樂的藝術，所以說：「樂者，樂（音洛）也。」這種情緒的出現，是與社會生活的和諧相一致的。《禮記》〈樂記〉談到音樂起源時說：「凡音者，生人心者也。情動於中，故形於聲；聲成文，謂之音。是故治世之音安以樂，其政和；亂世之音怨以怒，其政乖；亡國之音哀以思，其民困。聲音之道，與政通矣。」漢代詩學綱領《毛詩序》將這一觀點移於說詩，用來解釋《詩經》的風雅正變。劉勰《文心雕龍》〈時序篇〉據此闡發道：「昔在陶唐，德盛化鈞，野老吐『何力』之談，郊童含『不識』之歌。有虞繼作，政阜民暇，『熏風』詩於元後，『爛雲』歌於列臣。盡其美者，何乃心樂而聲泰也。」劉勰指出，在堯舜之治下，人民生活安寧陶怡，於是內心的愉悅發為聲歌，與「亂世之音怨以怒」不同，所以樂之本體在人之內心，而不是表面的音聲之和。嵇康在著名的《聲無哀樂論》中特別強調這一點。他說：「古之王者，承天理物，必崇簡易之教，禦無為之治。君靜於上，臣順於下；玄化潛通，天人交泰。枯槁之類，浸育靈液；六合之內，沐浴鴻流，蕩滌塵垢，群生安逸，自求多福，默然從道，懷忠抱義，而不覺其所以然也。和心足於內，和氣見於外，故歌以敘志，舞以宣情，……故凱樂之情，見於金石；含弘光大，顯於音聲也。」嵇康認為，古代先王崇尚「無為」之治，當是時也，天人交泰，群生安逸，於是人民將內心和樂之情表達出來，這是一個自然而然的過程。可見，音聲是「和心足於內」的表現，而和樂對於社會與天道起著巨大的反作用。中國古典美學非常重視藝術對社會的回饋作用，甚至有點誇大了這種功用。比如《國語》〈周語〉記載伶州鳩論樂時指出：「夫政象樂，樂從和，和從平。聲以和樂，律以平聲。……夫有平和之聲，則有蕃殖之財。於是乎道之以中德，詠之以中音，德音不愆，以合神人，神是以寧，民是以聽。」這段話是強調和

樂能夠調協民心，應合神祇，促成社會的安寧。反過來，如果百姓視聽不和，就會產生極大的危害。周代大臣單穆公曾告誡周王不要嗜好刺激之樂，以破壞視聽之和。一旦視聽之和被破壞，「於是乎有狂悖之言，有眩惑之明，有轉易之名，有過慝之度。出令不信，刑政放紛，動不順時，民無據依，不知所力，各有離心。上失其民，作則不濟，求則不獲。其何以能樂？」（《國語》〈周語〉）

在傳統的儒家音樂理論中，音樂的本質就是「和」，也就是歡樂，所謂「樂者，樂（音洛）也」。從「以和為美」的觀念出發，儒家一貫把悲怨之音斥為不「和」，排斥於審美物件之外，認為「亂世之音怨以怒，其政乖」。他們提出的理由主要有兩點：

第一，悲怨之音是衰世亡國之音，嗜好者往往導致亡國殺身。他們列舉歷史上夏桀、商紂和秦二世等人的覆亡，原因就在於嗜愛哀怨之音。北朝劉晝《辨樂》一文指出：「哀樂之心感，則噍殺嘽緩之聲應，濮上之音作，則淫泆邪放之志生。故延年造傾城之歌，漢武思靡嫚之色，雍門作松柏之聲，齊潛願未寒之服。荊軻入秦，宋意擊築，歌於易水之上，聞者瞋目，髮直穿冠；趙王遷於房陵，心懷故鄉，作山水之謳，聽者嗚咽，泣涕流連。此皆淫泆、悽愴、憤屬、哀思之聲，非理性和情德音之樂也。」宋儒周敦頤也說：「後世禮法不修，政刑苛紊，縱欲敗度，下民困苦，謂古樂不足聽也。代變新聲，妖淫愁怨，導欲增悲，不能自止。故有賊臣棄父，輕生敗倫，不可禁者矣。」（《通書》〈樂上〉）這些正統樂論都認為悲怨之音使人產生輕生敗亡，破壞社會道德秩序，必須加以堅決摒絕。

第二，儒家的和諧論認為悲怨之音使人內心和氣紊亂，進而擾亂天地之和。《禮記》〈樂記〉提出，哀怨之聲「感條暢之氣，滅平和之德」，阮籍《樂論》亦云：「誠以悲為樂，則天下何樂之有？天下無樂，

而有陰陽調和，災害不生，亦已難矣。樂者，使人精神平和，衰氣不入。天地交泰，遠物來集，故謂之樂也。今則流涕感動，噓唏傷氣，寒暑不適，庶物不遂，雖出絲竹，宜謂之哀，奈何俯仰歎息，以此稱樂乎？」阮籍的樂論受儒家思想影響較深。他在《樂論》中明確反對悲怨之聲，推崇陰陽調和之樂，他認為，凡是不合乎「中和」之德，不表現愉悅之情的，就會導致陰陽失和，這樣的音聲，只能稱之為哀，不能構成審美物件。這說明，儒家的「中和」之美，對藝術審美物件規定的思想內容和情感內容是相當狹窄的。這樣的審美觀念毫無疑問會造成對文藝的限制與阻礙。

道家的看法則與儒家有所不同。他們認為社會生活的逸樂，是合於自然的結果，而禮義則恰恰造成社會與人類的動亂紛爭。與天相合的社會生活中的人，心靈素樸無為，沒有受到貪欲與仁義的薰染，因而是美的。莊子對這種社會形態，傾注了極大的讚頌之情：「古之人，在混芒之中，與世而得澹漠焉。當是時也，陰陽和靜，鬼神不擾，四時得節，萬物不傷，群生不夭，人雖有知，無所用之，此之謂至一。當是時也，莫之為而常自然。」（《莊子》〈繕性〉）莊子謳歌遠古社會之中，天人處於混茫一體之中，陰陽和靜，四時和諧，自然界呈現出一副安寧靜謐的景象，而生活在這個環境中的遠古之人素樸無欲。他們的生活雖然簡陋，而心境卻比文明社會的人更為陶然自得。莊子又說：「夫赫胥氏之時，民居不知所為，行不知所之，含哺而熙，鼓腹而遊，民能以此矣。」（《莊子》〈馬蹄〉）仁義道德的出現，不但無助於人類社會的安寧，反而破壞了天然和諧，莊子為此痛斥：「及至聖人，蹩躠為仁，踶跂為義，而天下始疑矣；澶漫為樂，摘僻為禮，而天下始分矣。故純樸不殘，孰為犧尊！白玉不毀，孰為珪璋！道德不廢，安取仁義！性情不離，安用禮樂！五色不亂，孰為文采！五音不亂，

孰應六律！夫殘樸以為器；工匠之罪也，毀道德以為仁義，聖人之過也。」（《莊子》〈馬蹄〉）儒家把社會生活的和諧歸結為禮義名分。莊子卻認為，社會和諧的內在因素是人心的素樸自然，合於天道，越過自然之道，人為地去規範它，只會破壞和諧，造成虛偽狡詐。從這一點來說，聖人也就是罪人。

　　自莊子之後，許多處於封建等級社會中的進步思想家與文人，憤慨於世俗禮義和各種物欲的殘毀人性，破壞天和，都把遠古生民素樸無為、心靈和諧的社會生活情景作為審美對象來謳歌。魏晉時期這種思想最為活躍，並且影響到詩文創作領域。阮籍《大人先生傳》從發揮老莊的角度提出：「昔者天地開闢，萬物並生。大者恬其性，細者靜其形。陰藏其氣，陽發其精。害無所避，利無所爭。放之不失，收之不盈。亡不為夭，存不為壽。福無所得，禍無所咎。各從其命，以度相守。明者不以智勝，暗者不以愚敗。弱者不以迫畏，強者不以力盡。蓋無君而庶物定，無臣而萬事理，保身修性，不違其紀。惟茲若然，故能長久。」阮籍的這篇文章又受老莊思想沾溉，他假託「大人先生」的汪洋恣肆的筆調，謳歌上古社會素樸清靜，天人相和，無有欺詐壓迫，君臣等級也不復存在，但社會反而祥和安寧，萬物自理。東晉鮑敬言的《無君論》依據老莊的學說，對上古社會的和諧現象作了這樣的描述：「曩古之世，無君無臣，穿井而飲，耕田而食，日出而作，日入而息，泛然不系，恢爾自得，不競不營，無榮無辱。……身無在公之役，家無較調之費，安土樂業，順天分地，內足衣食之用，外無勢利之爭。」阮籍和鮑敬言以激烈的無君論思想，否定了儒家的禮義之和，營造了與天相和、大美無言的人類理想家園。陶淵明則對這種社會生活加以想像和描繪。《桃花源詩並序》描寫了這樣一個社會：人人勞作，怡然自得，「童孺縱行歌，斑白歡遊詣」，它沒有君主，沒

有剝削壓迫，「秋熟靡王稅」，又沒有智巧機詐，「怡然有餘樂，於何勞智慧」。陶淵明在《勸農》詩中也謳歌道：「悠悠上古，厥初生民，傲然自足，抱樸含真。智巧既萌，資待靡因。」生活在這種素樸社會中的人，與天地相合，內心熙然而樂，這是樂（音月）之本體。嵇康在著名的《聲無哀樂論》中曾說：「樂之為體，以心為主，故無聲之樂，民之父母也。」陶淵明更是蓄無弦琴一張，常撫弄以寄內心之意（見蕭統《陶淵明傳》）。道家把社會與藝術和諧的本體視作素樸無為的「道」，人心合於「道」也就得到了「天樂」，而世俗的禮樂只會破壞這種和諧。所以道家歷來對儒家八音克諧的音樂之和是拒斥的。從情感內容來說，道家認為，樂也好，悲也好，只要出於真誠，都是美的，不像儒家那樣，將喜樂之情作為「中和」之美而排斥怨悲之情。莊子後學強調：「真者，精誠之至也。不精不誠，不能動人。故強哭者雖悲不哀，強怒者雖嚴不威，強親者雖笑不和。真在內者，神動於外，是所以貴真也。」（《莊子》〈漁父〉）老子把精誠之情比作赤子：「含德之厚，比於赤子……終日號而不嗄，和之至也。」（《老子》〈五十五章〉）老莊宣導情感的真實無欺，就像赤子一樣，雖終日號哭而無所造作，是為「和之至也」。道家以天和為美，並不把怨悲怒恚之情排斥在「和」之外，關鍵在於情感的真誠無欺，這種審美觀直接啟發了明代徐渭、李贄與公安三袁的「主情」說。

第三節　審美物件形式之「和」

審美物件是相對於審美主體的觀審而言的，它訴諸主體的五官感覺（主要是視覺、聽覺），具有一定的外觀形式，由於人的五官感覺範圍有一定限度，因此外觀形式必須合於主體的需要，才能實現美的價

值。古希臘的亞里斯多德就説過：「一個非常小的活東西不能美，因為我們的觀察處於不可感知的時間內，以致模糊不清；一個非常大的活東西，例如一個一千里長的活東西，也不能美，因為不能一覽不盡，看不出它的整一性。」[2]中國古典「中和」之美在論審美物件時，也涉及了外觀形式的和諧問題，認為形式的和諧與主體的承載有密切的關係，審美主客體是互動的過程。

道家追求審美物件的無限之大，「夫天地者，古之所大也，而黃帝堯舜之所共美也」（《莊子》〈天道〉），「天地有大美而不言，四時有明法而不議，萬物有成理而不説」（《莊子》〈知北遊〉），天地之美的廣大無垠，體現了道的無限魅力。莊子説：「夫道，覆載萬物者也，洋洋乎大哉」（《莊子》〈天地〉），「夫道於大不終，於小不遺，故萬物備，廣廣乎其無不容也，淵乎其不可測也」（《莊子》〈天道〉）。莊子認為主體對無限之美的把握，不能像感受有形之物那樣，僅僅憑恃耳目等感覺器官，而必須用「心齋」「坐忘」等直覺方式去契悟。莊子還指出，膠泥於有形的外觀形式的和美，只會使人「失性」，他反對從外觀形式去探討美的和諧。道家認為對美的把握是得意忘象，沿波討源，會其本體，「以神遇而不以目視」，雖有一定的道理，但由此而否認目觀耳聞的形式和諧之美，未免走向了極端與神秘主義。後來劉勰《文心雕龍》〈物色篇〉糾正了這一偏頗，指出審美感受的過程是「山遝水匝，樹雜雲合。目既往還，心亦吐納」，詩人的感興來源於外物形式的觸發，同時詩人又以自己的興致去升華對外物的感受，構成情物交融的美感天地。南朝受佛教美學影響的宗炳在《畫山水序》一文中論述山水審美時，也多次提到「應目會心」，「身所盤桓，目所綢繆，以形

2　《西方美學家論美和美感》，商務印書館1980年版，第39頁。

寫形，以色貌色」，主張把心與目統一起來，通過感官的作用而引發主體的審美心理活動，這種看法較為全面。

　　儒家強調人為法度的美，重視形式美，孔子提出的文質相副中的「文」，就寓含著形式的和諧有序之意在內，與此同時，他們也重視「觀」的審美作用。孔子提出「興、觀、群、怨」之說，其中「觀」含有通過感官來觀察審視的意思，所謂「聽其言而觀其行」，「觀其所以，視其所由」，《周易》提出：古代聖哲「仰則觀象於天，俯則觀法於天，觀鳥獸之文與地之宜。近取諸身，遠取諸物」。宗白華先生解釋說：「俯仰往還，遠近取與，是中國哲人的觀照法，也是詩人的觀照法。而這觀照法表現在我們的詩中畫中，構成我們詩畫中空間意識的特質。」[3]在審美觀照中，古人對審美物件的空間與時間都有一定的形式要求，這就是和諧的法則。《國語》〈周語〉記載周景王想鑄造一個聲高為「無射」的大鐘，而且別出心裁地想再在上面加上一個發音為「大林」的鐘。單穆公認為它超過了人的聽覺所能承受的能力，不但是不美的，而且勞民傷財。他說：「且夫鐘不過以動聲，若無射有林，耳弗及也。夫鐘聲以為耳也，耳所不及，非鐘聲也。猶目所不見，不可以為目也。夫目之察度也，不過步武尺寸之間；其察色也，不過墨丈尋常之間。耳之察和也，在清濁之間；其察清濁也，不過一人之所勝。是故先王之制鐘也，大不出鈞，重不過石。律度量衡於是乎生，大小器用於是乎出，故聖人慎之。今王作鐘也，聽之弗及，比之不度，鐘聲不可以知和，制度不可以出節，無蓋於樂，而鮮民財，將焉用之！」單穆公指出，耳之所聽，在清濁之間，太大太細都超出了「和」的範圍，也是主體所不能容納的，根本不具備審美的價值。周景王轉而問樂官

3　　《美學散步》，上海人民出版社1981年版，第93頁。

伶州鳩，伶州鳩也指出：「夫政象樂，樂從和，和從平」，「細抑大陵不容於耳非和也，聽聲越遠，非平也，妨正匱財，聲不和平，非宗官之所司也」。伶州鳩強調作為審美對象的樂聲須大小合適，方能為人所審聽。春秋以來，各諸侯國競造高臺，追逐華奢巨麗之美。相傳周靈王造昆明之台，「高百丈，升之以望雲色」；「楚靈王作乾溪之台，立百仞之高，欲登浮雲，窺天上」。對此，許多大臣頗不以為然，認為它華靡奢，不合實用，超過了視察之「和」。《國語》〈周語〉記載：「靈王為章華之台，與伍舉升焉，曰：『台美夫？』對曰：『臣聞國君服寵以為美，安民以為樂，聽德以為聰，致遠以為明；不聞其以土木之崇高、彤（雕）鏤為美，而以金、石、匏、竹之昌大、囂庶為樂，不聞其以觀大視侈淫色以為明，而以察清濁為聰也。』」伍舉在這裡批評了楚靈王造章華台是「以觀大視侈淫色以為明」，實際上也指明了章華台的巨麗華靡違背了和諧的法則。不符合主體審美的需要。當然，這裡的外觀和諧已經不僅僅是形式美問題，而且進入了善的倫理評價領域。在儒家看來，巨麗華美不但破壞了視聽之和，而且勞民傷財，是亡國之君的嗜好。《呂氏春秋》〈侈樂〉就指出：「亂世之樂為木革則若雷，為金石之聲則若霆，為絲竹歌舞之聲則若噪。以此駭心氣，動耳目，搖盪生則可矣，以此為樂則不樂。故樂愈侈，而民愈郁，國愈亂，主愈卑，則亦失樂之情矣。」《呂氏春秋》認為亂世之君由於心態失衡，追逐刺激之音，擾亂了天地之和，造成亡國亂民。這種音樂，背離了音樂的「和為本」的原則。後來許多有識見的文人，極力反對國君玩物喪志，嗜好亡國之音，奢靡宮室。比如漢成帝時，皇帝窮奢極欲，不顧民力與財力，廣建宮室，以險峻巍峨、非目觀所能及為美，許多有識之士加以反對，如「揚子雲（雄）上《甘泉宮》，妙稱神怪，若曰非人力所能為，鬼神力乃可成。皇帝不覺。為之不止。」（《論衡》〈譴

告）） 這是説的揚雄作賦諷諫漢成帝追求宮室的險怪奇譎。當然，從另一方面來説，儒家提倡外觀形式的和諧，反對險厄，這是有它的道理和積極意義的，但一旦將它作為固定不變的「中和」尺度，就往往變成保守觀念了。事實上，許多崇高的審美物件正是以其突破和諧外觀為前提的，它在人們審美心理中激起的反應是驚懼、恐怖和痛感，令人視聽不和，最終引起崇高、悲壯的審美心理效應。對此就不能一概斥之為險怪。漢唐時代，由於時代精神的奮勃向上，審美物件的宏偉壯麗、突破常規往往為人所激賞。漢大賦中的林苑田野、宮館台榭就以大為美，其中如司馬相如《上林賦》中描寫天子之樂雄壯磅礡：「撞千石之鐘，立萬石之虛，建翠華之旗，樹靈鼉之鼓，奏陶唐氏之舞，聽葛天氏之歌，千人唱，萬人和，山陵為之震動，川穀為之蕩波。」它表現的是漢帝國磅礡壯麗的聲威，渲染的是崇高之美，對於儒家的和諧觀，不啻為一種衝擊。

第二章

審美心態之「和」

　　中國古典美學的「和」範疇，認為主體心態的和諧愉悅受制於客體物件的狀態。儒家提出：「和聲入於耳，而藏於心，心億則樂。」道家將自然之道看作主體之和的指歸，倡言「和以天倪」，「虛無恬淡，乃合天德」。就這一點來說，儒、道二家主張主客體的統一。但是另外一方面，他們又清醒地看到，客體與主體的矛盾是普遍存在的。審美客體的雜亂不和往往會破壞主體視聽的和諧，所謂「五色令人目盲，五音令人耳聾，五味令人口爽（《老子》〈十二章〉）。其次，儒、道二家認為人的情感對外物的刺激難以自控，稍有不慎就會越過度量，導致淫荒暴亂，「好惡無節於內，知誘於外，不能反躬，天理滅欲」（《禮記》〈樂記〉）。因此，如何使主體與客體達到和諧，除了客體因素之外，主體心態的「和」也是相當重要的，個體達到與社會的和諧，才能實現審美協調人心、溝通情感的目的，進入「天人合一」的最高境界。

第一節　情志的和諧

從先秦開始，中國古典美學就確立了藝術是情志發動產物的觀念。荀子《樂論》和《莊子》諸書都明確地提出了這一點，「言志」和「緣情」可以說是中國古代審美心理學的邏輯出發點。

中國古典美學高度重視主體情志對藝術創作與鑒賞的作用，同時也敏銳地看到了情感的雙重性。儒家一方面認為情是人的本質的體現，另一方面又強調，這種自然感性必須用嚴格的禮義來規範，把握住它的「度」。這是因為，中國很早就建立了宗法等級社會，強調禮義對社會的協調作用，它以節制個人的情欲為前提。馬克思說：「人一方面賦有自然力、生命力，是能動的自然存在物，這些力量是作為稟賦和能力，作為情欲在他身上存在的；另一方面，作為自然的、有形體的、感性的、對象性的存在物，人和動植物一樣，是受動的、受制約的和受限制的存在物。也就是說，他的情欲的對象是作為不依賴於他的對象而在他之外存在著的。」[1] 由於人生活在社會環境中，情欲要求與外界往往相衝突，如何對待這種沖突，也就存在調節適中的問題。荀子指出：「人生而有欲，欲而不得，則不能無求；求而無度量分界，則不能不爭；爭則亂，亂則窮。先王惡其亂也，故制禮義以分之，以養人之欲，給人之求。使欲必不窮於物，物必不屈於欲，兩者相持而長，是禮之所起也。」（《荀子》〈禮論〉）荀子明確地指出，欲的存在有一個「度量分界」的問題，超過了這個度量，不但個體的人會妨礙他人，形成爭亂，而且個體的情欲在爭亂中也遭到破滅。荀子提出：「故人一之於禮義而兩得之矣；一之於情性則兩喪之矣。」（《荀子》〈禮論〉）禮義是使情欲適中的尺度，所以荀子又說：「曷謂中？曰：禮義

1　《一八四四年經濟學——哲學手稿》，人民出版社一九七九年版，第120頁。

是也。道者非天之道，非地之道，人之所以道也，君子之所道也。」（《荀子》〈儒效〉）稍後的《呂氏春秋》從養生、適性的角度出發，提倡人的情欲適中而止：「故樂之務在於和心，和心在於行適。」（《呂氏春秋》〈適音〉）「凡養也者，瞻非適而以之適者也。能以久處其適，則生長矣。生也者，其身固靜，感而後知，或使之也。遂而不返，制乎嗜欲。制乎嗜欲無窮，則必失其天矣。」（〈侈樂〉）《呂氏春秋》的作者認為音樂在於使心靈得到怡和，適於性情，如果一味放縱情欲，則必然使人失去理義，逐於物欲而不能自返。到了宋明理學時期，荀子的禮義被理學家融合道家學說，改造成宇宙間普遍的倫理本體。在理學體系中，「理」是宰制、統攝情欲的尺度，符合天理的就是適中，反之就是偏激、貪嗔，「天理存則人欲亡，人欲勝則天理滅」。這種理論已經帶有準宗教的氣味，有點走向極端了。

在審美與文藝創作中，如何使審美情感達到「中和」呢？荀子認為關鍵是每個人要懂得「義」，明確自己所承擔的社會道義，「故義以分則和，和則一」（《荀子》〈王制〉），在審美和藝術創作活動中，就是用理性來調協情欲。荀子說：「樂者，樂也；君子樂得其道，小人樂得其欲；以道制欲，則樂而不亂；以欲忘道，則惑而不樂。」（《荀子》〈樂論〉）當然，簡單地用禮義來壓抑情感，並不能完全達到和諧，所以儒家中人又強調中節的概念。〈中庸〉指出：「喜怒哀樂之未發，謂之中；發而皆中節，謂之和。中也者，天下之大本也；和也者，天下之達道也。致中和，天地位焉，萬物育焉。」〈中庸〉的作者認為，就情感的最佳狀態來說，是隱而不發，但一旦發動了，只要中節，也就不算過分。早期儒家並不主張禁欲，而是強調情性相和。董仲舒也說：「喜怒止於中，憂懼反之正，此中和常在乎其身，謂之得天地泰。」（《春秋繁露》〈循天之道〉）什麼樣才能算作「中節」呢？儒家一般認

為，情的發動受制於物的刺激，物之所至，情亦以至，不過分，不做作，這就是「中」。董仲舒把人的情欲發動與四季時令相比附，提出：「人有喜怒哀樂，猶天之有春夏秋冬也。喜怒哀樂至其時而欲發也，若春夏秋冬之至其時而欲出也。皆天氣之然也。其宜直行而無鬱滯，一也。」（《春秋繁露》〈如天之為〉）董仲舒認為，節氣的轉換是以時令的感召為前提的，這是自然之道。同樣，人的情欲也是由物之刺激，當怒則怒，當喜則喜，這就是「中節」。邵雍說：「以物喜物，以物悲物，此發而中節者也。」（〈觀物外篇〉）朱熹說得更為明確：「問聖人恐無怒容否？曰：怎生無怒容？合當怒時，必亦形於色；如要去治那人之罪，自為笑容，則不可。曰：如此，則恐涉忿怒之氣否？曰：天之怒，雷霆亦震，舜誅四凶，當其時而須怒。但當怒而怒，便中節，事過便消了，更不積。」（《語類》卷九十五）朱熹認為聖人也不是不發怒，而是當怒則怒，如天怒之時雷霆大震，但怒過則消，這也是「中節」。這種情性觀，顯然吸取了道家的「情性自然」說，顯得較為公允。

在文藝領域中，孔子較早地提出了「興、觀、群、怨」之說，看到了詩歌對陶冶情性所起的作用。孔子疾惡「鄭聲」對「雅樂」的衝擊，提出「思無邪」的主張。所謂「思無邪」也就是對思想情感的規範，使之合乎「中和」的標準。這與後來荀子所說的「以道制欲」是一個意思，它對後來創作主體論的影響甚大。西漢儒者把「思無邪」作為法度規定了下來。揚雄提出：「詩人之賦麗以則，辭人之賦麗以淫。」（《法言》〈吾子〉）也就是要求詩人創作合乎「中和」。後來劉勰《文心雕龍》〈明詩〉篇又一再強調：「詩者，持也，持人情性，三百之篇，義歸無邪。」將詩人的主體情思歸結為「無邪」。到了宋代，「持人情性」成為詩教的重要內容。古文運動的代表人物之一趙湘在

《王象友使甬上詩集序》提出：「詩者，文之精氣，古聖人持之攝天下邪心。」而要「攝天下邪心」，就必須使自己的性情「溫而正，峭而容，淡而味，貞而潤，美而不淫，刺而不怒」，在詩文中傳達出「中和」的思想情感。與趙湘同時的智圓也鼓吹：「或曰：情動於中而形於言，何率情之非乎？曰：有是哉！節情以中則可。……夫喜而不節則其言佞，怒而不節則其言訐，哀而不節則其言儒，樂而不節則其言淫。……中也者，天下之大本也；和也者，天下之大道也。故愚以為庶乎中和乃立言之大要也。」（《答李秀才書》）智圓竭力將「中和」視為天地之本，性情之本，唯有「中和」才是做人與做詩的成功要訣。儘管「節情以中」是從孔子開始就反覆申述的一條審美原則，千百年來這種理論就像一塊淡而無味的肉骨頭，你吐出來我接過來啃，我啃完了你再接著嚼，沒有一點新鮮味道，但是由於它符合亙古延續的中國封建社會倫理綱常的需要，所以一再被人頂禮膜拜，當作詩學之正宗，審美之圭臬，這也是完全順乎情理的。

　　儒家的「中和」思想認為，個體的和諧，是實現社會和諧的基礎。當個人在體現社會貴賤差異的禮義面前達到了主體心志的和諧之後，也就與他人有了共同語言。〈樂記〉提出：「是故君子反（返）情以和其志，比類以成其行。奸聲亂色，不留聰明；使耳目鼻口心知百體，皆由順正以行其義。」〈樂記〉作者認為，情欲與志（理性）趨於和諧後，各種邪辟之氣就不鬱積於胸中，心靈得到了淨化，懂得按照禮義去立身行事，這就是「敬」與「慎」的道德觀念的樹立。〈樂記〉反覆申說：「樂也者，動於內者也；禮也者，動於外者也。樂極和，禮極順，內和而外順，則民瞻其顏色而勿與爭也，望其容貌而民不生易慢焉。故德輝動於內而民莫不承聽；理發諸外而民莫不承順。」「故樂者，審一以定和，比物以飾節，節奏合以成文，所以合和父子君臣，

附親萬民也，是先王立樂之方也。」這段話露骨地表明，禮樂之和可以治心，治心在於使百姓對統治者恭敬有加，消除輕慢之心，維護宗法封建社會的長治久安。由個體之「和」推向人類的群體之「和」，再由人類之「和」通向天道之「和」，實現天人合一的審美與政治理想，這是儒家「中和」範疇的指歸。

中國古典美學論主體心態的和諧時，還提出了「泄導」之說。主張文藝以宣洩來維持人的心理平和。《左傳》〈昭公二十年〉曾記載晏子提出過製作大羹要善於調和味道，「濟其不及，以泄其過」。也就是說，通過泄導使原來不足或太過的東西達到協調。「發乎情，止乎禮義」與「持人情性」是外在的強制扭曲，往往造成主體情志的壅塞或流宕，如宋明理學以天理滅人欲，反而催發了明代縱欲主義的創作傾向；兩漢嚴申禮教，導致了魏晉時《列子》書的享樂主義。所以古人還宣導「疏引」之說，認為這種方法，比一味堵塞更為有效。《荀子》〈樂論〉提出：人在外物刺激下，情感往往難以控制，「先王惡其亂也，故制雅頌之聲以道（導）之，使其聲足以樂而不流，使其文足以辨而不諰，使其曲直、繁省、廉肉、節奏足以感動人之善心，使夫邪汙之氣無由得接焉，是先王立樂之方也」。荀子強調對人的審美情感採用雅樂來加以泄導。當人的情感到了悲怨憤懣、不能自已時，就會如李贄《雜說》中所說「蓄極積久，勢不能遏」，一旦越過「度」就會造成暴亂，所以，通過審美活動的宣洩，可以使主體情志達到淨化與「中和」。西方美學家論悲怨之情時，往往強調宣洩以達淨化。如亞里斯多德說，悲劇的作用是「激起憐憫和恐懼，從而導致這些情緒的淨化」（《詩學》）。英國近代著名詩人華茲華斯論詩時指出：「痛苦的思緒向我襲來，及時抒發減少了悲哀，使我平靜。」（《不朽的幻象》）中國古代《管子》〈內業篇〉也提出：「凡人之生也，必以平正，所以失之，

必以喜怒憂患。是故止怒莫若詩，去憂莫若樂，節樂莫若禮，守禮莫若敬，守敬莫若靜。」也就是說，詩、樂以抒情的方式，使怨憤之氣得到宣洩，最終臻於主敬、主靜的平和心境。清代經學家皮錫瑞《經學通論》引西漢劉向語曰：「夫詩思然後積，積然後流，流然後發，詩發於思，思以勝怒，以思相感，則情深而氣平矣。此詩之所以為教歟？」劉向認為，詩的功能就是疏導制怒，詩教的功能主要是使人情性平和，滌除怨氣。儒家看到，主體情感的不平，就在於詩人有感於社會的黑暗無道和君主的昏庸，「亂世之音怨以怒，其政乖」。因此，通過吟詠情性，發洩鬱悶，不但可以使寫詩者心境漸趨平和，而且也使君王瞭解民情，「上以風化下，下以風刺上」，達到調和君臣關係的效果。這種思想，在漢代《詩大序》中即已萌芽，而唐代的白居易發揮得最為透徹。白居易認為：「感人心者，莫先乎情，莫始乎言，莫切乎聲，莫深乎義。」（《與元九書》）而作者的情感又來源於對社會現實政治的感發，所以他提出：「文章合為時而著，歌詩合為事而作。」（《與元九書》）他認為古人重視用詩歌宣洩不平之情，以諷諭諫勸君主，但是到了後來言路阻塞，君主昏蔽，「君耳惟聞堂上言，君眼不見門前事。貪吏害民無所忌，奸臣蔽君無所畏」（《采詩言》）。白居易認為要改變這種朝政昏暗的危險局面，必須廣開言路，而詩歌就具有泄導民情，諷諭諫勸的重要作用。白居易自敘其身為諫官之時，「啟奏之外，有可以救濟人病，裨補時闕而難於指言者，輒詠歌之，欲稍稍遞進聞於上」（《與元九書》）。白居易認為，經過補察時政、泄導人情，可以平息人們心頭的怒氣，使君主改良政治，實現他理想中的儒家王道之政。

中國古典美學的「中和」之說論及心理泄導時，還強調情感淨化後的心境平和與自我慰藉。當人遭受不幸，產生種種悲怨之情時，通

過審美活動的泄導，原來不平的情緒又重新趨於寧靜。司馬遷的「發憤著書」說就蘊含著這層意思。他說：「《詩》三百篇，大抵聖賢發憤之所為也。此人皆意有所鬱積，不得通其道，故述往事，思來者。」（《報任安書》）在司馬遷看來，歷史上的賢人、聖人，遭受了種種非刑和不幸的際遇後，心頭鬱積著不平之情，於是發而為著述，排除了心頭的鬱積，精神得到了安慰。司馬遷的這一觀點，是對孔子「詩可以怨」思想的發展。孔子僅僅強調詩歌「怨刺上政」的作用，而司馬遷則認為著書可以使個人痛苦得以解脫。魏晉時的嵇康不滿於司馬氏的殘暴統治，將滿腔郁憤傾注於琴聲中，心靈得到了暫時的安慰。嵇康在《琴賦序》中自敍：琴聲可以「宣和情志，發洩幽情。處窮獨而不悶者，莫近於音聲也」，他在賦文中讚美琴音：「含至德之和平，誠可以感蕩心志，而發洩幽情矣。」嵇康推崇琴音，是因為它可以使心情經過淨化後，昇華到「和」的境界。南朝梁鍾嶸《詩品序》談到詩歌肇自詩人悲劇身世的刺激，「凡斯種種，感蕩心靈，非陳詩何以展其義，非長歌何以騁其情？故曰：『詩可以群，可以怨』，使窮賤易安、幽居靡悶者，莫尚於詩矣」。按照鍾嶸的理解，雖然人們遭受了不幸，但是通過寫詩，可以消除內心的悲怨，使心境慢慢平和，於是自然就「窮賤易安，幽居靡悶」了。所以錢鍾書先生詼諧地將鍾嶸的這一詩學主張稱作為止痛安神的藥劑[2]。

第二節　「溫柔敦厚」與人格涵養

中國古典美學的「中和」範疇，不但強調審美心理的節情以中，

2　見《詩可以怨》，《文學評論》1981年第1期。

而且從根本上注重情性的柔順溫良，將它作為一種人格修養，儒家人物認為詩人一旦有了這種胸襟懷抱，所作之詩自然會達到「中和」境界。宋明理學家和清儒沈德潛、何紹基等人十分強調這一點。如沈德潛說：「有第一等襟抱，第一等學識，斯有第一等真詩。」（《說詩晬語》）他的「第一等襟抱」，即是指「溫柔敦厚」的情性，文品出於人品，這也是中國古代美學的重要觀點。

「溫柔敦厚」最早見於《禮記》〈經解篇〉，是儒家用來闡釋「六藝」之教的。它的原文是：「孔子曰：入其國，其教可知也。其為人也溫柔敦厚，《詩》教也；疏通知遠，《書》教也；廣博易良，《樂》教也；潔靜精微，《易》教也；恭儉莊敬，《禮》教也；屬辭此事，《春秋》教也。故《詩》之失愚，《書》之失誣，《樂》之失奢，《易》之失賊，《禮》之失煩，《春秋》之失亂。……其為人也溫柔敦厚而不愚，則深於《詩》者也。」這段話大致是說，從一個國度中人民的文化教養與性格特徵中，可以判斷出統治者施行「六藝」之教的狀況。「溫柔敦厚」是《詩》教所培育出來的「中和」人格。關於《經解篇》的宗旨，《經典釋文》引鄭玄說：「《經解》者，以其記『六藝』政教之得失。」《淮南子》〈泰族訓〉和董仲舒的《春秋繁露》〈玉杯〉篇都談到過儒者以「六藝」陶冶、訓育人的作用。這大概因為《詩》《樂》與其他政治歷史和倫理學課程相比，具有愉悅人心、溝通感情的功能，也就是孔穎達所說的「與民相感思情至極者」。《禮記》〈樂記〉談到樂（包括詩歌、舞蹈）對人心的感化時也說：「樂也者，聖人之所樂也，而可以善民心，其感人深，其移風易俗，故先王著其教焉。」兩漢時代，除了用音樂與詩歌來教化人民、移風易俗外，有鑒於封建大一統專制國度中君尊臣卑的綱常，儒生們又主動地將「溫柔敦厚」的情性修養與恭敬之禮結合起來，提倡用詩來規諷帝王的過失，於是「溫柔敦厚」說又與「美刺」說相

融匯。正如孔穎達疏「溫柔敦厚」時指出的：「溫謂顏色溫潤，柔謂情性和柔。《詩》依違風諫，不指切事情，故云溫柔敦厚，是《詩》教也。」（《禮記正義》）漢代人提倡「溫柔敦厚」，主要想用《詩經》三百篇當諫書，來規諷帝王，但又懾於君臣之義，只好將情性加以「中和」，依違諷諫，委婉曲致，而「溫柔敦厚」則是這種情性修養與人格。

「溫柔敦厚」從人格角度來說，就是將「允執其中」作為一種性格與品德來培養，以形成自覺的人格修養與道德境界。朱自清先生在《詩言志辨》〈溫柔敦厚〉中曾引證郭沫若《周彝銘中之傳統思想考》一文，指出「中」的思想溯自殷周時代的傳統觀念：「德字始見於周文，於文以『省心』為德。故明德在乎明心，明心之道欲其謙沖，欲其荏染，欲其虔敬，欲其果毅，此得之於內者了。其得自於外，則在崇祀鬼神，帥型祖德，敦篤孝友，敬慎將事，而益之以無逸。」朱先生對此發揮道：「所說的君臣之分、『中道』，以及『謙沖』、『荏染』、『敦篤孝友，敬慎將事』等，『溫柔敦厚』一語的涵義裡都有。周人文化，繼承殷人；這種種思想真是源遠流長了。而『中』尤其是主要的意念。」[3]這可以說揭示出了「溫柔敦厚」的傳統文化淵源。

正因為「溫柔敦厚」不僅注重「發而皆中節」，即對情感的泄導、制約，而且重視根本的心理涵養，強調「喜怒哀樂之未發」，把深層的文化素養與人格薰陶作為藝術創作之根本，因此，從宋明理學開始，對此十分感興趣，多所闡發。宋代理學家標榜「惟務養性情，其它則不學」，所謂性情之學，無非是把「誠」「敬」「仁」等道德觀念作為天賦人性來控引情欲，強調根本的人格修養與道德境界，將外在的約

3　《朱自清古典文學論文集》（上），上海古籍出版社1980年版，第309-310頁。

束變成內在的自覺，以堅固信念，滌除嗜欲。理學的早期人物周敦頤提出：「聖人立之以中正仁義而主靜，立人極焉。」（《通書》）他所謂的「主靜」，包含著「溫柔敦厚」在內的人格修養。怎樣才能立之以中正，實現「溫柔敦厚」呢？宋代理學吸取了道家深觀物化、虛靜無欲的學說。把一己之情與物化之性對立起來，認為「以物觀物，性也；以我觀物，情也。性公而明，情偏而暗。人得中和之氣則剛柔均，陽多則偏剛，陰多則偏柔」（邵雍〈觀物外篇〉）。也就是說，對自己的一切遭遇也放到天地大化的旋律中去認識，勿我，勿情，勿固，這樣就能因性而明，棄情用中，達到「溫柔敦厚」的境界了。北宋理學家二程把內心之和作為詩之根本。如程頤說：「孔子曰：有德者必有言。何？和順積於中，英華發於外也。故言則成文，動則成章。」（《二程遺書》卷二十五）他們用「主敬」「主靜」與「誠」等道德概念充實古典的「溫柔敦厚」之說。特別是宋以後的文人，往往把「誠」作為溫柔敦厚的內涵。如元好問就說：「唐詩所以絕出於《三百篇》之後者，知本焉爾矣。何謂本？誠是也。……唐人之詩，其知本乎！何溫柔敦厚、藹然仁義之言之多也！」元好問認為，唐詩所以在《詩經》之後獨樹風標，是因為把握住了「誠」，即內心道德的真誠無偽，溫柔敦厚，有了這種堅定的信念與人格，故歷盡磨難者如杜甫，所作之詩怨而不怒、心可鑒天，是詩人的楷模。「誠」本是由《中庸》提出，經宋儒大加發揮的道德範疇，它是天地之本與人性之本的融貫，具有本體論的意義，宋代理學家將它與溫柔敦厚結合在一起，使溫柔敦厚成為詩人的內在素養，而與外向的感物吟志相對立。漢儒言「溫柔敦厚」並不反對外界事物的刺激感染，《詩大序》就提到：「國史明乎得失之跡，傷人倫之廢，哀刑政之苛，吟詠情性以風其上。」「溫柔敦厚」只是屬於「吟詠情性以風其上」時所持的基本態度，宋代之後，它卻變

成內向型的道德修養。金元之際的郝經在《內游》一文中提出，司馬遷情性未得「中和」，雖有奇才，但是創作偏離經義，與其像司馬遷那樣勤於外遊，還不如遊心內運，體悟聖人經義，進行道德上的自我修養，培養「溫柔敦厚」的性情。郝經提出：「持心禦氣，明正精一，游於內而不滯於內，常和而不悖。如止水，眾止不能易；如明鏡，眾形不能逃；如平衡之權，輕重在我；無偏無倚，無汙無滯，無撓無蕩，每寓於物而遊焉。」（《內遊》）當「內遊」到達一定程度時，就心平氣和，澄淨如鏡了。清代的何紹基與郝經的主張有所不同，他提倡把讀聖人之書與平日立身行事結合起來，培養「溫柔敦厚」的情性。他提出：「溫柔敦厚，詩教也。此語將《三百篇》根底說明，將千古做詩人用心之法道盡。」（《題馮魯川小像冊論詩》）他自己做詩，就以「溫柔敦厚」作為性情戒律，「一切寄誕語、牢騷語、疵貶語，皆所不喜，亦不敢也」（《東洲草堂詩集自序》）。怎樣才能培養這種為詩之「底氣」呢？何紹基指出有兩條路子：一條是讀書以養性，「作詩文必須胸有積軸，氣味始能深厚，然亦須讀書。看書時須從性情上體會，從古今事理上打算。」（《題馮魯川小像冊論詩》）另一條是從日常生活中做起，涵養「溫柔敦厚」之氣，「平日明理持氣，於孝悌忠信大節，從日用起居及外間應務，平平實實，自己體貼得真性情，時時培護，字字持守，不為外物搖奪，則真性情方才固結到身心上」（《與汪菊士論詩》）。很顯然，這不過是將「溫柔敦厚」與宋明理學的人性之學結合起來，用來規範主體，進而使詩文合乎「中和」的審美標準。這種創作態度最終導致詩人視野狹小，心靈禁錮，只在性情義理上做文章，陳陳相因，宋詩派的末流就墮入了這種迷徑。

「溫柔敦厚」從根本上來說，是從儒家的政教大義推衍出來的，但它也觸及了審美創作含蓄蘊藉，言不盡意的美學特徵。儒家的「中和」

美學要求用「溫柔敦厚」即情性溫和不偏激直露的主體態度來從事文藝創作，當這種創作形諸物態後，一般呈現出含蓄的風格。它暗合中國古典詩歌的民族特徵，因此，歷史上許多人往往借它來闡說詩的風格特徵。中國古代詩歌多為四、五、七言的短制，一般要求作者的情感含而不露，這也就是「婉而多諷」「依違譎諫」。司空圖提出：「不著一字，盡得風流。」（《詩品》）皎然宣導：「但見情性，不睹文字，蓋詩道之極也。」（《詩式》）宋代張戒是鼓吹「溫柔敦厚」詩教的代表人物。他認為言志詠物以含蓄為美：「梅聖俞云『狀難寫之景，如在目前』，元微之云『道得人心中事』，此固白樂天長處。然情意失於太露，遂成淺近，略無餘蘊，此其所短處。」（《歲寒堂詩話》）張戒看到了元白詩風的弊病在於片面追求內容的「規諷」而放棄了詩情的委婉，造成詞意的淺露。他的這種批評是很有見地的。清代沈德潛論「溫柔敦厚」也包含著對詩的美學特徵的闡發，他認為主體情思須通過對景物的吟詠表現出來，不宜直露。如他説：「事難顯陳，理難言罄，每托物連類以形之，郁情欲舒，天機隨觸，每借物引懷以抒之，比興互陳，反覆唱歎。……倘質直敷陳，絕無蘊蓄，以無情之語而欲動人之情，難矣。」（《説詩晬語》）沈德潛提倡詩情的表露宜通過比興來實現，以收到更好的效果。《桃花扇》的作者孔尚任也從情景關係上談及「溫柔敦厚」的意義。他説：「凡情觸於景而無所不言者，感發之謂也；景纏於情而不能盡言者，涵蓄之謂也。非謂半熟含糊剿襲陳腐之語，不癢不痛，自欺欺人，而遽謂之涵蓄也。」（《長留集序》）孔尚任認為情寓於景正是含蓄的表現，而不是詞意含混，不癢不痛，這顯然是從美學的角度去理解「溫柔敦厚」的。中國古典藝術的情景交融、比興言志原則，都同「溫柔敦厚」所提倡的含蓄風格有關，就這一點而言，「溫柔敦厚」的積極意義是應當肯定的。

第三節　超越功利的「大和」心態

　　儒家倡情理「中和」之說，以「溫柔敦厚」為本，這都是在不廢棄情感與自我的基礎上來達到「中和」心態。道家則宣導是以虛靜空明的心態來契合「道」，達到超功利的「大和」審美境界。

　　道家認為「道」自然而然地覆育萬物，它是公正無私的，要獲得「大和」，就必須遺棄自我與感性欲求，「和以天倪」。莊子對主體的心境之「和」從幾個方面作了闡述。首先，在美醜的審察上，莊子認為主體須持「道」的尺度，而「道」是一種超越差別的至境至理，在「道」之中，一切外在的美醜、善惡等都消泯了。莊子認為：「物固有所然，物固有所可。無物不然，無物不可。故為是舉莛與楹，厲與西施，恢恑憰怪，道通為一。其分也，成也；其成也，毀也。凡物無成與毀，複通為一。」（《莊子》〈齊物論〉）莊子以其睿智深刻的哲人眼光，告誡世人，任何事物的差別是相對的，最美麗的西施與最醜陋的「厲」，在無差別的「道」之中也是同一的。主體持以「中和」，就能應物之變，「美成在久，惡成不及改，可不慎與！且夫乘物以遊心，托不得已以養中，至矣」（《莊子》〈養生主〉）。成玄英疏曰：「不得已者，理之必然也。寄必然之事，養中和之心，斯真理之造極，應物之至妙者乎！」所謂「中和」之心，在莊子看來，就是虛靜蕩然，無偏無倚，任從自然，去掉自我。其次，莊子認為人的情感帶有濃厚的主觀色彩，最易障蔽主體對於「道」的觀審，必須堅決摒除，「人大喜邪？毗於陽；大怒邪，毗於陰。陰陽並毗，四時不至，寒暑之和不成，其反傷人之形乎？」（《莊子》〈在宥〉）人之喜怒無常，就會使陰陽錯位，傷人之形。莊子認為排除情感的干擾，才能「和以天倪」，為此《莊子》〈知北遊〉中提出：「敬之而不喜，侮之而不怒者，惟同乎天和者為然。」而「大

和」「天和」的特點就是物我合一，它在審美心境上表現為超越功利，空明澄淨。晚唐詩論家司空圖在《二十四詩品》指出：「素處以默，妙機其微。」所謂「素處以默」，就是「平居澹素，以默為守，涵養既深，天機自合，故云妙機其微」（郭紹虞《詩品集解》）。而伴隨這種心境的，則是沖和超脫的美感效應。司空圖在《二十四詩品》的其他地方還提出「空潭瀉春，古鏡照神」，「虛佇神素，脫然畦封」，「體素儲潔，乘月返真」等觀點，渲染人在恬淡心境下對自然妙景的賞悟、應會。這種心物一體的詩境，也就是老莊哲學中所推崇的「天和」「大和」境界，司空圖《二十四詩品》中老莊哲學的詩化，進一步拓展了道家美學的天地，深刻地影響到唐以後的中國美學與藝術。比如明人李日華在《紫桃軒雜綴》中說：「乃知點墨落紙，大非細事，必須胸中廓然無一物，然後煙雲秀色，與天地生生之氣，自然湊泊，筆下幻出奇詭，若是營營世念澡雪未盡，即日對丘壑，日摹妙跡，到頭只與髹采圬墁之工爭巧拙於毫釐也。」這是將道家的「沖和虛靜」說用來說明藝術創作心理現象。李日華強調藝術家「胸中廓然無一物」，自可「幻出奇詭」，若是「營營世念」未盡，就無法創作出興會神到的作品。

　　從藝術創作的過程來說，只有心靈的「和」，才能捕捉物件的精神之美，臻於物我無際的意境。白居易有一首《清夜琴曲》的詩，生動地描繪了自己清夜鼓琴時的心境與琴曲的意境之美：「月出鳥棲盡，寂然坐空林。是時心境閑，可以彈素琴。清冷由本性，怡淡隨人心。心積和平氣，本應正始音。響餘群動息，曲罷秋夜深。正聲感元化，天地清沈沈。」詩中描寫了在清冷閒靜的月色中，詩人以中和清雅的心境鼓琴，在琴聲中感受到物我合一的悠然境界，同時也抒發了內心的幽情。明代徐上瀛在著名的《大還閣琴譜》中提出十幾種琴樂的境界，第一等就是「和」：「稽古至聖，心通造化，德協神人，理一身之性情，

以理天下之人性情，於是制之為琴。其所首重者，和也。」所謂「和」，也就是以心境的和諧恬淡，與山川自然、天地萬物周始，「要之神閉氣靜，藹然醉心，太和鼓鬯，心手自知，未可一二而為言也。太音希聲，古道難復。不以性情中和相遇，而以為是技也，斯愈久而愈失其傳矣」。徐上瀛認為鼓琴的要訣在於靜心，靜心的要訣在於「以性情中和相遇」，不然的話，僅僅依靠技巧熟練是根本達不到琴藝的最高境界的。從書法藝術來說，中國古代書家也歷來講究意在筆先，意的獲得，首先須平和恬淡，然後感興入境，創造出神品和逸品來。唐太宗指出：「欲書之時，當收視反聽，絕慮凝神。心正氣和，則契於妙；心神不正，字則欹斜；志氣不和，書必顛僕。其道同魯廟之器，虛則欹，滿則覆，中則正。正者，和之謂也。」（《書法鉤玄》卷一）唐太宗認為心氣平和，字才能寫得正，才能契於妙道，「夫心合於氣，氣合於心。神，心之用也；心必靜而已矣。」（《佩文齋書畫譜》卷五）靜，也就是心平氣和，擯棄主觀欲念與世俗之見，這種審美心態顯然受道家思想影響較深。

　　中國古典美學的「中和」範疇，還進一步把心理的「和」與生理的「和」聯繫起來考察，認為形神互為表裡，互相作用，心理的和諧可以有助於生理上的健康，有助於培養良好的創作能力。漢代司馬談《論六家要旨》就指出：「凡人所生者神也，所托者形也，神大用則竭，形大勞則敝，形神離則死。」司馬談從形神相依的辯證關係指出精神是否平和會影響到身體的健康，而身體的狀況也會反過來影響精神的狀態。精神與形體如何達到良好的狀態，以扶正祛邪呢？漢代的醫書《黃帝內經》集中談到人體陰、陽二氣相交，以達到「和」的狀態最為理想。在中國古代哲學中，「氣」是身體與精神的最基本的要素與功能。東漢王充《論衡》說：「氣和者養生，不和者傷害。」《淮南子》

把氣的組合視為身體的構成條件：「夫精神者，所受於天地；而形體者，所稟於地也。故曰：一生二，二生三，三生萬物，萬物背陰而抱陽，沖氣以為和。」《黃帝內經》也指出：「陰陽者，血氣之男女也；左右者，陰陽之道路也；水火者，陰陽之徵兆也；陰陽者，萬物之原始也。」認為陰、陽二氣運行是人的生理現象。二氣的協調是健康長壽的根本，「凡陰陽之要，陽密乃因，因而和之，是謂聖度」。防病祛邪的要訣在調暢其氣，清和其心。《黃帝內經》試圖以陰、陽之氣對立統一去求和諧的方法，對於中國古代審美心理學產生了重要影響。《文心雕龍》〈養氣〉篇的學說就很受它的沾溉。如劉勰指出：「夫耳目鼻口，生之役也；心慮言辭，神之用也。率志委和，則理融而情暢；鑽礪過分，則神疲而氣衰。此性情之數也。」劉勰強調耳目鼻口，是生理感官，而心慮言辭，則是精神所用，精神的和諧與否，決定了文藝創作過程是否順利，文思是否通暢。劉勰還進一步區分了文藝創作同鑽研學問在心理上的不同之處。他指出：「夫學業在勤，功庸弗怠，故有錐股自厲，和熊以苦之人。志於文也，則申寫鬱滯，故宜從容率情，優柔適會。若銷鑠膽精，蹙迫和氣，秉牘以驅齡，灑翰以伐性，豈聖賢之素心，會文之直理哉！且夫思有利鈍，時有通塞，沐則心覆，且或反常，神之方昏，再三愈黷。」（《文心雕龍》〈養氣〉）也就是說，學業需要勤懇，不能懈怠，而創作則宜從容率情，心境平和，精神放鬆。如果「蹙迫和氣」，強欲作之，反而使文思滯鬱，心氣失和，創作不出好作品來。所以劉勰強調：「是以吐納文藝，務在節宣，清和其心，調暢其氣，煩而即舍，勿使壅滯，意得則舒懷以命筆，理伏則投筆以卷懷，逍遙以針勞，談笑以藥倦，常弄閑於才鋒，賈餘於文勇，使刃發如新，腠理勿滯，雖非胎息之邁術，斯亦衛氣之一方也。」（《文心雕龍》〈養氣〉）這是用自然之道來強調心理─生理的調和對於創作

的重要性。

　　從文藝創作動與靜的關係來說，心境的沖和虛淡，才能引發妙思靈感，創作出好作品。清代紀昀評《文心雕龍》〈養氣〉篇曰：「此非惟養氣，實亦涵養文機，〈神思〉篇虛靜之說，可以參觀。彼疲困紛擾之餘，烏有清思逸致哉！」紀昀認為，養氣有助於養成虛靜的創作心態，唯有虛靜才可能孕育好的詩文，作者如果在疲憊困擾之時，怎麼可能產生出好的構思來呢！漢代的許多賦家，為了曲意規諷，追逐詞采，殫精竭慮。桓譚《新論》就記載了揚雄自敘作賦的故事：「成帝時趙昭儀方大幸，每上甘泉，詔令作賦，為之卒暴，思慮精苦，賦成遂困倦小臥，夢其五臟出在地，以手收而內之，及覺病喘悸，大少氣，病一歲。由此言之，盡思慮，傷精神也。」這是說揚雄為了奉命作賦，費盡心神，賦成困倦不堪，不知不覺睡著了。夢中他看見自己的五臟流了一地，醒來後大病一場。這樣的創作狀態，不但身心俱傷，也難以創作出自然天成的好作品。所以劉勰提出以生理和心理的平和作為引發天機、涵養文思的前提。後來唐代日僧遍照金剛的《文鏡秘府論》指出：「思若不來，即須放情卻寬之，令境生，然後以鏡照之，思則便來，來即作文。如其境界不來，不可作也。」也是看到了虛靜養氣對於文藝創作的重要性。

第三章

審美主客體的相和

　　中國古典美學的「中和」範疇，將天人相和、物我一體作為最高的審美目標。道家提出「天地與我並生，萬物與我為一」，儒家以「萬物皆備於我」「與天地參」作為人格涵養的前提，都證明了這一點。不同的是，道家以主體融入宇宙造化之中作為人生的最後解脫，儒家則將「自然」作為向主體生成的參照物。由此，在審美主體與客體如何相合的問題上，中國古典美學的「中和」範疇也呈現出它的豐富內涵。主客體的相和，在傳統美學中常常用「情景」「情物」的範疇來表示。一般說來，道家主張消除自我，使物與我、情與景達到內在和諧，是為「無我之境」。儒家強調制導客體，突出自我，無法臻於道家所推崇的「大和」境界。但從美學上來說，只要創造了形象鮮明、感情充沛的作品，主體與客體的相和就是成功的，就是有境界的，正如王國維《人間詞話》所云：「喜怒哀樂，亦心中之一境界，故能寫真景物、真感情者，謂之有境界。」因此，儒、道兩家的和諧境界，一尚「有無之

境」，一重「無我之境」，各有千秋，構成中國古典美學的不同境界，是無分軒輊的。

第一節　物我合一——「我」的存在

儒家系統的美學注重人格塑造，以天地之性來論證人格之本，從孟子的「浩然之氣」到宋明理學的性理之學，都大大突出了這一點。這種道德哲學及其美學，是以承認並堅持人的感性存在為前提的，即或是理學的極端分子程頤、程顥，也沒有採取完全否棄自身的禁欲主義立場。[1]儒家對情感並不一概否認，相反認為仁者愛恨分明。孔子提出：「惟仁者能好人，能惡人。」（《論語》〈里仁〉）荀子將情感視為人之天常：「性者，天之就也；情者，性之質也；欲者，情之應也。以所欲為可得而求之，情之所必不免也。」（《荀子》〈正名〉）。宋代程頤也說：「聖人之常，以其情順萬物而無情。故君子之學，莫若廓然而大公，物來而順應。」（《答橫渠先生書》）程頤認為聖人既以情應物，又超越情欲。當然，他們又主張這種感性存在的自我必須合於中道，因而「以道制欲」又成為儒家的修養經。但以感性的自我去迎合客觀之物，在與物相交相摩中不斷實現人格的昇華、境界的提高，這是儒家所一貫主張的人生理論。

中國古典美學的情景之說，就是以這種人生哲學作為基礎的。宗白華先生談到意境是「情」與「景」的結晶，意境「以宇宙人生的具體為對象，賞玩它的色相、秩序、節奏、和諧，藉以窺見自我的最深

1　參見張岱年《中國哲學大綱》第二部分第七章「欲與理」，中國社會科學出版社1982年版。

心靈的反映，化實景而為虛境，創形象以為象徵，使人類最高的心靈
具體化、肉身化，這就是藝術境界。藝術境界主於美」。[2]宗白華先生在
這裡指出，作為審美主客體相合的審美範疇意境，其構架層次為主體
與客體。二者都要求和諧有序，如主體心靈的平和，客體形式的整
一、均衡等等，在這一前提上，達到二者的水乳交融。在相合過程
中，主體心靈是客觀存在的美的定點，所以宗先生又說：「一切美的光
是來自心靈的映射，沒有心靈的映射，是無所謂美的。」在傳統的「中
和」之美範疇中，這種「心靈的映射」表現之一就是將主體的道德屬
性賦予客體，與客體相擁抱。山水自然本來是茫茫大造，但人在審視
它們時，卻將自己的主體意志、德行比擬它，迎合它，這就在審視它
們時，出現了物件化、移情化的心理現象。孔子提出：「知者樂水，仁
者樂山。知者動，仁者靜。知者樂，仁者壽。」（《論語》〈雍也〉）山
與水本無情，本無德，但仁者與智者在審美觀照時，卻將自己的心態
色彩塗抹於物件之中，於是，在主體選擇過程中，客體就產生了分化：
仁者將高山峻嶺作為自己博厚寬大襟懷的象徵，而智者則在水的流動
中見到了自己流動不息、敏捷好思的品性。可見，審美主客體的相
和，在儒家的美學中是以主體作為二者相和的基點的，不同於道家的
「無我」。孔子之後，孟子、荀子和西漢的劉向、董仲舒又進一步對山
水之觀作了許多闡發。

　　到了魏晉南北朝時期，主客體的相和方式又發生了變遷，這就是
褪去了主體心靈所蒙罩的道德色彩，而直接將個體自身與外物相和，
在品賞自然山水中見出主體心靈的愉悅。《世說新語》記載了許多名士
觀賞山水的趣事。如「簡文入華林園，顧謂左右曰：『會心處不必在

2　《美學散步》，上海人民出版社1981年版，第59頁。

遠。翳然山水，便自有濠濮間想也，覺鳥獸禽魚，自來親人。』」東晉簡文帝篤好莊玄，他自稱進入華林園，產生了如莊周在濠梁之水上與惠子辯論與物為一的類似想法。但我們細細玩味，便知簡文並沒有真的「入定」「去我」，而是在物我相和中，得到了外物陶悅我心的美感，覺得鳥獸禽魚「自來親人」。這「自來親人」的隱語，便是我的存在，我的定點。《世說新語》〈言語〉篇又載：「顧長康從會稽還。人問山川之美。顧云：『千岩競秀，萬壑爭流，草木蒙籠其上，若雲興霞蔚。』」顧愷之徜徉於山陰道上，顧盼流連，而山水也仿佛向他展開秀姿，使他產生「競秀」「爭流」的幻覺，自然與他相和了。在這種相和中，主體仍然是定點。東晉詩人鮑至《山池》詩曰：「望園光景暮，林觀歇氛埃。荷疏不礙楫，石淺好縈苔。風光逐榜轉，山望向橋開。樹交樓影沒，岸暗水光來。」王夫之評曰：「起二句聊為領袖，顯出景中有人。」又評謝朓《之宣城郡出新林浦向板橋》中「天際識歸舟，雲中辨江樹」二句曰：「隱然一含情遠眺之人，呼之欲出。」（《古詩評選》卷五）王夫之所說的「景中人」或「遠眺之人」，都是指在物我相合中，主體執拗地存在著，作為「第二自然」即意境的主導因素。

　　雖然傳統情景論的構架由主體與客體兩部分組成，它以承認「情」（主體）的客觀實在性為前提，但在情與景（物）如何相和的問題上，人們的看法不盡一致，主要有兩種常見方式：一種是自然會合，第二種是先入為主。主張審美超功利的，一般崇尚第一種方式，即主客體的自然會合。這種觀點在六朝較為突出。如劉勰《文心雕龍》〈詮賦〉提出：「至於草區禽族，庶品雜類，則觸興致情，因變取會。」也就是說，自然萬物觸發了人的情感，使人產生了詩情，如謝榛《四溟詩話》所說：「景乃詩之媒，情乃詩之胚，合而為詩。」而一旦詩情被刺激起來後，又會反射到物之中，使客體從實境變成虛境──人化的審美物

件。在《文心雕龍》〈物色〉篇中，劉勰又指出：「山遝水迎，樹雜雲合。目既往還，心亦吐納。春日遲遲，秋風颯颯，情往似贈，興來如答。」劉勰描繪的主客體相會的這一過程，十分形象。在詩興產生過程中，外物「投之以木瓜」，而我則「報之以瓊瑤」。在投贈報答中，物我交融纏繞，再造了一個嶄新的審美意象。這是自然會合的產物。宋代文豪蘇軾與乃父蘇洵曾把主觀與客觀的互相觸發比作為風水相逢，自然作文，「夫昔之為文者，非能為之為工，乃不能不為之為工也。山川之有雲，草木之有華實，充滿勃鬱而見於外，夫雖欲無有，其可得耶？」（蘇軾《南行前集序》）從審美主客體關係來說，「情為主，景是客。說景即是說情，非借物遣懷，即將人喻物，有全篇不露秋毫情意而實句句是情，字字關情者」（李漁《窺詞管見》）。從內外關係來說，「在外者物色，在我者生意，二者相摩相蕩而賦出焉，若於自家生意無相入處，則物色只成閒事，志士遑問及乎？」（劉熙載《藝概》）當然，這二者的方式千變萬化，難可悉詳。正如王夫之所說：「情景名為二，而實不可離。神於詩者，妙合無垠。巧者則有情中景，景中情。」（《薑齋詩話》卷一）這是一個奇妙無比的創作心理的活動過程。

　　審美過程中主體與客體相和的第二種常見方式，就是先入為主。作者將自己積蓄已久的情思傾瀉於客體之中，使客體帶有強烈的主觀色彩。這種會合方式深受儒家「中和」之美的影響。儒家主張將主體情思借對景物的吟詠說出，這也就是最早見於兩漢的「比興」說。東漢鄭玄釋「比興」說時云：「比，見今之失，不敢斥言，取比類以言之；興，見今之美，嫌於媚諛，取善事以勸諭之。」（引自《周禮注疏》）也就是說，比興都是採取詠物興歎的方式，把不敢直言的意思溫和含蓄地說出來。但鄭玄比刺、興美的說法過於簡單，其實興中亦有刺，故後來文人糾正了這一說法。東漢王逸《離騷經序》論屈原《離

騷》的創作特色時說：「《離騷》之文，依《詩》取興，引類譬喻。故善鳥香草，以配忠貞；惡禽臭物，以比讒佞；靈修美人，以媲於君；宓妃佚女，以譬賢臣，虯龍鸞鳳，以托君子；飄風雲霓，以為小人。其詞溫而雅，其義皎而朗。」王逸認為《離騷》依託《詩經》的「比興」原則來表達自己的憂憤之情，通過對物的詠歎、描寫，寄託憂國憂民的心思，「上以諷諫，下以自慰」。劉勰《文心雕龍》〈比興〉篇在總結前人「比興」說的基礎之上，指出：「比者，附也；興者，起也。附理者切類以指事；起情者依微以擬議。起情故興體以立，附理故比例以生。比則蓄憤以斥言，興則環譬以托諷。」劉勰把主體的情思與外界事物相攀合的過程作為「比興」的產生過程。實際上，「比興」的差別就在於主體情感對待外物的態度不同。宋代胡寅在《斐然集》〈與李叔易書〉中指出：「學詩者必分其義。如賦、比、興，古今論者多矣，惟河南李仲蒙之說最善。其言曰：『敘物以言情謂之賦，情物盡矣；索物以托情謂之比，情附物者也；觸物以起情謂之興，物動情者也。』」李說所以為宋人所盛讚，超軼前人，就在於他緊緊抓住主體情思與外物相和的不同方式來著眼：情思在敘物過程中一覽無餘，謂之賦；情感依託於敘物之中，謂之比；因物起情則謂之興。賦、比、興手法其實是創作主體處理情物關係時所採取的不同表現手法，故又與修辭手段相關。明代李東陽的《懷麓堂詩話》將這一點說得更為明白：「所謂比與興者，皆托物寓情而為之者也。」李澤厚先生釋比、興的美學特徵時指出：「中國文學（包括詩與散文）以抒情勝。然而並非情感的任何抒發表現都能成為藝術。主觀情感必須客觀化，必須與特定的想像、理解相結合統一，才能構成一定普遍必然性的藝術作用，產生相應的感染效果。所謂『比』、『興』正是這種使情感與想像、理解相結合而得到

客觀化的具體途徑。」[3]也就是說，在審美與文藝創作中，主觀與客觀的結合，產生了新的審美意境或意象，而其構造則是依靠比、興來搭建的。

　　詩人在運用比、興中，主體具備了強烈的選擇性與主動性，用來契合客觀萬象，使外物成為主體情思的象徵。北宋歐陽修在《梅聖俞詩集序》中指出：「凡士之蘊其所有，而不得施於世者，多喜自放於山巔水涯，外觀蟲魚草木風雲鳥獸之狀類，往往探其奇怪；內有憂思感憤之鬱積，其興於怨刺，以道羈臣寡婦之所歎，而寫人情之難言。」例如屈原放逐，內懷憂憤，於是將這種情感通過詠歎山河大地、歷史人物乃至鬼神而表現出來。明代顧起元在《明文授讀》中說：「作者內激於志，外感於物，志與物泊然相遭於標舉興會之時，而旖旎佚麗之形出焉。」清康有為於《詩集自序》中談到：「凡人情志郁於中，境遇交於外；境遇之交壓也瑰異，則情志之志鬱積也深厚。情者陰也，境者陽也；情幽幽而相襲，境娉娉而相發。」在這樣的主客觀交摩中出現的景物，呈現出作家強烈的主觀情感。王國維把這樣的意境稱為「有我之境」。他在《人間詞話》中說：「有有我之境，有無我之境。『淚眼問花花不語，亂紅飛過秋千去』，『可堪孤館閉春寒，杜鵑聲裡斜陽暮』，有我之境也。有我之境，以我觀物，故物皆著我之色彩。」王國維所說的「有我之境」的構造，是以突出主體人格為前提的。它要求在主客體相合中，以主體的獨立傲放為契合客體的條件。一般說來，傳統儒家美學較為堅持這一點。王夫之的「情景」說與司空圖「思與境偕」的理論不同，就在於它強調情景的相合必須建立在主題需要的前提下。王夫之在《唐詩評選》中提出：「詩之為道，必當立主馭賓，順寫

3　《美的歷程》，文物出版社1981年版，第56頁。

現景。若一情一景，彼疆此界，則賓主雜遝，皆不知作者為誰。意外設景，景外起意，抑如贅疣上生眼鼻、怪而不恒矣。」王夫之認為，情景的融合如果不體現主觀之「意」，不與「意」相合，就如「贅疣上生眼鼻」一樣，沒有根基，也就不能真正相合。他在《薑齋詩話》〈夕堂永日緒論〉中說：「詩文俱有主賓。無主之賓，謂之烏合。俗論以比為賓，以賦為主，以反為賓，以正為主，皆塾師賺童子死法耳。立一主以待賓，賓無非主之賓者，乃俱有情而相浹洽。若夫『秋風吹渭水，落葉滿長安』，於賈島何與？『湘潭雲盡暮煙出，巴蜀雪消春水來』，於許渾奚涉？皆烏合也。『影盡千官裡，心蘇七校前』，得主矣，尚有痕跡；『花迎劍佩星初落』，則賓主歷然，熔合一片。」王夫之認為詩文須分賓主，「主」就是主觀之「意」；「賓」就是詩中的景物描寫，無「意」之物，勢必成為「烏合」。例如賈島的《憶江上吳處士》詩云：「閩國揚帆去，蟾蜍虧復圓。秋風吹渭水，落葉滿長安。此夜聚會夕，當時雷雨寒。蘭橈殊未返，消息海雲端。」全篇寫詩人對朋友的懷念。第二聯「秋風吹渭水，落葉滿長安」，烘托出了詩人在秋色冥漠中思念朋友的愁情。應該說，它是隱含著一定情緒色彩的。但王夫之卻從「立主御賓」的物我相合原則出發，譏評其為「烏合」。這種批評不無偏頗之處，但透過它，我們可以看出王夫之強烈要求以主觀情意駕馭客觀景物，在此基礎上來論物我合一的思想。他所稱道的杜甫《喜達行在所》「影盡千官裡，心蘇七校前」，是描寫杜甫在「安史之亂」中經過千辛萬苦，到達唐肅宗暫時所在地時的拳拳之心，帶有濃烈的忠君觀念。王夫之認為，唯有在主觀情思渲染下的客觀景物，才能稱為「賓主歷然，熔合一片」。這實際上是傳統「寄興」觀念在情景論中的體現。他曾說：「寄意在有無之間，慷慨之中自多蘊藉。」（《古詩評選》卷五）在王夫之之前，就有人用兩漢的「比興」論來批評六朝詩歌背

離了寄興原則。唐代白居易《與元九書》曾説：「至於梁、陳間，率不過嘲風雪、弄花草而已。噫！風雪花草之物，《三百篇》中豈舍之乎？顧所用何如耳。設如『北風其涼』，假風以刺威虐也，『雨雪霏霏』，因雪以湣征役也；『棠棣之華』，感發以諷兄弟也，『采采芣苢』，美草以樂有子也。皆興發於此而義歸於彼。反是者，可乎哉！然則『餘霞散成綺，澄江靜如練』，『離花先委露，別葉乍辭風』之什，麗則麗矣，吾不知其所諷焉。故僕所謂嘲風雪、弄花草而已。於時六義盡去矣。」在白居易看來，景物的描寫必須以主體之意為寄託，否則就是嘲風雪，弄花草，不能做到主客體的真正融合。當然，這代表了儒家詩學對審美主客體相合的看法。在我們今天看來，六朝的一些名句所以吸引人，並不是以我觀物，而恰恰是以物觀物，即以主體融匯於大塊之中為寫景旨趣，擺脱了儒家政教論的俗套。由此可以看出，在如何看待主客體相合的問題上，中國古典美學的「中和」範疇具有豐富而複雜的內容。

第二節　物我合一——「我」的消匿

與儒家突出主體在物我相和中的作用不同，道家美學則視天、地、人為一體，將人類視作自然之道的一部分。人與自然的會合，就在於擯棄自我，匯入無窮大化之中：「昔者莊周夢為蝴蝶，栩栩然蝴蝶也，自喻適志與，不知周也。俄然覺，則蘧蘧然周也。不知周之夢為蝴蝶與，蝴蝶之夢為周與。周與蝴蝶，則必有分矣。此之謂物化。」（《莊子》〈齊物論〉）這是莊子用來説明物我相和的著名寓言，莊周與蝴蝶本不相關，但在夢中，莊周卻變成蝴蝶，醒來後又成了莊周。於是莊子發出疑問，究竟莊子做夢成了蝴蝶，還是蝴蝶做夢成了莊周。

這則寓言說明了，一旦進入物化境界，物我的界限就消失了，物亦我，我亦物，二者難分難解。物化境界在審美領域是一種最高的境界，它指的是主體拋棄了各種功利因素，真正契入物件的內在精神之中，與物件合為一體，在「至一」中得到了統一，形成出神入化的意境。莊子說的梓慶削木為，就是這種境界的體現：「梓慶削木為，成，見者驚猶鬼神。魯侯見而問焉。曰：『子何術以為焉？』對曰：『臣工人，何術之有！雖然，有一焉。臣將為，未嘗敢以耗氣也。必齋以靜心。齋三日，而不敢懷慶賞爵祿；齋五日，不敢懷非譽巧拙；齋七日，輒然忘吾有四肢形體也。當是時也，無公朝，其巧專與外骨消，然後入山林，觀天性形軀，至矣。然後成見，然後加手焉，不然則已。則以天合天，器之所以凝神者，其是與！』」（《莊子》〈達生〉）梓慶削木為達到驚鬼神的境界，其奧秘何在？梓慶自己介紹了創作體會。這就是「忘我」，拋棄一切功利欲念，「不敢懷慶賞爵祿」，「不敢懷非譽巧拙」，然後「入山林，觀天性形軀」，以天合天，將自我匯入物件之中，最後創作成了「驚猶鬼神」的作品。《莊子》書中反覆提到的庖丁解牛、工倕旋而蓋規矩、痀僂者承蜩也都是指的這種境界。物化境界的到來，前提是拋棄主體性——感性自我，即思想理念、情欲意志在靜觀中默與天和。

自莊子之後，「物化」境界成為中國古代美學主客體相和的最高境界。中國古代深受道家思想影響的藝術家們，都追求這種「無我」境界，陶淵明、王維等人皆是。王國維《人間詞話》指出：「『采菊東籬下，悠然見南山』，『寒波淡淡起，白雲悠悠下』，無我之境也。……無我之境，以物觀物，故不知何者為我，何者為物。」王國維列舉陶淵明等詩人的名句說明「無我之境」，並指出它的特點是「以物觀物」，也就是道家的遺棄自我，站在自然之道的立場上來看待物態，故不著任

何主觀色彩。宋代邵雍就說：「既能以物觀物，又安有我於其間哉！」（〈觀物內篇〉）唯其無我，方能與物推移，化入其境，所以有時又稱之為「化工」「化境」。明代李贄曾將《拜月》《西廂》與《琵琶記》相比，提出：「《拜月》《西廂》，化工也；《琵琶》，畫工也。夫所謂畫工者，以其能奪天地之化工，而其孰知天地之無工乎？今夫天之所生，地之所長，百卉具在，人見而愛之矣，至覓其工，了不可得，豈其智固不能得之歟！要之造化無工，雖有神聖，亦不能識化工之所在，而其誰能得之？由此觀之，畫工雖巧，已落二義，知文章之事，寸心千古，可悲也夫！」（《雜說》）李贄指出，《琵琶記》作者力圖有裨「風化」，所以窮盡工巧，這正是「畫工」。李贄認為，天地之化工是不可追求的，有意追求就成了「畫工」，只有無心求之，遣去自我，方能求得。他指出，《琵琶記》「雖工巧之極，其氣力限量只可達於皮膚骨血之間，則其感人僅僅如是，何足怪哉！《西廂》、《拜月》乃不如是。意者宇宙之內，本自有如此可喜之人，如化工之於物，其工巧自不可思議爾」。李贄從審美鑒賞角度指出，《琵琶記》由於雕鑿痕跡太重，對人的感染僅可止於表面，而《西廂》《拜月》則直達人之心靈骨髓之間。清代文人金聖歎在《水滸傳序》談到文章有三種境界：「心之所至，手亦至焉者，文章之聖境也；心之所不至，手亦至焉者，文章之神境也；心之所不至，手亦不至焉者，文章之化境也。」「聖境」「神境」都是帶有「我」的創造痕跡。先由作者主觀立「意」，然後形諸筆端，雖然神妙，但終究帶有人工斧鑿痕跡；唯有「化境」是心手之造與化工造物凝然一體，無分物我，這也是莊子所說的「物化」境界。金聖歎認為，這才是文章創造的最高境界。明代謝榛說過：「思入杳冥，則無我之際，詩之造玄矣哉！」（《四溟詩話》）強調詩歌創作的上乘之作來源於「思入杳冥」、物我無際。

　　在繪畫領域，中國古代畫家也追求此種境界。繪畫是用線條與色彩來描寫外物，抒發情感。由於傳達手段較之語言文字符號更抽象，具有更大的主觀創造空間。相對於詩來說，更要求形神合一、與物宛轉。宋代大書畫家米芾說：「畫之老境，於世海中，毛髮事泊然無著染。每靜室僧跌，忘懷萬慮，與碧虛寥廓同其流。」[4]米芾說的「老境」也就是化境。畫家以虛靜無染之心境，達到與宇宙合為一體的境界，就能創作出高妙之作來。唐代詩人符載在《觀張員外畫松石序》中，對著名畫家張璪畫松石的情狀作了述評。其文云：「主人（指張璪）奮裾，嗚呼相和。是時座客聲聞士凡二十四人，在其左右。皆岑立注視而觀之。員外居中，箕坐鼓氣，神機始發。其駭人也，若流電激空，驚飆戾天。摧挫斡制，霍瞥列。毫髮墨噴，捽掌如裂，離合恍惚，忽生怪狀。及其終也，則松鱗皴，石巉岩，水湛湛，雲窈眇。投筆而起，為之四顧，若雷雨之澄霽，見萬物之情性。觀夫張公之藝非畫也，真道也。當其有事，已知遺去機巧，意冥玄化，而物在靈府，不在耳目。故得於心，應於手，孤姿絕狀，觸毫而出，氣交沖漠，與神為徒。若忖短長於隘度，算妍蚩於陋目，凝觚舐墨，依違良久，乃繪物之贅疣也，寧置於齒牙間哉？」文章對張璪畫松石作了栩栩如生的描述，畫家在繪畫創作中進入了一種物我合一的迷狂狀態，心手合一，然後畫出的松石水波如有神助。張璪所以能夠達到這樣的境界，也就是「去我」──「遺去機巧，意冥玄化，而物在靈府，不在耳目，故得于心，應於手」。後人稱道的文與可身與竹化，戴嵩畫牛如有神助，韓幹畫馬身作馬形，也都是指的這種境界的創作。它表現在詩歌

4　轉引自宗白華：《中國藝術意境之誕生》，《美學散步》，上海人民出版社1981年版，第62頁。

美學中，就是「思與境偕」的理論。司空圖《二十四詩品》中所稱讚的「虛佇神素，脫然畦封」，「素處以默，妙機其微」等沖淡怡和的境界，也是指主體消除自我，與宇宙化為一體的境界，它構成中國古典美學意境理論的基本內容。

　　中國古典美學中主客體相和的理論，六朝之後，還深受禪宗思想的影響。宗白華先生說：「中國自六朝以來，藝術的理想境界卻是『澄懷觀道』，在拈花微笑裡領悟色相中微妙至深的禪境。」[5]特別是由唐至宋，禪風盛行於士大夫中，王維、貫休、蘇軾、米芾等詩人畫家沉醉於禪境超然空靈的世界中，以禪喻詩更是美學界的時髦。嚴羽《滄浪詩話》率先提出：「大抵禪道在於妙悟，詩道亦在妙悟。」唐宋時期的禪宗為什麼會深入士大夫的審美心靈呢？重要原因就在於它那一套不立文字、明心頓悟的思維方式。禪宗從六祖慧能開始，就創立了破除語言文字，以心靈直覺追求與宇宙永恆的禪境。莊子與老子提出與宇宙自然相和必須絕棄自我，包括情欲、意志、知識等物，通過心如死灰、形如槁木的「心齋」「坐忘」的功夫去「以天合天」，而禪宗卻以瞬間參破天地、時間來明心見性，從而上下天光，一碧萬頃，超越時空，到達心即宇宙、宇宙即心的微妙境界。禪宗以三種境界的比較來說明禪境：第一境是「落葉滿空山，何處尋行跡」，這是描寫尋找禪的本體而不得的情況；第二境是「空山無人，水流花開」，這是指主體已逐漸化入客體，但仍未徹悟；第三境是「萬古長空，一朝風雲」，在一那間參破宇宙天地、時間，也破除了「我執」，進入永恆的物我合一的境界，它也是審美的最高境界。清代詞論家況周頤在《蕙風詞話》中談到自己作詞時的心境：「人靜簾垂，燈昏香直，窗外芙蓉，殘葉颯颯

5　《美學散步》，上海人民出版社1981年版，第64頁。

作秋聲，與砌蟲相和答。據梧冥坐，湛懷息機。每一念起，輒設理想排遣之，乃至萬緣俱寂，吾心忽瑩然開朗如滿月，肌骨清涼，不知斯世何世也。斯時若有無端哀怨，根觸於萬不得已，即而察之，一切境象全失，惟有小窗虛幌，筆床硯匣，——在吾目前，此詞境也，三十年前或月一至焉，今不可復得。」況周頤在特定的情境下，以無累之心，霎時進入超越時空，與宇宙相合的境域。這種詞境，也是許多詞論家所激賞的。如冠九在《都轉心庵詞序》中說：「『明月幾時有』，詞有仙者也，『吹皺一池春水』，詞而禪者也。仙不易學而禪可學。學矣而非棲神幽遐，涵趣寥曠，通拈花之妙悟，窮非樹之奇想，則動而為沾滯之音矣。其何以澄觀一心而騰踔萬象。是故詞之為境也，空潭印月，上下一澈，屏知識也。清馨出塵，妙香遠聞，參淨因也。鳥鳴珠箔，群花自落，超圓覺也。」作者描繪了用禪境融鑄詞境，澄觀萬象，直指本心的創作過程。他認為，蘇軾的「明月幾時有」，尋求的是一種仙逸之境，它不向心靈而矚目方外，禪境則是在平常的花開葉落，魚躍鳶飛中參悟天地，心與物合，因此它是最高的審美層次。李澤厚談到禪的「頓悟」境界是在瞬間超越時空、因果：「這當然也就超越了一切物我己界限，與物件世界（例如與自然界）完全合為一體，凝成為永恆的存在，於是這就達到了也變成了所謂真正的『本體』自身。」[6]禪宗及其影響下的文藝作品，以這種方式，對傳統的主客體相合的美學思想，作了補充與發展。

6　《中國古代思想史論》，人民出版社1985年版，第207頁。

第四章

審美與藝術協調社會的功用

　　中國古典美學的「中和」範疇，不僅主張藝術與審美各個層次的「和」，而且還將藝術品成形之後所起的作用，也列入了一個和諧的系統，與西方美學的和諧論相比，它更突出審美與藝術調協社會與個人，自然與人類關係的功用。不同的是，道家認為「和」意味著個體的自由，人與自然、社會相和是為了達到這種目的；儒家則認為，個體的「和」只有起到與群體、天地相一致的作用，才能實現它的倫理價值與審美價值。

第一節　藝術怡和身心的功能

　　藝術與審美協調社會的作用與功能，首先是由怡和個體身心開始的。因為個體是社會最基本的細胞。東漢班固《漢書》〈禮樂志〉云：「人函天地陰陽之氣，有喜怒哀樂之情，天稟其性而不能節也。聖人能

為之節而不能絕也，故象天地而制禮樂，所以通神明，立人倫，正情性，節萬事者也。」班固認為音樂是人之心氣的體現，聖人通過制禮作樂協調個人與社會的關係，使天人之間處於和諧之中。中國古代一直把藝術和同人心的作用當作美育的重要內容。傳說周代除「詩教」外，還有「樂教」。《周禮》〈春官〉〈大司樂〉：「以樂德教國子，中和祗庸孝友。」〈地官〉〈大司徒〉又云：「以五禮防萬民之偽，而教之中，以六樂防萬民之情，而教之和。」〈樂記〉〈樂施〉云：「樂也者，聖人之所樂也，而可以善民心，其感人深，其移風易俗，故先王著其教焉。」詩、樂是周代貴族子弟所受的教育專案之一，樂的內容是用典雅肅莊的音樂來薰陶人心，培養良好的文化素養。這種美育思想對於中國封建社會的美育實施產生了重要的影響。孔子的「六藝之教」就直接繼承了周代的樂教思想。宋代的理學家們非常強調音樂和詩歌對人內在情性的薰陶。朱熹《詩集傳序》論詩之涵養性情功用時說：「章句以綱之，訓詁以紀之，諷詠以昌之，涵濡以體之，察之情性隱約之間，審之言行樞機之始，則修身及家，平均天下之道，其亦不待他求而得之於此矣。」朱熹認為詩之功能在於「治心」，「治心」就在於涵濡情性，調和人心，而詩與樂是重要的手段。朱熹在《紫陽琴銘》中又說：「養君中和之正性，禁爾忿欲之邪心。乾坤無言物有則，我獨與子鉤其深。」他的弟子真德秀發揮師說，極力推崇藝術調和情性的功能。他說：「學者誠能以莊敬治其身。和樂養其心，則於禮樂之本得之矣！是亦足以立身而成德也。《三百篇》之詩，雖雲難曉，今諸老先生，發明其義，了然可知。如能反覆涵詠，直可以感發其性情，則所謂興於詩者，亦未嘗不存也。」（《真西山文集》卷三十一）在藝術門類中，音樂與文學相比，由於它的特殊聲音感染力，可以越過文字表達的拘限，具有和同人心的神妙作用。中國古代美學一直重視它的這一作

用。「樂以合同」是傳統的說法。《莊子》〈天下篇〉云：「禮以道行，樂以道志。」《荀子》〈樂論〉云：「樂也者，和之不可變者也；禮也者，理之不可易者也。」張載《禮樂》云：「古樂所以養人德性中和之氣。」所以，「樂教」在中國封建社會中，與其說它是審美教育，還不如說它是推進政教的工具。

第二節　藝術調協個人與社會的作用

藝術在個體身上達到了「反情以和其志」的作用，同時也就為社會的和諧奠定了基礎。

儒家的理想社會是一個秩序井然的等級社會，如何使這個社會保持穩定呢？從個體來說，必須服從道德與法的規範，它的具體表現則是「禮」，「樂」則是「禮」的輔助物。荀子《樂論》與《禮記》〈樂記〉強調「樂合同，禮別異」。「合同」與「別異」是一個問題的兩個方面。「合同」是為了更好地「別異」，而「別異」也是達到「合同」，即在一個等級森嚴而又和諧有序的王權社會中，實現儒家的「長治久安」。所以《禮記》〈禮器〉索性提出禮樂都是「和」的表現。它說：「禮交動乎上，樂交應乎下，和之至也。禮也者，反其所自生，樂也者，樂其所自成，……故觀其禮樂，而治亂可知也。」朱熹在《答滕德粹》中也指出：「和固不可便指為樂，然乃樂之所由生。所設喻亦甚當，如《曲禮》之目皆禮也。然皆理義所宜，人情所安，行之而上下親戚各得其所，豈非和乎？」朱熹弟子滕德粹嘗與人討論禮之「和」，人答之曰：「所謂禮者，猶天尊地卑而乾坤定，卑高以陳而貴賤位，截然甚嚴也。及其用，則天道下濟而光明，地道卑而上行，此豈非和乎？」滕德粹有所不悟，因問朱熹，朱熹作了上述回答。他的話指出儒家所說的

「和」，也就是於差異、錯雜之中顯示出的秩序，就這一點來說，「禮」
與「樂」具有同一性。儒家認為，藝術調協個人與社會的關係是由聖
人制禮作樂而實現的。它通過兩種功能而達到：一種是「宣樂」，也就
是將人民生活安泰、心情愉悅的「樂」加以調協，使人人相親相睦，
社會安寧。《淮南子》〈本經訓〉指出：「古者聖人在上，政教平，仁愛
洽，上下同心，君臣輯睦，衣食有餘，家給人足，父慈子孝，兄良弟
順，生者不怨，死者不恨，天下和洽，人得其願。夫人相樂無所發
覬，故聖人為之作樂以和節之。」這是說古代社會政教施行，君臣相
協，人民安樂，於是聖人作樂以調和天下，抒發情感。另一種狀況是
世道澆漓，聖人制樂以調協人心，拯救世風。《淮南子》〈本經訓〉又
說：「逮至衰世，人眾財寡，事力勞而養不足，於是忿爭生，是以貴
仁；仁鄙不齊，比周朋黨，設詐諝，懷機械巧故之心，而性失矣，是
以貴義；陰陽之情，莫不有血氣之感，男女群居雜處而無別，是以貴
禮；性命之情，淫而相脅，以不得已，則不和，是以貴樂。」在衰弊之
世，民心渙散，各懷機詐，因此，樂與禮義相配合，具有救弊的作
用。樂（包括詩歌，舞蹈）之作用在宗法封建社會中可謂大矣。

　　包括「樂」在內的藝術所以能夠調協社會關係，其中的奧秘就在
於宗法等級制社會中的血緣倫理觀念。如前所述，中國從早期奴隸制
社會開始，就把等級制與原始部落的血親制巧妙地糅雜在一起。在這
個社會中，既是上下尊卑等級極為森嚴，不容僭越；同時又因為這種
等級是以血緣親疏來劃分的，故而整個社會又被視為天下一體的宗族
大家庭。這就決定了音樂能夠喚起人們心中的相親相睦的感情，實現
社會和諧。《荀子》〈樂論〉曾經談到樂的這種作用，「故樂在宗廟之
中，君臣上下同聽之，則莫不和敬；閨門之內，父子、兄弟同聽之，
則莫不和親；鄉里族長之中，長少同聽之，則莫不和順。故樂者，審

一以定和者也，比物以飾節者也，合奏以成文者也；足以率一道，足以治萬變。是先王立樂之術也」。荀子在這裡點明，樂的調和作用，是通過宗族、親屬等血親關係而達到的。《史記》〈高祖本紀〉記載，劉邦定都長安，即位稱帝后，一次率兵平叛途經故鄉沛縣，產生了懷舊之情，於是「置酒沛宮，悉召故人父老子弟縱酒，發沛中兒得百二十人，教之歌。酒酣，高祖擊築，自為歌詩曰：『大風起兮雲飛揚，威加海內兮歸故鄉，安得猛士兮守四方。』令兒皆和習之。高祖乃起舞，慷慨傷懷，泣數行下，謂沛父兄曰：『遊子悲故鄉，吾雖都關中，萬歲後吾魂魄猶樂思沛。且朕自沛以誅暴逆，遂有天下，其以沛為朕湯沐邑，複其民，世世無有所與。』沛父兄諸母故人日樂飲極歡，道舊故為笑樂」。這是一段充滿悲壯氣概的描寫。漢高祖雖為萬民之主，威加海內，但他與沛中父老子弟又保持宗族鄉土的關係，慷慨傷懷的楚歌楚舞，進一步喚起了皇帝與平民的同宗觀念，雖有等級，仍不失情感之和。這豈不就是《荀子》〈樂論〉所説「樂在宗廟之中，君臣上下同聽之，則莫不和敬」的意思嗎？

　　藝術從調協個人與社會關係出發，進而實現天人之和，在天人之和中見出宇宙造化的和諧一體，這樣，藝術的功用就從現象進入了本體的範疇。在傳統的藝術觀中，藝術與審美被看作是天地之和的體現。《左傳》〈昭公二十五年〉記載，子產認為天地之和是樂之本體，「則天之明，因地之性，生其六氣，用其五行，氣為五味，發為五色，章為五聲」，「哀樂不失，乃能協於天地之性，是以長久」。這是用原始的陰陽五行觀念來解釋音樂的產生，認為音樂乃是秉受天地五行之氣而形成的。《呂氏春秋》〈察傳〉假託舜曰：「夫樂，天地之精也，得失之節也，故惟聖人為能和樂之本也。」魏晉時的阮籍在其〈樂論〉中，將樂視作天地之和的顯現。他説：「夫樂者，天地之體；萬物之性也。

合其體，得其性則和，離其體，失其性則乖。昔者聖人之作樂也，將以順天地之體成萬物之性也。」阮籍調和儒道，既主張樂教，又將樂教建立在天地自然的基礎之上。正因為樂的本體是天地之和，所以藝術的功能應當從人倫之和走向天人之和。中國古代的「中和」之美，歷來把天與人、神與人之和作為藝術的最高價值。這種觀念從文化史角度來追溯的話，源於古老的巫術文化意識，即把樂舞作為調協神人關係，祈求神靈祐護的媒介。《尚書》〈舜典〉記載，（舜）命樂官夔主管音樂，教育子弟，曰：「詩言志，歌永言，言依永，律和聲，八音克諧，無相奪倫，神人以和。」詩樂被作為協調神人關係的工具。後來，這種神祇觀念淡化了，人們更多地從調和天地陰陽之氣以適合人類需要的角度談論樂的功能。春秋時樂官伶州鳩就說：「氣無滯陰，亦無散陽，陰陽序次，風雨時至，嘉生繁祉，人民和利，物備而樂成，上下不罷（疲），故曰樂成。」（《國語》〈周語〉）這種帶有巫術色彩的音樂美學觀在後世仍然得到一定程度的保留，成為許多哲學家與文人論音樂功能的直觀看法。例如，北宋歐陽修在《國學試策》中提出：「夫順天地，調陰陽，感人以和，適物之性，則樂之導志，將由是乎？」歐陽修雖不重迷信學說，但他仍然將音樂視為調陰陽、順天地的仲介。明代的王陽明認為人的樂情與天地之氣相通，「我的中和原與天地之氣相應。候天地之氣，協鳳凰之音，不過去驗我的氣果和否」（《傳習錄》下）。這是從唯心論的角度去說樂與天地之氣相調協的。由於中國古代農業宗法社會形態培養而成的天人合一觀念深入審美領域，因此「和」的範疇在論及藝術功用時，也就自然而然地浸潤了這一因素。不過這種觀念強調音樂審美境界可以消除人物之間的距離，臻於物我無際的「大和」之境，這對於我們把握與認識音樂的本質，在音樂中獲得人格的解放和精神的自由，其積極意義是應當肯定的。

第五章

實現「和」的途徑與方法

　　中國古典美學範疇的「和」，除了對審美與藝術創作的內容作了各種層次的設定與發揮外，還討論了與之有關的藝術表現手法問題，這些表現方法是達到「和」的審美境界的途徑。中國古典美學認為藝術的和諧是由矛盾的對立統一組成的，從陰陽、虛實、動靜等對立統一因素來看待生生不息的宇宙，是中國古代藝術精神體現。古希臘的畢達哥拉斯等人注重從數學的眼光看待萬物和諧，中國人則從囊括大塊、俯仰宇宙的角度去看待和諧問題。藝術創作的辯證手法，來自對宇宙萬物的體認，因而具有更內在、更精微的含義。關於虛與實、隱與顯、形與神、幻與真等範疇的具體含義，因其他著論已談得很多，這裡不擬多談，只就下列達到和諧的途徑作一些介紹。

第一節　「違而不犯，和而不同」

中國古代的審美創作與藝術作品，不但注重從不同中求勻稱，更推崇從均衡中求變化。

西方美學家荷迦茲說過：「變化對於美的產生至關重大」，「人的各種感官也都喜歡變化，同樣地，也都討厭千篇一律。耳朵因為聽到一種同一的、繼續的音調會感到不舒服，正像眼睛死盯著一個點，或總注視著一個死板板的牆壁，也會感到不舒服一樣」。[1]中國古代早期的審美範疇「和」的出現，就是從區別「和」與「同」的差異著手的。《國語》〈周語〉中鄭國史伯對鄭桓公談到，君王要善於聽取不同的意見，這就是取和，只喜歡聽好話，厭惡不同意見的，就稱之為「同」，君王一旦棄「和」取同，就墮入危險的境地了。接著，他列舉了政治、經濟、生活與生產上的事情，說明「和」的重要性：「夫和實生物，同則不繼。以他平他謂之和，故能豐長而物歸之。若以同裨同，盡乃棄矣。故先王以土與金、木、水、火雜，以成百物，是以和五味以調口，剛四肢以衛體，和六律以聰耳。……聲一無聽，物一無文，味一無果，物一不講。」史伯的話說明瞭，達到「和」的根本途徑是把不同的事物按照目的加以協調成一個整體，所謂「和五味以調口」，「和六律以聰耳」，也就是提倡通過對外物的調和來滿足人的生理與審美的需要。其次，史伯指出了一個簡單而又深刻的道理：宇宙間事物的和諧相生，都是由不同事物有機搭配而成的，如果只有一種事物的孤立存在，或互不相干，就不會有和諧的事物。在中國古代，美的和諧往往用「文」來表示，它包含自然界、社會生活領域一切色彩絢麗、富有藻飾的事物，而「文」的組成則是由諸多因素構成的。《說文解字》

1　《西方美學家論美和美感》，商務印書館1980年版，第103頁。

云：「文，錯畫也，象交文。」意即文是由不同的線條交錯而成的一種美的視覺形象。《易傳》〈繫辭〉說：「三伍以變，錯綜其數，通其變而成天下之文。」《楚辭》〈橘頌〉說：「青黃雜糅，文章爛兮。」《禮記》〈樂記〉說：「五色成文而不亂。」王充《論衡》也說：「學士文章，其猶絲帛之有五色之功。」

到了六朝的劉勰著《文心雕龍》〈原道〉篇，從美學的高度對這一原理作了闡發。他認為從自然界中的現象來說，所謂「文」也就是由各種不同色彩、形狀的事物相雜糅而成的，「旁及萬品，動植皆文；龍鳳以藻繪呈瑞，虎豹以炳蔚凝姿；雲霞雕色，有逾畫工之妙；草木賁華，無待錦匠之奇。夫豈外飾，蓋自然耳」。劉勰強調天地萬物皆有文理，這是大自然的造化，無須外力的介入。在《文心雕龍》〈情采〉篇中，劉勰進一步發揮了這種觀點，把雜多因素的組合視為和諧與美的根源，並且作為藝術創作的準則與方法：「故立文之道，其理有三：一曰形文，五色是也；二曰聲文，五音是也；三曰情文，五性是也。五色雜而成黼黻，五音比而成韶夏，五情發而為辭章，神理之數也。」所謂「神理之數」，也就是自然之道。類似這樣的觀點在古希臘美學中也普遍存在。如赫拉克利特就指出：「自然是由聯合對立物造成的和諧，藝術也是這樣。如繪畫混合著白色和黑色、黃色和紅色，音樂混合著不同音調的高音和低音、長音和短音。」[2]不過西方人強調和諧中的對立，而中國古代文人更注重對立面和諧的轉化，追求總體和諧之美。唐代書法美學家孫過庭在《書譜》中從論書法間架結構的角度出發，對和諧問題作了精闢的論述。他說：「至若數畫並施，其形各異；眾點齊列，為體互乖。一點成一字之規，一字乃終篇之准，違而不犯，和

2　《西方美學家論美和美感》，商務印書館1980年版，第15頁。

而不同。」孫過庭指出：漢字的書法整體美要求「和」，「和」的特點是「違」，即同中求異，通過各各不同，神采舉異的筆劃，組織成書法的結構之美。例如，一個「多」字，有四撇再加兩點，這四撇如果寫得不好，就容易雷同呆板，變成「犯」，即互相一致，所以唐太宗《筆法訣》有所謂「多法」：「多字四撇，一縮，二少縮，三亦縮，四須出鋒。」這就是力求不「犯」，而求「和而不同」。再如「州」字，三個直向筆劃，如果缺少變化，就容易「犯」，寫成形同根莖一般齊的一捆乾柴。高明的書法家善於做到「違而不犯」，如趙孟的《膽巴碑》中的「州」字，三個直筆，變化參差，或回鋒，或收鋒，最後的一豎還帶出一鉤，顯得別具一格。《芥子園畫傳》論樹的「三株畫法」時也說到類似的意思：「雖屬雁行，最忌根頂俱齊，狀如束薪，必須左右互讓，穿插自然。」作者認為「三株畫法」最忌諱的是上下長短一般齊，就像捆在一起的乾柴，必須和而不同，自然變化。再如一個「三」字，最易變成三橫雷同，缺少生動，但是在書聖王羲之筆下，卻被賦予不同的神韻。王羲之在《姨母帖》《奉橘帖》、《三月十三日帖》中，把相同的「三」字寫得風韻各具。他在《題衛夫人〈筆陣圖〉後》中強調：「若平直相似，狀如運算元，上下方整，前後各平，此不是書，但得其點畫耳。」即令是方正嚴整的楷書，也要求儘量做到隨字轉變，和而不同。湯臨初《書楷》說：「真書點畫，筆筆皆須著意，所貴修短長狹，大小繁簡，不可概齊，但能各就本體，盡其形勢，雖字字並形，行行殊致，乃能極其自然，令人存有意外之想。」像清代取士專用的「館閣體」，片面追求方正黑光，缺少變化，氣韻全無，顯得呆板雷同，這樣走向了「同」，而不是「和」了。

與書畫相通的詩文聲律對偶之美，也體現著「和而不同」的創造原則。詩歌的聲解不僅是有助於諷誦，更主要是便於吟詠情志，抒寫

性靈。明李東陽在《滄州詩集序》中說：「詩之體與文異，……蓋其所謂有異於文者，以其有聲律風韻，能使人反覆諷詠，以暢達情思，感發志氣。」聲律之美的特點是什麼呢？西晉陸機《文賦》談到「暨音聲之反覆運算，若五色之相宣。雖逝止之無常，固崎錡而難便。苟達變而識次，猶開流而納泉。如失機而後會，恒操末以續顛，謬玄黃之秩序，故淟涊而不鮮。」陸機認為音聲的迭變是逝止無常的，作文須掌握音韻的自然變化，作有機的組織和安排。而音律由不同的音節迭變構成，「若五色之相宣」。李善注此句云：「音聲迭而成文章，若五色相宣而為繡也。」陸機在《鼓吹賦》中還描寫道：「飾聲成文，雕音作蔚，響以形分，曲以和綴，放嘉樂於會通，宣萬變於觸類。適清響以定奏，期要妙於豐殺。」陸機以五色相宣論音聲相和的觀點對齊梁聲律論產生了重要的影響。黃侃指出：「後來范（曄）、沈（約）聲律之論，皆濫觴於此，實已盡其要妙也。」（《文心雕龍札記》）南朝齊梁時代的聲律論，由范曄、沈約、周（遇頁）等人相沿而創立，它的主要內容包括聲與病兩個部分。所謂「聲」，即四聲；病，即八病。《文心雕龍》〈聲律〉篇說：「聲畫妍蚩，寄在吟詠，吟詠滋味，流於字句；字句氣力，窮於和韻。異音相從謂之和，同聲相應謂之韻。」劉勰所說的「同聲相應」就是說的「四聲」，而所謂「異音相從」，也就是「八病」的內容。音韻的美即要求重複呼應，所以重「韻」，但尤需重視參差變化，避免病犯，所以講求「和」。「韻」與「和」的差別就在於前者是重應，後者是從不同中求和諧，所以是一種更高形態的美。文章（主要指駢文）的對偶之美也體現了這一原則。劉勰說：「造化賦形，支體必雙，神理為用，事不孤立。夫心生文辭，運裁百慮，高下相須，自然成對。」（《文心雕龍》〈麗辭〉）劉勰認為文章的對稱駢儷同自然界的造化一樣，是自然形成的。從句式來說，一般是四六相對，但通篇

駢儷未免顯得沉悶呆滯，近於「同」了，所以必須參差變化以求「和而不同」。劉勰又説：「若夫筆句無常，而字有條數。四字密而不促，六字格而非緩，或變之以三五，蓋應機之權節也。」（《文心雕龍》〈章句〉）也就是説，四六句式雖為駢文通行的對偶句式，但亦須雜以三五句式，以疏宕文氣，駢散結合。六朝的駢文大家庾信、徐陵就長於駢散結合，很少有沉滯重複的毛病。就駢文中的用典來説，劉勰在《文心雕龍》〈麗辭〉中認為有兩種，一種是「正對」，「正對者，事異義同者也」，即事情雖異但要説明的意義卻是相同的，如孟陽《七哀詩》云：「漢祖想枌榆，光武思白水。」這裡的漢高祖和光武帝地位相同，寫他們思鄉也相同，所以是正對。另一種是「反對」，「反對者，理殊趣合者也」，反對是指所引用的事情與道理均相反，通過用對比來揭示相同的旨趣，如王粲《登樓賦》云：「鍾儀幽而楚奏，莊舄顯而越吟。」鍾儀是楚人，當了晉國的俘虜；莊舄是越人，做了楚國的大官，兩人處境相反，但都唱家鄉的音調，表示思鄉的情緒，所以是「反對」。劉勰認為「反對為優，正對為劣」，主要是「反對」突出了相反相成的「和」的效果，而「正對」不免有「同」的毛病。至於像「張華詩稱『游雁比翼翔，歸鴻知接翮』，劉琨詩言『宣尼悲獲麟，西狩泣孔丘』，若斯重出，即對句之駢枝也」（《文心雕龍》〈麗辭〉）。劉勰批評這類意思重複、事類雷同的句子，完全是多餘的部分。

在小説美學領域，古人也強調「和而不同」。中國古典小説，尤其是明清以來的章回小説，注重敍事性，情節以單線條為主，通過情節的鋪敍展現人物的性格。由於小説故事情節的繁多，難免會出現「似曾相識」的現象。像《西遊記》這樣的神魔小説，主要敍述孫悟空大鬧天宮以及保護唐僧西天取經的各種故事，這些故事單獨成篇又互相連貫，其間免不了要產生「犯」即雷同的現象。為了求得故事的生動

活潑、吸引讀者，一方面必須使情節故事互不相同，但另一方面，如果在相同的故事中寫出不同的人物性格，達到「和而不同」的效果，則更為高明。因為情節是為塑造人物性格服務的。金聖歎在批《水滸傳》第十一回時提出「將欲避之，必先犯之」，也就是説，要避免雷同，就先要寫相同的事件，在同中求異，從而既互相應和又各不相同，增強小説的趣味性和讀者的美感。如《水滸傳》中同是打虎，武松打虎與李逵殺虎不同；同是殺嫂，武松殺嫂與石秀殺嫂不同；同是劫法場，江州劫法場和大名府劫法場不同；同是因寶刀生事，林沖買刀與楊志賣刀不同等等，都是相同的事件卻寫出不同的人物個性，衍變出不同的意味情思，這都是「犯」而後避、「和而不同」。金聖歎在《水滸傳》第四十二回首批道：「前有武松打虎，此又有李逵殺虎，看他一樣題目，寫出兩樣文字。曾無一筆相近，豈非才。寫武松打虎純是精細，寫李逵殺虎純是大膽，如虎未歸洞，鑽入洞內，虎在洞外，趕出洞來，卻是武松不肯做之事。」金聖歎認為，小説的情節儘管相似卻又能避免「犯」的毛病，關鍵是寫出人物性格，由於人物性格不同，行事方式亦不同，由此也產生了情節的「同中有異」。這就好比恩格斯論人物個性時指出的，重要的不在人物「做什麼」，而在「怎麼做」，由於在「怎麼做」過程中產生不同，即使是同一類事也顯示出了不同的意味。清代的毛宗崗在《讀〈三國志〉法》中也談到：「作文者以善避為能，又以善犯為能，不犯之而求避之，無所見其避也，惟犯之而後避之，乃見其能避也。」毛宗崗總結了《三國演義》敍事與塑造人物的技巧與方法，指出《三國演義》善於寫出相同事件中的不同特點來。比如對火的描寫，是寫兵家常用的攻戰方式，「呂布有濮陽之火，曹操有烏巢之火，周郎有赤壁之火，陸遜有猇亭之火，徐盛有南徐之火，武侯有博望、新野之火，又有盤蛇谷、上方穀之火」，但它的寫法卻情

態各異，意趣盎然，在應和中又各具特色，沒有雷同重複的感覺。所以《三國演義》一書，「譬如樹同是樹，枝同是枝，葉同是葉，化同是花，而其植根安蒂，吐芳結子，五色紛披，各成異采」。毛宗崗批評當時人的作文不懂「和而不同」的道理，「每怪今人作文，動手便合，落筆便重，彼此只是一般，前後更無添換，則何不取周瑜、孔明之文而讀之耶」。毛宗崗認為，小說藝術創造的這種「和而不同」的方法，來自于對天地自然和社會人事的體認與把握。他在《三國演義》第九十二回回首，有一段批語說：「觀天地自然之文，可以悟作文者結構之法。」「今之不善畫者，雖使繪兩人，亦必彼此同貌；今之不善歌者，即使唱兩調，亦必前後同聲。文之合掌，往往類是。古人無雷同之事，而今人好為雷同之文。」（《讀〈三國志〉法》）也就是說，和諧的法則須效法天地自然與社會生活，同時汲取古人的經驗，如果不善於從同中求異，那麼和諧就變成了雷同。

第二節　以一總萬，統觀全域

中國古典美學的「中和」範疇對達到「和」的途徑，還提出了「以一總萬、統觀全域」的原則與方法。在中國古代哲學中，「一」指統率全體事物的本根，「萬」是「一」的具體表現形態，即紛呈於宇宙、社會和精神界的事物。老子提出：「一生二，二生三，三生萬物。萬物負陰而抱陽，沖氣以為和。」（《老子》〈四十二章〉）在老子哲學中，「一」也就是「道」，即萬物的始基與本體。真正從本體論角度對「一」與「多」（萬）的關係作了系統論述，並推衍為處理矛盾、達到和諧的方法的，是魏晉玄學的創始人王弼、何晏。他們認為世界是一個和諧有序的整體，它是由自身的內在規律（道）所決定的，要達到和諧，必

須善於處理各種矛盾，認識本體，這是實現「和」的根本途徑。如前所述，從春秋時期開始，古人就意識到美是由雜多事物所組合而成的，「物相雜為文」，「聲一無聽，物一無文」，但如何將這些雜多的事物臻于和諧，古人一般主張將互相對立的兩極互補互濟，「濟其不及，以泄其過」，最終達到矛盾的統一與平衡，這就是後來孔子所說的「樂而不淫，哀而不傷」的方法。但在結構上如何將頭緒紛繁的作品刪繁就簡，脈絡清楚，使藝術作品成為有機整體，先秦兩漢的「中和」範疇對此極少闡發，它缺乏古希臘亞里士多德《詩學》《修辭學》那樣的系統論述與理論創見。尤其是在兩漢時期，文人的思維方式受宇宙構成論的影響，習慣於對外部世界的經驗描述，所用概念與範疇也極其煩瑣。如當時就曾有人批評揚雄之書使人「歷覽者茲年矣，而殊不寤，亶費精神於此，而煩學者於彼」（《漢書·揚雄傳》）。王充《論衡》考辨事物真偽，洋洋數十萬言，方法卻是不免苛碎。王弼看到了漢人的這一缺陷，他在解釋《周易》時提出了「以一總多」的方法。《周易》的爻卦變化多端，複雜紛紜。漢人說《易》由於方法的繁複而不勝其煩，甚至雜以神秘的象數之學。王弼認為《周易》的解說必須明綱領，總其要，而象辭則是「統論一封之體，明其所由之宗主」的，抓住一卦之主，就能在紛紜萬狀的卦象變化中尋繹出頭緒來。他進一步闡發道：「物無妄然，必有其理。統之有宗，會之有元，故繁而不亂，眾而不惑。……故自統而尋之，物雖眾，則知可以執一禦也。由本以觀之，義雖博，則知可以一名舉也。」（《周易略例》〈明象〉）也就是說，任何事物的變化，都有必然之理在起作用。認識事物、處理矛盾，必須抓住這個根本，才能「繁而不亂，眾而不惑」。王弼在論《周易》大衍之義時也說：「演天地之數所賴者五十也。其用四十有九，則其一不用也。不用而用以之通，非數而數以之成，斯《易》之太極。四十有

九，數之極也。夫無不可以無明，必因於有，故常於有物之極，而必明其所由之宗也。」（《周易》〈繫辭〉韓康伯注引）《周易》的占卦採用五十根蓍草，但每次只用四十九根，另一根不用，對於古人的這種習慣，後來的人加以許多推測和發揮。王弼借此闡明「以一總萬」的方法。他認為那個不用的「一」，是起統率其他四十九根爻的本體作用，它唯其不用，才能引發其他蓍草的作用，完成大衍之數五十的妙用。推而廣之，萬事萬物只有在「一」（本體）的統率下才能組成一個和諧的整體，繁而不亂，眾而不惑。王弼的這一思想對於審美和藝術創造的系統方法，產生了極為重要的影響，是對先秦兩漢「中和」方法的發展與更新。

劉勰的《文心雕龍》就受到這種系統方法與原則的沾溉。黃侃先生曾從漢魏六朝文論發展的角度評述《文心雕龍》的歷史地位與貢獻。他説：「自桓譚《新論》、王充《論衡》雜論篇章。繼此以降，作者間出。然文或湮闕，有如《流別》、《翰林》之類；語或簡括，有如《典論》、《文賦》之儕。其敷陳詳核，征證豐多，枝葉扶疏，原流粲然者，惟劉氏《文心》一書耳！」（《文心雕龍札記》）在〈序志〉篇中，劉勰也談到自己創作《文心雕龍》的動機：「詳觀近代論文者多矣！至於魏文述《典》，陳思序《書》，應瑒《文論》，陸機《文賦》，仲洽《流別》，宏范《翰林》，各照隅隙，鮮觀衢路，或臧否當時之才，或銓品前修之文，或泛舉雅俗之旨，或撮題篇章之意。魏《典》密而不周，陳《書》辯而無當，應《論》華而疏略，陸《賦》巧而碎亂，《流別》精而少功，《翰林》淺而寡要。又君山、公幹之徒，吉甫、士龍之輩，泛議文意，往往間出，並未能振葉以尋根，觀瀾而索源。」劉勰認為，這些論文之書，雖不乏其見解，但都有失偏缺，未達圓融之境，因此他要克服前人的偏頗，搭建自己的理論大廈。他自敍：「蓋《文心》之

作也，本乎道，師乎聖，體乎經，酌乎緯，變乎騷，文之樞紐，亦雲極矣。」劉勰將全書開首的〈原道〉〈宗經〉〈徵聖〉〈辯騷〉〈正緯〉五篇作為「文之樞紐」即綱領，衍化出具體的「文體論」與「創作論」兩大塊。文體論是從探明各類文體的性質、作用、寫作規範入手來總結創作規律，所以像〈詮賦〉〈明詩〉中提出的一些原則，具有指導文學創作的普遍規律性意義。而創作論則是劉勰從橫的方面，探討文學的構思、風格和發展等一系列重要問題，屬於全書的精粹。全書的〈序志〉一篇，具有交代背景、點明主旨的意義。劉勰特為指出：「位理定名，彰乎大易之數，其為文用，四十九篇而已。」也就是説，〈序志〉一篇，是《文心雕龍》其他篇章「不用而以之用」的綱領、意蘊。這是自覺借用王弼易學來説明自己理論體系的搭建。這種「以一總萬」、力求和諧的方法也體現在劉勰對具體問題的分析中。例如他在〈序志〉篇中論辨析文體時指出：「若乃論文敍筆，則囿別區分：原始以表末，釋名以章義，選文以定篇，敷理以舉統。上篇以上，綱領明矣。」所謂「原始以表末」，就是考察每一文體的源流演變；「釋名以章義」是用正名來説明文體的特質；「選文以定篇」就是列舉每一種文體的代表作品加以評論臧否。通過歷史的考察與具體作品的分析，以及名號的辨析，最後歸結到寫作原則和要領，這就是「敷理以舉統」。又如〈論説〉篇在追溯「論説」這種文體的源流沿革與作品分析後，最後總結道：「原夫論之為體，所以辨正然否，窮於有數，追於無形，鑽堅求通，鉤深取極，乃百慮之筌蹄，萬事之權衡也。故其義貴圓通，辭忌枝碎，必使心與理合，彌縫莫見其隙；辭共必密，敵人不知所乘。斯其要也。」這樣，劉勰就使他的文體論綱目明晰，體系謹嚴，避免了「巧而碎亂」，雜而不和的毛病。

　　在詩歌美學領域，將「一」與「多」的關係作為創作論的中心作

了系統論述的是唐代詩論家司空圖。他在《二十四詩品》中指出美是超軼萬物的精神實體。《詩品》第一則〈雄渾〉云：「大用外腓，真體內充。返虛入渾，積健為雄。具備萬物，橫絕太空。荒荒油雲，寥寥長風。超以象外，得其環中。持之匪強，來之無窮。」後人曾説「『雄渾』具全體」，也就是説，「雄渾」提出的美的構成原則是貫穿於整個《二十四詩品》的。所謂「大用」是指「道」（即「一」）紛現於外界的事物，「真體」指「道」。「大用外腓，真體內充」這兩句話實際上強調美是「體」與「用」的統一，本體為「一」，要感受、表現這種精神本體，必須「超以象外，得其環中」，即超越具體形質而直擊本體，感悟與把握物件的本真之美。司空圖為此提出了「萬取一收」的創作方法：〈含蓄〉一則説：「不著一字，盡得風流。語不涉己，若不堪憂。是有真宰，與之沉浮。如淥滿酒，花時返秋。悠悠空塵，忽忽海漚。淺深聚散，萬取一收。」孫聯奎《詩品臆説》解釋道：「『萬取』，取一於萬，即『不著一字』；『一收』，收萬於一，即『盡得風流』。」意謂「取一於萬」即把萬物抽象上升為「道」的高度，這種道體之美是抽象而含蓄的，所以説「不著一字，盡得風流」。司空圖主張精神之美來自萬物，這也就是以少總多的意思。其實，早在西晉時，陸機《文賦》就從創作構思角度談到「萬取一收」的問題：「籠天地於形內，挫萬物於筆端。」《文選》五臣注云：「謂天地雖大可籠於文章形內，萬物雖眾可折挫取其形以書於筆之端。」也就是説詩的創作要善於概括，用最傳神的文字寫出物件之真，寫出內心感受，而這離不開藝術想像與提煉的功夫。唐代的劉禹錫也説：「片言可以明百意，坐馳可以役萬象，惟工於詩者能之。」（《董氏武陵集紀》）唐代詩論家大都強調，取境之始，須至大至深，成境之後，卻突出主旨，以道體之美取勝，這就是劉勰所説的「稱名也小，取類也大」（《文心雕龍》〈比興〉）。古人認

為，這樣才能達到詩文的整體和諧之美。

在繪畫領域，比較系統地闡發「以一總多」思想的，是清代著名的畫家石濤。石濤論畫，與前人論畫多重筆墨技巧、經營位置不同，他自覺地用道家和玄學的本體論看待繪畫美學問題。他在〈一畫〉章中指出：「太古無法，太樸不散；太樸一散，而法立矣。法於何立？立於一畫。一畫者，眾有之體，萬象之根；見用於神，藏用於人，而世人不知所以。一畫之法，乃自我立。立一畫之法者，蓋以無法生有法，以有法貫眾法也。」這段話指出，太古一片混沌，沒有具體的物象；太樸始散，於是具體的法產生了。而「一畫」是統率萬法的根本大法，具有本體與規律的意味，「一畫者，眾有之本，萬象之根」，它來自萬物，是對萬物的總括，「且山川之大，廣土千里，結雲萬里，羅峰列嶂。以一管窺之，即飛仙恐不能周旋也。以一畫測之，即可參天地之化育也」。所以把握萬物之美就要由萬至一，即由具體進入到抽象的領域。他說：「自一以及萬，自萬以治一，化一而成氤氳，天下之能事畢矣。」石濤認為，繪畫神韻的獲得，不僅在於技法，而且在於掌握繪畫的根本大法「一畫」，通過心手交融的高超技藝，創造出神妙之作。

「以一總萬」也是一種總體把握的方法。王弼在闡釋《周易》時指出：「故自統而尋之，物雖眾，則知可以執一禦也，由本以觀之，義雖博，則知可以一名舉也。」（《周易略例》〈明象〉）王弼認為《周易》中的象辭具有以「一」統攝全域的作用。處理矛盾，求得和諧必須有統攬全域的觀念。這也是審美創作實現「和」的重要原則。《紅樓夢》第四十二回薛寶釵在與惜春談畫大觀園時說：「這園子卻是像畫兒一般，山石樹木，樓閣房屋，遠近疏密，也不多，也不少，恰恰的是這樣。你若照樣兒往紙上一畫，是必不能討好的，這要看紙的地步遠

近，該多該少，分主分賓，該添的要添，該藏該減的要藏要減，該露的要露，這一起了稿子，再端詳斟酌，方成一幅圖樣。」大觀園兼具北方和南方園林的美，亭台樓閣、山石花木都自成和諧之美。即令是如此，要將它移入畫幅內，也還要「端詳斟酌」，統攬全域，該添的添，該藏的藏。所以石濤論畫，主張從總體入手，「此一畫，收盡洪濛之處，即億萬萬之筆墨，未有不始於此而終於此，惟聽人之握取耳」（《一畫》）。中國古代繪畫歷來反對泥於細節忘其總體，導致零亂失和。《淮南子》〈說林訓〉批評畫家「謹毛而失貌」。唐朝張彥遠《論畫體》也說：「夫畫物特忌形貌彩章，歷歷俱足，甚謹甚細而外露巧密。所以不患不了，而患於了。既知其了，亦何必了。」這段話批評有些人繪畫特重細部，不留空餘，壅塞贅冗，沒有從總體上考慮。南朝謝赫《古畫品錄》論繪畫「六法」之一就是「經營位置」，即對繪畫的構圖從總體上加以考慮，防止「謹毛而失貌」。張彥遠說得更為重要：「至於經營位置，則畫之總要。」

在文學領域，早在西漢時，司馬相如論賦的創作時就說：「合綦組以成文，列錦繡而為質，一經一緯，一宮一商，此作賦之跡也。賦家之心，苞括宇宙，總覽人物，斯乃得之於內，不可得而傳也。」（《西京雜記》）賦是把「文」「質」像經緯宮商那樣互相交錯，達到和諧。賦家在作賦前須有「苞括宇宙，總覽人物」的總體意識，這樣才能使賦氣勢恢宏而又出神入化。劉勰在《文心雕龍》的〈總術〉篇集中論述了文章創作應重視全域，避免偶然性。他說：「文場筆苑，有術有門。務先大體，鑒必窮源。乘一總萬，舉要治繁。」也就是說，文章寫作有一定規律和技巧可循，但要根據總的原則來處理繁多的細節問題。在〈附會〉篇中，劉勰進一步指出：「凡大體文章，類多枝派。整派者依源，理枝者循幹，是以附辭會義，務總綱領。驅萬途於同歸，

貞百慮於一致，使眾理雖繁而無倒置之乖，群言雖多而無棼絲之亂，挾陽而出條，順陰而藏跡，首尾周密，表裡一體，此附會之術也。」劉勰認為，在長篇文章中，有多種觀點，拱衛主要論旨，作家在創作前對這些須有總體觀念，以少總多，舉要治繁。黃侃先生認為，劉勰這一思想是吸收了王弼的系統方法論。他說：「王輔嗣之說《易》也，曰：眾之所以得咸存者，主必致一也；動之所以得咸存者，原必無二也。物無妄然，必由其理，統之有宗，會之有元。自統而尋之，物雖眾則知可以執一禦也；由本而觀之，義雖博則知可以一名舉也。善哉！夫孰知文辭之眾，亦可以執一禦乎！彥和此篇，……自非明致一之義。烏能言之如此簡易哉！」（《文心雕龍札記》）劉勰還認為，一方面要對文章進行統一規劃，「是以規略文統，宜宏大體，先博覽以精閱，總綱紀而攝契」。另一方面在創作中須芟除冗贅，調整文思。《文心雕龍》〈熔裁〉篇專門論述了這個問題。他說：「夫百節無體，共資榮衛，萬趣會文，不離辭情，若情周而不繁，辭運而不濫，非夫熔裁，何以行之乎！」

明清以來，中國古典戲劇結構理論也受到這些觀點的啟迪。中國古代的戲劇，通過演員的唱、念、做、打，在特定的舞臺空間領域表演給觀眾看，因此，舞臺空間與表演時間，相對於小說、史詩等藝術形式來說，要狹小得多，劇的結構必須緊湊、精彩，編劇、導演在製作劇本時必須從總體上加以規劃。許多戲曲理論家對此作了探討。他們不滿於當時的作品結構繁複，混雜不和。如徐復祚《曲論》批評孫柚的《琴心記》傳奇：「頭腦太亂，腳色太多，大傷體裁，不便於登場。」淩濛初在《譚曲雜札》中慨歎：「戲曲搭架，亦是要事，不妥則全傳可憎矣。」祁彪佳的《遠山堂曲品》指出：「邇來詞人，每喜多其轉折，以見頓挫抑揚之趣。不知轉折太多，令觀者索一解未盡，更索

一解，便不得自然之致矣。」他認為原因在於這些作者「不識構局之法」。著名戲劇理論家王驥德在《曲律》中，對結構問題作了許多有益的探討，提出：「作曲者，亦必先分段數，以何意起，何意接，何意作中段敷衍，何意作後段收煞，整整在目，而後可施結撰。」其他如呂天成、湯顯祖等人，也在他們的文章中對此提出了看法。當時的傳奇和戲劇普遍存在重音律、詞采而輕結構的現象。到了清代的李漁，從研究戲劇本身的特殊規律出發，提倡創作戲曲「獨先結構」，然後才是詞采音律。他認為安排結構好比建造房屋一樣，未動工前就要先加設計，細細斟酌，然後才能建成一個和諧整體：「工師之建宅亦然，基址初平，間架未立，先籌何處建廳，何方開戶。棟需何木，梁用何材，必俟成局了然，如可揮斤運斧。倘造成一架，而後再籌一架，則便於前者不便於後，勢必改而就之，未成先毀，猶之築舍道旁，兼數宅之匠資，不足供一廳一堂之用矣。故作傳奇者，不宜卒急拈毫。袖手於前，始能疾書於後。」（《閒情偶寄》）李漁認為，作傳奇須意在筆先，待到思路圓熟，成竹在胸，然後才能賦予作品以通貫的活力與血氣，呈現出和諧之美：「至於『結構』二字，則在引商刻羽之先，拈韻抽毫之始，如造物之賦形。當其精血初凝，胞胎未就，先為制定全形，使點血而具五官百骸之勢。倘先天成局，而由頂及踵，逐段滋生，則人之一身，當有無數斷續之痕，而血氣為之中阻矣。」（《閒情偶寄》）李漁以此批評某些作者：「嘗讀時髦所撰，惜其慘澹經營，用心良苦，而不得被管弦，副優孟者，非審音協律之難，而結構全部規模之未善也！」（《閒情偶寄》）李漁在《閒情偶寄》的《詞曲部》以「結構第一」為指導思想，提出「立主腦」「密針線」「減頭緒」「審虛實」等主張，詳盡論述了戲劇和諧之美的問題，對古典戲劇美學做出了重要的貢獻。他的美學思想顯然與王弼、劉勰等人「以一總萬」、統觀全域的觀

念是相通的。

　　藝術作品達到和諧所採用的上述方法，是人們在實踐中所認識和發展起來的，通過代代相傳而形成為一定的法式，對於藝術創作起到了啟發和指導的作用，但是這些法度必須和作者的創作實踐靈活結合，並在實踐中不斷加以變革和發展。在中國美學史上，儒家重視人工法度之「和」，強調傳統的繼承。而道家則崇尚自然之「和」，重視創作的個性與自由，而鄙棄人工法度。六朝時期的美學家一般重視法度與自然的融合，既強調章法，又講究「因宜適變」。劉勰《文心雕龍》是「言為文之用心也」，講了那麼多的作文規則，反對「棄術用心」，但他也強調一個總的創作原則，即以自然之道作為創作的最高原則，把具體創作規則置於「自然之道」統率之下，所以范文瀾說：「彥和論文以循自然為原則。」歷史上有不少文人把古人的法度作為創作的圭臬，忽視作家的創作能動性，如江西詩派和明代前、後「七子」的理論。明清以來崇尚個性的作家一般都反對這種做法，強調作家靈活運用、突破常規的創作精神。李贄就大聲呼籲：「且吾聞之：追風逐電之足，絕不在於牝牡驪黃之間，聲應氣求之夫，絕不在於尋行數墨之士；風行水上之文，絕不在於一字一句之奇。若夫結構之密，偶對之切，依於理道，合乎法度，首尾相應，虛實相生，種種禪病皆所以語文，而皆不可以語於天下之至文也。」（《雜說》）李贄認為真正的文章，決不拘守於「首尾相應，虛實相生」之類的法度，而是天工自然，臻於「化境」，一切形式上的「和」都溶入自然之道，「如化工之於物，其工巧自不可思議爾」。湯顯祖也說：「文章之妙，不在步趨形似之間，自然靈氣，恍惚而來，不思而至，怪怪奇奇，莫可名狀，非物尋常得以合之。」（《合奇序》）清代石濤更是提出：「無法之法，乃為至法。」（《畫語錄》）他們都反對因襲前人之法而不知有我。總之，中國古代

有成就的美學家認為，達到藝術創作的和諧需要一定的法度，但是這種法度應以自然為準則，並運以藝術家的獨特個性，這樣才能創造出氣韻天成、和諧完美的作品來。

第六章

關於審美範疇「和」的古今評價

　　「中和」範疇凝聚著中國文化的精神，是中國文化傳統在審美與藝術領域內的投影。幾千年來，它與封建社會的漫漫長夜相始終。當封建社會後期出現新的生產關係萌芽，尤其是近代社會產生的一系列變動時，「中和」範疇也受到抨擊與批判，這種批判，為「五四」新時代的審美理想誕生作了鋪墊。正如黑格爾所說，一種新範疇的產生發展是以對以往範疇的否棄為先決條件的。通過考察對「中和」範疇的歷史上的評價與批判，有助於我們今天對「中和」範疇的認識與評價。

第一節　伸張個性，衝破蘊藉

　　從個性論角度衝擊傳統的「溫柔敦厚」詩教的，是明清以來的思想解放潮流。

　　明清之前，崇尚個性以貶斥詩教的，不乏其人，魏晉時期的嵇

康、阮籍就是代表。但他們大都站在老莊的立場上立論。明代中葉以來，隨著東南沿海工商業的發展與新興市民階層的崛起，古老的封建帝國和諧形態面臨著嚴重的挑戰，開始走向解體，這種內部分裂表現在意識形態領域，便是文學中的伸張個性、抒寫真情。它對儒家「中和」範疇以禮節情、「溫柔敦厚」的主張提出了大膽批評。李贄在《童心說》中提出，「童心」是純美至真的，而所謂「道理聞見」從外而來，節制童心，發而為文章，則言不由衷，文不達辭。袁宏道在著名的《序小修詩》中提出：「大概情至之語，自能感人，是謂其詩可傳也。而或者猶乙太露病之，曾不知情隨境變，字逐情生，但恐不達，何露之有？」儒家「詩教」說把含蓄蘊藉作為詩美所在，最忌直露，宋代張戒《歲寒堂詩話》就貶斥元白和蘇黃的直露。袁宏道則從推崇「情至」的角度出發，提出以達為美。他針對將《楚辭》說成「古詩之流」、符合「中和」之道的說法，肯定了《離騷》的「忿懟」精神：「且《離騷》一經，忿懟之極，黨人偷樂，眾女謠啄，不揆中情，信讒齏怒，皆明示唾　　，安在所謂怨而不傷者乎？窮愁之時，痛哭流涕，顛倒反覆，不暇擇音怨矣，寧有不傷者？且燥溫異地，剛柔異性，若夫勁質而多懟，峭急而多露，是之謂楚風，又何疑焉。」（《敍小修詩》）袁宏道認為《離騷》的怨懟直露體現了楚風之美，不必用儒家的「中和」來掩飾之。清代的袁枚，繼承了李贄、袁宏道的文學主張，提倡獨抒性靈，不拘格套。他對沈德潛的「溫柔敦厚」說提出了批評：「至所云『詩貴溫柔，不可說盡，又必關係日倫日用』，此數語有褒衣大袑氣象，僕口不敢非先生，而心不敢是先生。何也？孔子之言，戴經不足據也，惟《論語》為足據。子曰：『可以興，可以群』，此指含蓄者言之，如〈柏舟〉〈中谷〉是也。曰：『可以觀，可以怨，』此指說盡者言之，如『豔妻方煽處』，『投畀豺虎』之類是也。」（《答沈大宗伯

論詩書》）袁枚認為從孔子與《詩經》來看，也是主張寫各種情感的，有的貴含蓄，有的重說盡。如《詩經》中的「投畀豺虎」，是說將進讒的小人，丟給豺虎去吃，這是憤怒之極，何含蓄溫柔之有？而沈德潛為了自圓其說，竟說：「《巷伯》惡惡，至欲投畀豺虎，投畀有北，……然想其用意，正欲激發其羞惡之本心，使之同歸於善，則仍是溫柔和平之旨也。」（《說詩晬語》）他的「溫柔敦厚」說不過是出於政教需要而提出的一種審美規範，並不等於詩的創作規律。清代富有個性的書畫家鄭板橋也是反對復古、肯定性靈的藝術家。他認為詩的原則是「抽心苗，發奧旨，繪物態，狀人情」。因此他對溫柔含蓄之美甚為不滿。他說：「文章以沉著痛快為最，《左》、《史》、《莊》、《騷》、杜詩、韓文是也。間有一二不盡之言，言外之意，以少少許勝多多許者，是他一枝一節好處，非六君子本色。而世間娓娓纖小之夫，專以此為能，謂文章不可說破，不宜道盡，遂訾人為刺刺不休。夫所謂刺刺不休者，無益之言，道三不著兩耳。至若敷陳帝王之事業，剖析聖賢之精義，描摹英傑之風猷，豈一言兩語所能了事？豈言外有言，味外取味者所能秉筆而快書乎？吾知其必目昏心亂，顛倒拖遝，無所措其手足也。」（《濰縣署中與舍弟第五書》）鄭板橋繼承了白居易的現實主義文學思想，認為沉著痛快方能「繪物態，狀人事」，使文章與民生痛苦聯繫起來。他讚美《左傳》、《史記》、《莊子》、《離騷》、杜詩、韓文的沉著痛快、大氣淋漓。由此出發，他對王維、孟浩然和司空圖的沖和含蓄的風格說加以批評：「王、孟詩原有實落不可磨滅處，只因務為修潔，到不得李、杜沉雄。司空表聖自以為得味外味，又下於王、孟一等。至今之小夫，不及王、孟、司空萬萬，專以意內言外，自文其陋，可笑也。」（《濰縣署中與舍弟第五書》）這裡還把批判的鋒芒指向了道家的沖淡和諧之美。

　　這種從個性論角度反對傳統「中和」說的思想，到了近代鴉片戰爭前後又有了新的發展。當時的社會狀況是，清朝政府的統治衰朽不堪，文化界呈現出萬馬齊喑的景象，隨著外國資本主義勢力的侵入和西學東漸，古老的封建帝國正孕育著一場新的巨變。許多地主階級改革派人物敏銳地察覺到了這一點，在思想文化界率先提出了新的學說，對傳統的「中和」思想進行了反思與審理。在美學領域，湧現了龔自珍（1792-1841）、魏源（1794-1857）、王韜（1828-1897）等人的個性學說。他們的思想是從晚清地主階級革新派通向資產階級改良派美學轉變的橋樑。

　　他們首先對彌漫社會的程朱理學、八股教條等壓抑個性的思想展開猛烈抨擊。龔自珍在《歌筵有乞書扇者》詩中說：「天教偽體領風花，一代人材有歲差；我論文章恕中晚，略工感慨是名家。」他大聲呼籲那些有別於「偽體」的作品湧現，鄙棄鸚鵡學舌的創作。在《書湯海秋詩集後》，龔自珍提出詩的審美理想就是完整無遺地展示自己的純真面目。他認為古代大家李白、杜甫、韓愈、李賀、李商隱、吳梅村等著名詩人，「皆詩與人為一，人外無詩，詩外無人，其面目也完」，而任何蘊藉含蓄、吞吞吐吐，都是有害於這種創作精神的。在著名的《病梅館記》中，龔自珍形象地譬喻道，那些盆景中的梅花儘管虯錯宛曲、姿態皎好，但都經過人為扭曲，早已喪失了自己的天性，「皆病者，無一完者」，必須解除捆縛在他們身上的繩索，恢復其本來面目。同樣，詩人在作品中也應伸展自己的情性。《己亥雜詩》內有一首詩飽含情感地自敘：「少年哀樂過於人，歌泣無端字字真。」真實而完整地展現人格之美，這是龔自珍在當時特定環境下提出的新的審美理想。同時代的魏源在《詩比興箋序》中反對「專取藻翰」「專詁名象」「不問詩人所言何志」的詩歌創作傾向，他在復古的旗號下，讚頌了龔自

珍的上述美學主張。

　　王韜更是從變法圖強的角度對傳統「中和」之說加以指摘：「文章所貴，在乎紀事述情，自抒胸臆，俾人人知其命意之所在，而一如我懷之所欲吐，斯即佳文，至其工拙，抑末也。」（《弢園文錄外編自序》）王韜認為，文章貴在有我，詩歌更應達到這一境界，所以他又說：「余不能詩，而詩亦不盡與古合，正惟不與古合，而我之性情乃足以自見。……然竊見今之所為詩人矣，扯撦以為富，刻畫以為工，宗唐祧宋以為高，摹杜范韓以為能，而與己之性情無有也，是則雖多奚為？」（《蘅花館詩錄自序》）王韜對當時追摹古人、不知有我的創作傾向是很瞧不起的，他大力鼓吹只有展現了自己個性人格的詩作才是上品。這些進步人士強調自我表現，又不同於性靈派的主張，而是融進了自己對社會危機的深切感受。龔自珍的創作充滿了社會批判的內容，王韜強調「述情」與「紀事」的結合，表現了地主階級改革派在「山雨欲來風滿樓」的時事刺激下關心現狀、憂時傷亂的入世精神。

　　個性論者所提倡的個性與真情，是與封建禮法尖銳對立的，呈現為衝突之美、狂狷之美。明代李贄曾這樣描述作家以真情作文的狂狷之態：「蓄極既久，勢不能遏，一旦見景生情，觸目興歎，奪他人之酒杯，澆自己之壘塊，訴心中之不平，感數奇於千載。既已噴玉唾珠，昭回雲漢，為章於天矣，遂亦自負，發狂大叫，流涕慟哭，不能自止，寧使見者聞者切齒咬牙，欲殺欲聞，而終不忍藏於名山，投之水火。」（《雜說》）李贄揭示出創作中的一種現象，即作者的創作有感而發，發而後又酣暢淋漓，不能自止。《禮記》〈中庸〉上說：「喜怒哀樂之未發謂之中，發而皆中節謂之和。」李贄卻反其道而行之，把不加中節作為審美心態來推崇。湯顯祖認為在這種心態下創作出來的作品才具有藝術魅力，「天下文章所以有生氣者，全在奇士，士奇則心靈，心

靈則能飛動，能飛動則上下天地，來去古今，可以屈伸長短生滅如意，如意則可以無所不加」(《序丘毛伯稿》)。湯顯祖的傳奇作品如《牡丹亭》等，就是按照衝突之美而創造出來的，因而具有怪怪奇奇、不拘一格的浪漫色彩。袁中道論文雖尚意內言外，但是又認為作文須直抒胸臆，不能扭扭捏捏。他說：「大丈夫意所欲言，尚患口門狹，手腕遲，而不能盡抒其胸中之奇，安能囁囁嚅嚅，如三日新婦為也。不為中行，則為狂狷。效顰學步，是為鄉願耳。」(《淡成集序》)文中鮮明地把狂狷之美作為創作理想來宣傳。鄭板橋的藝術風格素以「怪」著稱。他標舉「掀天揭地之文，震電驚雷之字」(《題畫》)，並用這種美來貶斥司空圖的和諧之美。龔自珍的文學創作深受莊周、屈原作品瑰怪風格的影響，「莊、《騷》兩靈鬼，盤踞肝腸深」。他認為平和淡漠則如曠野窮瘠之地一樣，產生不出好詩：「平原曠野，無詩也；沮洳，無詩也；磽确狹隘，無詩也；適市者，其聲囂；適鼠壤者，其聲嘶；適女閭者，其聲不誠。」真正的詩產生於衝突之際，「則如嶺之表、海之滸，磅 浩洶，以受天下之瑰麗而泄天下之拗怒也亦自然」(《送徐鐵孫序》)。龔自珍等人對狂怪崇高之美的宣導，對平和之美的針砭，與導向他在政治上呼喚風雷，提倡社會批判的無畏精神相一致，成為近代資產階級改良主義思潮的先聲。

第二節　拯危救亂，以悲為美

作為「中和」之音，反映的是理想之治下的民情，所謂「治世之音安以樂，其政和」，到了危厄之世，聲音一變而為悲怨，這就是「亂世之音怨以怒，其政乖」。「以和為美」，也就意味著排斥「亂世之音」，從〈樂記〉到阮籍的《樂論》都持這種論調。但是明清之際天崩

地坼的民族危亡，使文人們痛定思痛，抒發胸中感憤，掀起「以悲為美」的創作思潮，打破了「以和為美」的觀念。明末遺老賀貽孫在《詩餘自序》中說：「《風》《雅》諸什，自今誦之以為和平，若在作者之旨，其初皆不平也！若使平焉，美刺諷誡何由生，則興、觀、群、怨何由起哉？鳥以怒而飛，樹以怒而生，風水交怒而相鼓蕩，不平焉乃平也。觀余詩餘者，知余不平之平，則余之悲憤尚未可已也。」賀貽孫把不平作為創作的起因，認為風水相鼓蕩產生真正的作品。他的這些主張，不僅是對傳統的「不平則鳴」思想的發揮，而且浸潤著深沉濃郁的國仇家恨。他把抒寫亡國之恨的作品比作「吹沙崩石，掣雷走電」的「雄風」，並且認為「太平之世，不鳴條，不毀瓦，優柔而已矣，是烏睹所謂雄風也乎？」賀貽孫強調「中和」之音不如衝突狂怪的「雄風」更能打動人心。

　　「亂世之音」所以高於「治世之音」，在於它是天地之氣交蕩衝撞後所迸發的陽剛之美，是一種至大至壯之美。黃宗羲指出：「夫文章，天地之元氣也。元氣之在平時，昆侖旁薄，和聲順氣，發自廊廟，而鬱淡於幽遐，無所見奇。逮夫厄運危時，天地閉塞，元氣鼓蕩而出，擁勇鬱遏，坌憤激訐，而後至文生焉。故文章之盛，莫盛於亡宋之日。」（《南雷文約》卷四）黃宗羲認為，文章是天地之氣的表現，太平時發為和氣，無所見奇；到了民族喪亂之際，天地閉塞，發而為怨憤之氣，而後至文生焉。這種衝突美是陽剛之氣的凝積。南宋末年產生的悲憤之文就是這種文章的典範。黃宗羲稱讚其弟悼亂傷亡的詩文具有悲怨之美：「蓋天地之陽氣也。陽氣在下，重陰錮之，則擊而為雷；陰氣在下，重陽包之，則搏而為風。」（《縮齋文集序》）另一明代遺老廖燕把發洩胸中民族憂憤的詩文比作天地之憤氣：「山水者，天地之憤氣所結撰而成者也。天地未辟，此氣嘗蘊於中，迨蘊蓄既久，一

且奮迅而發，似非尋常小器足以當之，必極天下之嶽峙潮回海涵地負之觀，而後得以盡其怪奇焉。其氣之憤見於山水者如是，雖歷經千百萬年，充塞宇宙，猶未知其所底止。故知憤氣者，又天地之才也。」（《劉五原詩集序》）廖燕認為，感傷亂亡的人往往借登臨山水以抒發憂憤，山水所以成為情懷的寄託，就在於它是天地之憤氣所積。所以他又提出：「凡事做到慷慨淋漓激宕盡情處，便是天地間第一篇絕妙文字。」（《山居雜談》）鴉片戰爭後，中華民族在外國資本主義侵略下日益淪亡，以救危拯亂為主旨的愛國主義文學思潮，進一步發展了這種慷慨激昂的風格，從而衝破了傳統平和之美的束縛。

第三節　呼喚風雷，除去平和

在近代民主革命的潮流中，適應呼喚風雷，號召人民的需要，資產階級革命派在文學上也提倡平實易曉、慷慨激昂的風格，以喚醒民眾，激勵反清志向。早在近代農民革命——太平天國的宣傳活動中，就把包括含蓄蘊藉在內的一切封建主義文風列入掃蕩之列。太平天國領導人之一洪仁玕在《戒浮文巧言諭》中提出：「文以紀實，浮文所在必刪，言貴從心，巧言由來當禁。」浮文所以有害，就在於妨礙農民革命的大事，「況現當開國之際，一應奏章文諭，尤屬政治所關，更當樸實易曉，不得稍有刺刺，挑唆反間」。這種文學觀使人想起北朝蘇綽和隋代李諤等人戒除浮豔文風的言論，但後者屬於封建統治階級復古的主張，前者卻代表了農民階級對地主階級傳統文化的衝擊與掃蕩，適應了近代農民革命的時代需要。

到了辛亥革命前夕，資產階級民主革命的宣傳蓬勃發展，湧現了以鄒容《革命軍》和陳天華《猛回頭》《警世鐘》為代表的大批通俗易

懂、革命性極強的宣傳品。魯迅在《雜憶》中曾經說過：「便是悲壯淋
漓的詩文，也不過是紙片上的東西，於後來的武昌起義怕沒有什麼大
關係。倘說影響，則別的千言萬語，大概都抵不過淺近直截的『革命
軍馬前卒』鄒容所做的《革命軍》。」[1]著名的有學問的革命家章太炎在
《序革命軍》中，對鄒容的作品給予高度評價。章太炎尖銳地指出：清
朝政府統治人民，「宰割之酷，詐暴之工，人人所身受，當無不倡言革
命」。但是為什麼像洪秀全那樣的革命遭受了失敗呢？他分析道：「然
則洪氏之敗，不盡由計畫失所，正以空言足與為難耳。」洪秀全的失
敗，除了策略上的失誤外，封建意識形態及其宣傳也是導致其失敗的
重要原因。這也說明，洪仁玕等人破除封建文風的工作不僅很有必
要，而且做得很不夠，從而使得曾國藩等人利用孔孟、程朱之學和封
建文風欺世惑眾，煽動封建知識份子起來撲滅革命。章太炎指出，要
喚醒民眾，振奮人心，不動以雷霆之聲則無濟於事，「中和」之道必須
加以堅決破除。他說：「今者，風俗臭味少變更矣。然其痛心疾首，懇
懇必以逐滿為職志者，慮不數人。數人者，文墨議論又往往務為蘊
藉，不欲以跳踉搏躍言之，雖餘亦不免是也。嗟乎！世皆闇昧而不知
話言，主文諷切，勿為動容，不震以雷霆之聲，其能化者幾何？異時
義師再舉，其必墮於眾口之不侔，既可知矣。」他盛讚《革命軍》言辭
犀利，淋漓痛快，一反蘊藉中和的傳統文風，正可以振聾發聵：「今容
為是書，壹以叫咷恣言。發其慚恚，雖闇昧若羅、彭諸子，誦之猶當
流汗祇悔。以是為義師先聲，庶幾民無異志，而材士亦知所返乎！若
夫屠沽負販之徒，利其徑直易知，而能恢發知識，則其所化遠矣！」
章太炎指出，《革命軍》不但使下層的「屠沽負販」易於接受，就是羅

1　《魯迅全集》第1卷，人民文學出版社1981年版，第221頁。

澤南、彭玉麟這些封建衛道士讀後也當為之「流汗祇悔」。章太炎對《革命軍》文風的頌贊與對「中和」之聲的貶抑，反映了資產階級的先進意識。他的學生、當時的青年魯迅則站在資產階級進化論的立場，對封建古國的「中和」文化作了全面的清算，代表了中國資產階級民主主義文藝思想的最高成就。

　　魯迅在辛亥革命前寫的《摩羅詩力說》[2]一文中從改造國民性、喚醒民眾的革命目的出發，提倡西方「精神界之戰士」，呼喚中國出現這樣的戰士。魯迅以深邃的歷史眼光，對中國幾千年來「以和為貴」的文化精神作了審理與批判。首先他從進化論角度指出，在宇宙萬物與社會人事領域，平和不過是暫時現象，事物的矛盾對抗則是永恆的，它們生生不息，推動著宇宙和社會的新陳代謝，「平和為物，不見於人間。其強謂之平和者，不過戰爭方已或未始之時，外狀若寧，暗流仍伏，時劫一會，動作始矣。故觀之天然，甘雨潤物，似無不以降福祉於人世，然烈火在下，出為地圖，一旦僨興，萬有同壞。其風雨時作，特暫伏之見象，非能永劫安易，如亞當之故家也。人事亦然」。魯迅認為，古人所讚美的風調雨順，陰陽序次，只是暫時的和諧，在它的背面，卻蘊含著「動」的潛流。一俟時機已到，則「動作始矣」。魯迅的這一思想，顯然吸取了《周易》的辯證法觀點。不過《周易》強調陰陽的對立統一與和諧，而魯迅則從進化論的角度，謳歌武健勇烈的力度之美，把對抗與矛盾視為人類發展進化的動力。魯迅尖銳地指出：西方柏拉圖的《理想國》與中國的老莊，人為地構造了一幅幅和諧美妙的圖景，其實不過是對遠古社會的理想化，「吾中國愛智之士，獨不與西方同，心神所注，遼遠在於唐虞，或徑入古初，游於人獸雜

2　見《魯迅全集》第1卷，人民文學出版社1981年版，第63-100頁。

居之世；謂其時萬禍不作，人安其天，不如斯世之惡濁阽危，無以生活。其說照之人類進化史實，事正背馳。蓋古民曼衍播遷，其為爭抗劬勞，縱不屬於今，而視今必無所減；特歷時既永，史乘無存，汗跡血腥，泯滅都盡，則追而思之，似其時為至足樂耳。儻使置身當時，與古民同其憂患，則頹唐侘傺，復遠念盤古未生，斧鑿未經之世，又事之所必有者已」。魯迅在這裡所批判的，無疑是指莊子學派「天人合一」的理想，它可以從審美上加以理解，但是照之以人類的進化史，卻經不起推敲。事實上人類早期與禽獸相爭，與自然搏擊的辛苦劬勞，較之今人遠遠過之，根本不像莊子所美化的那樣和諧逸閑。魯迅指出，莊子們的這種構想只是一種推測、美化，設使他們生在當時的艱難環境中，則又要緬懷天地未開、渾沌一片的情景，而不滿於自己的環境了。這是一種退化、怯懦的心理。「故作此念者，為無希望，為無上征，為無努力，較以西方思理，猶水火然」。所謂「天人合一」與西方精神相比，正是民族劣根性的體現。魯迅直斥老莊的和諧說違背歷史發展的規律，「老子書五千語，要在不攖人心，以不攖人心故，則必先自致槁木之心，立無為之治；以無為之為化社會，而世即於太平。其術善也。然奈何星氣既凝，人類既出而後，無時無物，不稟殺機，進化或可停，而生物不能返出而後，無時無物，不稟殺機，進化或可停，而生物不能返本」。魯迅指出，老莊的「不攖人心」有助於封建社會的長治久安，「中國之治，理想在不攖，而意異於前說。有人攖者，或有人得攖者，為帝大禁，其意在保位，使子孫王千萬世，無有底止，故性解（Genius）之出，必竭全力死之，有人攖我，或有能攖人者，為民大禁，其意在安生，寧蜷伏墮落而惡進取，故性解之出，亦必竭全力死之」。老莊與孔孟合鑄成「中和」的樊籠，禁錮人們的思想，造成「寧蜷伏墮落而惡進取」的惰性心理。使封建帝王「子孫王

千萬世」。魯迅把老莊思想對國民性的毒害置於孔孟之上，是卓有識見的。老莊的「天人合一」較之孔孟，從根本上取消了人的主體性、進化心，陶醉於「天人合一」的迷夢中。久而久之，培養成苟且偷生、自我逃避的民族劣根性。在西方文明的衝擊下，更加顯得保守與落後。魯迅認為，在當時的歷史條件下，文藝首先應該振奮國民性，為人生服務，因此，他引進西方文學中的「摩羅」（天魔）精神，用以振聾發聵，破除平和傳統，「蓋詩人者，攖人心者也。凡人之心，無不有詩，如詩人作詩，詩不為詩人獨有，凡一讀其詩，心即會解者，既無不自有詩人之詩。無之何以能解？惟有而未能言，詩人為之語，則握撥一彈，心弦立應，其聲澈於靈府，令有情皆舉其首，如睹曉日，益為之美偉強力高尚發揚，而污濁之平和，以之將破，平和之破，人道蒸也」。魯迅提出，詩人的職責，就在於發揚國民精神，提倡「美偉強大」，號召民眾起來改變自己的命運，而這種審美效果的達到，首先必須破除污濁的平和之聲，使人道主義精神得到發揚。這裡表現了魯迅與封建主義文化傳統徹底決裂的資產階級民主意識。也標誌著資產階級民主派的審美理想從本質上來說是與傳統的平和之美不相容的。

魯迅對傳統的「詩教說」也作了猛烈抨擊。他說：「如中國之詩，舜云言志，而後賢立說，乃云詩人性情。三百之旨，無邪所蔽。夫既言志矣，何持之云？強以無邪，即非人志。許自繇於鞭策羈縻之下，殆此事乎？然厥後文章，乃果輾轉不逾此界。」魯迅認為，詩歌既然言志，就應該暢所欲言，何必持人性情，節情以中，所謂「思無邪」云云，無異等於「鞭策羈縻」。在此種文學觀念影響下的傳統文學，即令如屈原這樣的詩人，「放言無憚，為前人所不敢言，然中亦多芳菲淒惻之音，而反抗挑戰，則終其篇未能見，感動後世，為力非強」。由於中國傳統文學以不攖人心為美，造成了民心的懈惰，「夫心不受攖，非槁

死則縮朒耳」。魯迅推崇裴多菲、普希金這些「發為雄聲，以起其國人之新生，而大其國於天下」的詩人，號召文藝擔負起改造社會，喚醒民眾的時代重托，表現了魯迅早期文藝思想中強烈的戰鬥精神和開拓意識，成為舊民主主義革命時期的美學光輝篇章。

第四節　中西之「和」的比較

在西方美學史上，類似中國古代從事物的對立統一去論審美和諧的觀點也普遍存在。古希臘的赫拉克利特、亞里斯多德和文藝復興時期的提香、達・芬奇，以及啟蒙時期的狄德羅等人，都提出過美是和諧的觀點。有的論者據此說，東方和西方都是以古典的和諧的美作為美的理想。在哲學上兩者都強調對立中的聯繫、平衡、和諧，強調矛盾雙方的相輔相成，相互補充。但我們如果不停留在表現的相似之處，而深入剖析東西方美的內在奧秘時，就可以發現它是兩種不同的民族精神的體現。

中國古代的文明發源於黃河、長江流域，受農耕條件的限制，以天人合一、人人相和為人生理想與審美理想。幾千年來，雖然歷經滄桑，王朝的興衰互延不絕，但這種農業自然經濟形態之上的宗族血緣關係及其文化觀念卻頑強地延續下來，成為中國人的傳統思維方式與人生哲學。相比之下，西方的以和為美卻產生於另一種文化背景。歐洲文明起源於古希臘。古希臘從地理環境上來說，與中國內陸型的農業生產環境不同。這個半島周圍有良好的港灣，可以通向愛琴海的群島，甚至直達小亞細亞。從西元前十二世紀到前八世紀，古希臘處於土地貴族統治下，其後經過各部落的不斷聯繫，尤其是一系列政治改革後，逐漸確立了按階級和財產關係劃分人口的社會形態，開始取代

氏族血緣關係。恩格斯論梭倫改革時指出：「這樣，在憲法中便加入了一個全新的因素──私人所有制。國家公民的權利與義務，是按他們土地財產底多寡來規定的。有產階級既開始獲得了勢力，於是舊的血緣親族關係的集團就開始被排斥了，氏族制度又遭受了新的失敗。」[3]而此時的中國周朝，正演出一幕制禮作樂，按血緣宗法關係封邦建國的話劇。以土地為經濟基礎的氏族統治的削弱，帶來的是古希臘工商業的發展以及移民的興起，其範圍已波及周圍的鄰國。在奴隸制經濟繁榮的基礎上，雅典的公民民主制度也發展成熟起來了。人與人之間的關係變為法律的契約關係，它無需溫情脈脈的親族關係來「和同」。人與自然也無需通過群體來契合天道，委順自然。荷馬史詩中的奧德修斯在與大海等惡劣的自然條件搏鬥中，歷盡艱辛，回到家鄉，依靠的是個體的力量；普羅米修士敢於觸犯天條，表現了一往無前的英勇氣概。古希臘的悲劇精神，是在個體自由發展，同時人與社會、人與自然尖銳對立中展開的。因為對於每一個人來說，擺脱了土地氏族社會血緣和等級制度的束縛，固然取得了個體自由發展的機緣，但同時也使人與社會、人與自然失去了群體的依託，受到無數不可捉摸的偶然性的支配。由此滋生了頭腦中的命運觀念。古希臘著名悲劇《被縛的普羅米修士》中有一段歌詞道出了人們對無情世界的困惑不解：「朋友呵，看天意是多麼無情！哪有天恩扶助蜉蝣般的世人？君不見孱弱無助的人類，虛度著如夢的浮生，因為不見光明而傷悲？啊，無論人有怎樣的智慧，總逃不掉神安排的定命。」朱光潛先生論古希臘悲劇精神時説：「從整個希臘悲劇看起來，我們可以説它們反映了一種相當陰鬱的人生觀。生來孱弱而無知的人類註定了要永遠進行戰鬥。而戰鬥

3　《家庭、私有制和國家的起源》，人民出版社1954年版，第111頁。

中的對手不僅有嚴酷的眾神，而且有無情而變化莫測的命運。他的頭上隨時有無可抗拒的力量在威脅著他的生存，像懸岩巨石，隨時可能倒塌下來把他壓為齏粉。他既沒有力量抗拒這種狀態，也沒有智慧理解它。他的頭腦中無疑常常會思索惡的根源和正義的觀念等等，但是很難相信自己能夠反抗神的意志，或者能夠掌握自己的命運。」[4]這種個體孤獨感與命運感，表現了人與自然、人與社會的衝突不和，是西方文化精神的底蘊。中世紀希伯來文明的輸入，也沒有消融與取代它。希伯來的宗教精神，將靈與肉、個體與宇宙的分裂變得更為嚴重，雖然在虛幻的宗教天國中，一切變得至美至善，因而中世紀美學以和諧完善為美。但宗教以人生苦難換取天堂的慰藉，本身就是一種悲劇。馬克思指出：「宗教的苦難既是現實的苦難的表現，又是對這種苦難的抗議。」[5]歸根結底，它是極度的人世不和所造成的精神現象，這正如中國魏晉南北朝時期佛教藝術之於當時人生苦難一樣。近代西方文明以希臘文化與希伯來文化的融合為主要成分。源遠流長的悲劇人生觀在文藝復興時期的巨匠莎士比亞、米開朗基羅身上得到了充分表現。隨著啟蒙時期人文主義精神的逝去，以叔本華、尼采學說為代表的悲劇人生觀彌漫西方世界。在古典主義和浪漫主義看來，古希臘是一個陽光燦爛、海風拂煦的和諧社會。泰納在《藝術哲學》中就說：「希望是一個美麗的鄉土，使居民的心情愉快，以人生為節日。」但尼采卻獨具隻眼地看到了古希臘人的悲劇精神，其日神說與酒神說對現代西方的美學產生了極為重要的影響作用。與中國人相比，西方人始終認為人與自然、人與社會不存在什麼天人合一、人人和一的可能

4　《悲劇心理學》，人民文學出版社1983年版，第102頁。

5　《馬克思恩格斯選集》第1卷，人民出版社1972年版，第2頁。

性，「不管正義或不義，都同樣可悲，兩者往往都同樣沒有好下場」。
這種悲劇精神也激發了他們無所畏懼的崇高感，敢於直視淋漓的鮮
血，敢於直面慘澹的人生。因為悲劇給人以充分發揮生命力的餘地，
而在平庸敷衍的現實世界中，是談不上生命力與創造力的。當代西方
美學家狄克遜在談論埃斯庫羅斯的宇宙觀時指出：「埃斯庫羅斯所理解
的世界苦難似乎不能完全歸結為罪過或錯誤，而更多是伴隨任何偉大
創舉必不可免的東西，好比攀登無人征服過的山峰的探險者所必然面
臨的危險和艱苦。」[6]西方外向型經濟形態和開放型的文化性格，使得
那裡的人審美觀照時重視外向的省察，把外觀的形式美看得比較要
緊。古希臘的畢達哥拉斯從數學的觀點看待音樂之和，亞里斯多德將
生物學的「有機體」概念引入詩學，認為美在於各部分有機的統一，
文藝復興的大師論人體之美注重比例和諧，當代結構主義的文論以語
言符號作為機制，把作品客觀性規定為各種層次的內在和諧，它們所
說的和諧，僅止於客觀審美物件的形式要素，它是相對獨立的，與作
者內在的倫理觀和審美觀並沒有必然之聯繫，貫穿於西方文化的是衝
突不和的悲劇人生觀。

　　而中國人的宇宙觀和人生觀，以幻想的和諧為指歸。儒家的禮樂
是天地人之和的法度與秩序，每一個人不論他一生命運如何，早已被
置於這個大系統之中。儒家力主安命樂天，隨順世態，守中居正。道
家雖然認為人生充滿悲劇，但是又將它放到大化運變、與道周始的循
環論中去解釋。在「道」即「大和」中，一切差別、遭際都同化了，
剩下的是「縱浪大化中，不喜亦不憂」，苦難在這裡不是如希臘悲劇那
樣，作為惶惑、憂慮和被思考的起點，而是作為人生的插曲，在「道」

6　轉引自朱光潛：《悲劇心理學》，人民文學出版社1983年版，第91頁。

之中被消解掉了，從而泯滅了其中的悲劇意蘊。王國維在《紅樓夢評論》中指出：「吾國人之精神，世間的也，樂天的也。故代表其精神之戲曲小說，無往而不著此樂天之色彩，始於悲者終於歡，始於離者終於合，始於困者終於亨；非是而欲厭（滿足）閱者之心，難矣。若牡丹亭之返魂，長生殿之重圓，其最著之一例也。」魯迅在《論睜了眼看》一文中更是尖銳地指出：「中國人的不敢正視各方面，用瞞和騙，造出奇妙的逃路來，而自以為正路，在這路上，就證明著國民性的怯弱，懶惰，而又巧滑，一天一天的滿足著，即一天一天的墮落著，但卻又覺得日見其光榮。」[7]傳統的和諧觀念，鑄造著國民性的怯懦、保守，使文明古國停滯、僵化，近代以來更是瀕臨死寂。作為國民精神火花的中國文藝，雖不乏意內言外、含蓄蘊藉的好作品，但是卻缺少慘厲剛猛精神，缺少真正的悲劇作品，它對於培養中庸的國民性格，同樣起到了極壞的作用。所以魯迅毫不客氣地指斥道：「中國人向來因為不敢正視人生，只好瞞和騙，由此也生出瞞和騙的文藝來，由這文藝，更令中國人更深地陷入瞞和騙的大澤中，甚而至於已經自己不覺得。」[8]（《論睜了眼看》）中庸的民族性格對於本國或外國的反對統治者來說當然是非常賞識的，因為他們需要柔順聽話的奴才，但對於民族的進化來說，卻是非常有害的，在今天尤屬清理、反思和批判之列。因為道理很簡單，保存文化，首先得以保存我們自己為前提。

　　中國古典美學「中和」範疇的內在倫理精神制約了它對於形式和諧美的要求，這是中西之和不同的另一重要標誌。在中國古代，形式的和諧美必須以內在的倫理善為依據。如果不符合主體的情志之和，

7　《魯迅全集》第1卷，人民文學出版社1981年版，第240頁。

8　《魯迅全集》第1卷，人民文學出版社1981年版，第240-241頁。

外在形式就談不上和諧，而是稱作「淫」，〈樂記〉論樂之「和」時就說：「哀而不莊，樂而不安，慢易以犯節，流湎以忘本，廣則容奸，狹則思欲，感條暢之氣，而滅平和之德，是以君子賤之也。」道家把不符合主體素樸之「和」的有形的色彩、音樂加以排斥，說：「五色令人目盲，五音令人耳聾，五味令人口爽。」（《老子》〈十二章〉）這同古希臘人注重形式美本身的和諧，從自然科學角度著眼探索形式美的觀念迥然不同。傳統的文質觀要求藝術形式的和諧，如聲律、對偶、詞采與內容的純正一致。中國古代美學除六朝外，單純追求形式和諧的著論極少。這一方面說明中國古代美學的和諧是內容與形式的統一體，另一方面過分地將形式美與善相聯繫，也使中國古代的和諧說帶有濃重的政教色彩，妨礙了美的獨立與發展，這也是中國古代美學論「和」的重大缺陷。

　　近代以來，中國的大門被外國資本主義侵略者的大炮轟開，隨著封建自然經濟形態的更替，專制制度的解體，以及一浪高過一浪的西方文化的衝擊，包括「中和」在內的中國古典美學體系也受到挑戰和批判。「五四」之後，中國的審美意識在批判與吸收古典「中和」美的過程中，也不斷汲取西方的美學滋養，痛苦地尋覓著，探索著，儘管它可能會遭受種種曲折，但是，在東西方文化的衝撞、交流中，新的審美理想的崛起卻是勢所必然的。以魯迅為代表的融合古典文化與西方悲劇精神的審美觀念，將不斷指示著中華民族尋找自己在世界文明與美學中的地位，在實現物質文明現代化的同時，也重新創造出無愧於整個人類的精神文明成果。這將是中國美學史上輝煌壯麗的一頁。

後　記

　　本書初版於一九八九年，由中國人民大學出版社出版。此次重版，作了一些修訂。時隔十多年，歲月滄桑，「文律運周，日新其業」，本想多作一些增刪，奈時間匆忙，想說的又太多，只好以不變應萬變，還是保留原來的格局。好在當初提出的一些觀點，現在看來還是經過用心思考的，至於評價如何，容讀者去判斷吧。書名由原來的《和──中國古典審美理想》，約簡成現在的《和：審美理想之維》，以適應這次重版需要。

二〇〇〇年七月六日於人民大學靜園

昌明文庫·悅讀美學 A0606004

和：審美理想之維

作　　者	袁濟喜
責任編輯	楊家瑜

發 行 人	陳滿銘
總 經 理	梁錦興
總 編 輯	陳滿銘
副總編輯	張晏瑞
編 輯 所	萬卷樓圖書股份有限公司
排 　 版	菩薩蠻數位文化有限公司
印 　 刷	維中科技有限公司
封面設計	菩薩蠻數位文化有限公司

出　　版　昌明文化有限公司

桃園市龜山區中原街 32 號

電話 (02)23216565

發　　行　萬卷樓圖書股份有限公司

臺北市羅斯福路二段 41 號 6 樓之 3

電話 (02)23216565

傳真 (02)23218698

電郵 SERVICE@WANJUAN.COM.TW

大陸經銷

廈門外圖臺灣書店有限公司

　　電郵 JKB188@188.COM

ISBN 978-986-496-327-0

2018 年 2 月初版

定價：新臺幣 360 元

如何購買本書：

1. 轉帳購書，請透過以下帳戶

　合作金庫銀行 古亭分行

　戶名：萬卷樓圖書股份有限公司

　帳號：0877717092596

2. 網路購書，請透過萬卷樓網站

　網址 WWW.WANJUAN.COM.TW

大量購書，請直接聯繫我們，將有專人為您

服務。客服：(02)23216565 分機 610

如有缺頁、破損或裝訂錯誤，請寄回更換

版權所有·翻印必究

Copyright©2016 by WanJuanLou Books CO.,

Ltd.All Right Reserved　**Printed in Taiwan**

國家圖書館出版品預行編目資料

和：審美理想之維 / 袁濟喜作. -- 初版. --

桃園市：昌明文化出版；臺北市：萬卷樓

發行, 2018.02

　面；　公分. -- (昌明文庫. 悅讀美學)

ISBN 978-986-496-327-0(平裝)

1.中國美學史

180.92　　　　　　　　　107002687

本著作物經廈門墨客知識產權代理有限公司代理，由百花洲文藝出版社授權萬卷樓圖
書股份有限公司出版、發行中文繁體字版版權。